KB179255

So **You** Want to **Talk** About **Race?**
인종토크

인종 토크

내 안의
차별의식을
들여다보는
17가지 질문

이제오마 올루오 지음 | 노지양 옮김

책과함께

놓쳐선 안 될 지침서. 우리의 목표는 '나쁜' 백인을 비난하고 '착한' 백인을 추켜세우는 것이 아니다. 우리 모두가 믿고 따라야 할 평등과 정의의 기준을 높이는 것이다.
– 《스트레인저》

이렇게 즉각적이고 직관적이며 강력한 영향을 주는 작가는 이제껏 만나지 못했다. 올루오의 명료한 지성과 도덕적 확신은 멈출 수 없는 힘이 되어, 이 세상에 꿈쩍도 하지 않는 대상이란 없다는 것을 확인시킨다.
– 린디 웨스트, 《나는 당당한 페미니스트로 살기로 했다》 저자

절대 '알아먹지 못하는' 것처럼 보이는 사람 앞에서 흑인으로서의 경험을 이야기하는 건 감정과 에너지 소모가 큰 힘든 일이다. 하지만 변화가 일어나기 위해서는 대화를 나누어야만 한다. 올루오는 이런 대화의 가이드를 만들었고, 성찰할 줄 알고 함께 발전하고자 하는 모든 이에게 행동의 청사진을 보여주었다.
– 페미니스타 존스, 《우리 공간을 다시 주장하기(Reclaiming Our Space)》 저자

올루오는 이 시대에 반드시 필요한 목소리이자 지식인으로, 진실은 이런 이들에게 의해 드러난다. 미국의 인종이란 주제를 영민하고도 정직하게, 유머까지 가미해 쓰는 건 거의 하늘이 주신 능력처럼 보이며, 그렇게 느꼈다는 것은 우리가 인종에 대해 허심탄회하게 이야기하길 얼마나 간절하게 기다렸는지를 나타낸다. 권력과 특권을 누리는 이들이 들어야만 하는 이야기다.
– 피비 로빈슨, 《내 머리 만지지 마(You Can't Touch My Hair)》 저자

이 우아하면서 담백한 글은 예민한 문제를 공략하는 데 큰 도움이 된다. '들을 준비가 되어 있는' 모든 이들을 위한 책이다.
– 앤디 릭터, 작가이자 배우

직설적이고 솔직한 태도와, 설교적이거나 심하면 오만해 보이는 태도 사이에서 완벽한 균형을 자랑하는 책이다. 안전함을 느끼는 정도, 교육적 배경, 경험에 상관없이 차별 이야기를 꺼낼 수 있는 방법을 제시하고, 다양한 계층의 유색인들이 더 나은 세상으로 향할 수 있도록 한다.
– 프란체스카 람세이, MTV 〈Decoded〉 진행자이자 제작자

올루오에게 경탄한다. 너무나 명민하고 담대하고 전율을 일으키는 젊은 작가이자 우리 시대의 목소리다. 그녀를 등대 삼아도 좋다. 당신을 생각하게 하고 느끼게 할 테니까.
– 로빈 디안젤로, 《백인의 취약성(White Fragility)》 저자

나는 올루오의 글과 목소리를 너무나 사랑한다. 인종과 정체성이라는 주제에 대해 가장 먼저 추천할 책으로, 연대가 무엇인지 우리가 앞으로 해야 할 행동은 무엇인지 알려준다.
– 니콜 정, 《당신이 아는 모든 것(All You Can Ever Know)》 저자

열린 마음을 가진 모든 이에게 강력 추천한다. 이 책의 핵심은 구조적 인종주의다. 수백 년간 이어진 시스템의 일부로서 우리는 나도 모르는 사이에 백인을 우선하고 소수인종, 특히 흑인을 억압하게 된다. 장마다 하나의 주제를 다루고 있어서 집중이 잘되고 재미있고 쉽게 읽힌다. 특히 논쟁적인 화두에 대해 적절하게 토론하는 법을 배웠다.
– christinegrabows(아마존 독자)

일러두기

- 이 책은 Ijeoma Oluo의 So You Want to Talk About Race(Seal Press, 2018)를 완역한 것이다.
- 본문 글자 크기와 동일한 괄호 내용는 지은이가 쓴 것이고, 본문보다 작은 괄호는 옮긴이의 해설이다.
- 지은이가 강조한 문장이나 표현은 굵은 고딕체로 표시했다.
- 이 책의 주요 용어인 racism은 '인종주의', '인종차별', '인종차별주의'로 번역되는데, 이 책에서는 '인종주의'로 통일하되 문맥에 따라 '인종차별'로 옮기기도 했다. racist 역시 같은 차원에서 '인종주의자'로 통일했다.
- 마이크로어그레션(microaggression), 톤 폴리싱(tone policing)과 같이 한국에서 아직 제대로 정립되지 않은 몇 가지 개념은 번역하지 않고 원어를 음차하여 쓰고 해설을 붙였다.
- 인명, 지명 등은 국립국어원 외래어표기법을 따랐다.

그러니까 당신, 인종 이야기를 하고 싶다고요?

나는 흑인 여성이다. 인종은 언제나 내 인생에서 가장 커다란 부분이다. 백인우월주의 사회에 살면서 나는 흑인 여자라는 현실에서 한 순간도 도망갈 수 없었다. 내가 흑인이라는 사실은 내가 매일 아침 입는 옷, 편안하게 느끼는 단골 바, 즐겨 듣는 음악, 내가 시간을 보내는 지역과 떼려야 뗄 수 없는 관계를 맺어왔다. 인종이 내 삶에 부과한 현실이 언제나 상냥하진 않았지만, 그 현실은 늘 그 자리에 꼼짝 않고 버티고 있었다. 어렸을 때는 엄마 피부는 흰데 왜 네 피부는 까맣냐라는 질문을 수도 없이 들었다. 입양된 거예요? 어디 출신이죠? 십대와 이십대 초반 내게 흑인의 현실이란, 내 체형에 맞지 않게 만들어진 옷과 내 머리와 입술을 보며 툭툭 내던지는 말, 나처럼 생긴 여자애는 절대 될 수 없는 아이돌 가수를 의미했다. 그리고 매장에 들어서는 순간부터 내 뒤에 바짝 붙어 졸졸 쫓아다니는 점원과, 구인광고를 크게 붙여놓았다가 내가 들어가면 갑자기 직원을 구하지 않는다고 말하는 일자리를 의미했다. 시시때때로 내 '큰 목소리'를 언급하는 직장 상사들과 내 머리 스타일이 너무 '에스닉'하여 사무직 여성으로 보이지 않는다는 지적, 그리고 유능한 직원으로 평가받지만 같은 일을 하는 백인 직원들보다 임금을 훨씬 적게 받는 것을 뜻했다. 내가 처한 현실은, 잘못한 것도 없는데 경찰들과 눈을 마주치지 않으려는 내 모습이고, 택시 승강장에 있는 나를 봤으면서도 차를 세우지 않고 가버리는 우버 운전자들이다. 아이를 키우면서 더 아픈 세상과 만났다. 우리 아이들의 나이가 많다고 지레짐작하고는 그 아이들의 철없는 장난에 심하게 얼굴을 찡그리는 사람들도 있었다. 아이의 반 친구들이 자기 부모의 몰지각한 말을 그대로 옮긴 날 내 아이들이 뚝뚝 흘리던 눈물도 있었다.

그런가 하면 흑인으로 살면서 우리의 역사와 전통에 감격한 시간도 셀 수 없이 많았다. 내가 흑인으로 산다는 건 재즈와 랩과 알앤비에 맞춰 춤추고 환호하는 밤들을 의미했다. 그것은 푸짐한 갈비구이와 감자 샐러드, 고구마 파이가 가득한 야외 파티였고, 내 머리를 땋아주던 여인들의 손이었다. 토니 모리슨과 마야 안젤루와 앨리스 워커가 창조한 마법의 언어를 읽으며 이 이야기들이 바로 나를 위해 쓰였다는 것을 실감하는 일이었다. 졸로프 라이스(아프리카식 볶음밥)와 푸푸(호박, 바나나 등으로 만든 걸쭉한 서아프리카 음식)가 가득 차려진, 시퀸 드레스(반짝이는 금속 장식이 달린 드레스)를 입고 커다란 겔레(아프리카 여성들이 머리에 두르는 다양한 모양의 긴 천 장식)를 쓴 나이지리아 여인들이 있는 그런 장면이었다. 그것은 길에서 마주친 모르는 흑인들이 "안녕, 내 편"의 의미로 보내는 다정한 눈인사이며, 말콤 엑스, 마틴 루서 킹, 로자 파크, 안젤라 데이비스에 대한 자부심이었다. 흑인으로 산다는 건 세상에서 가장 가식 없는 웃음으로 가득한 공간에서의 행복을 의미했다. 내 어린 아들이 고사리손을 내 손에 얹으면서 "우리 피부는 똑같은 갈색이네"라고 하던 소중한 순간을 의미했다.

인종, 나의 인종은 내 인생에서 나라는 사람을 가장 확고하고 강력하게 정의하는 요소 중 하나다. 하지만 예전에는 이 주제를 내가 일부러 꺼내지는 않았고 적어도 지금과 같은 방식으로 인종 이야기를 한 적은 없다. 다른 사람들처럼 나 또한 하루하루 살아가는 문제가 더 급했기 때문이다. 일을 하고 아이를 키우고 집안 대소사를 처리하고 친구들을 챙겨야 한다. 작은 산을 넘고 나면 또 다른 산이 기다리고 있다. 내 일상에는 어제나 오늘이나 변함없이 인종주의가 야기한 작은 상처(microaggression, 12장 참조)와 아픔과 차별이 가득하지만, 나는 평범한 척 아무렇지 않은 척 살아가야 했다. 유색인종 여성으로 이 세상에서 살아남는 것 자체가 정말 어렵다. 한번은 이렇게 말한 적이 있었다. 내가 겪는 인종주의의 아픔을 정말 제대로 느끼게 된다면, 그 순간부터 고래고래 소리 지를 것이고 절대그 소리를 멈추지 못할 거라고.

그래서 나는 우리 대부분이 그렇듯이, 내가 처한 현실 안에서 나름대로 최선을 다해보기로 했다. 백인 동료들보다 1.5배 더 열심히 일했고 매일 야근을 했다. 매일 면접 보는 날인 양 옷을 빼입고 다녔다. 공공장소에서 마주치는 백인들에게 지나칠 정도로 예의 바르게 행동했다. 내가 성내는 사람이 아니고 누구에게도 위협이 되지 않음을 증명하기 위해 기를 쓰고 노력했다. 인종차별적인 농담을 듣고서도 가볍게 웃어 넘겼다. 언젠가 이 모든 노력이 가치를 발할 날이 오리라고, 이 땅에서 성공한 흑인 여성이 되는 것만으로도 충분히 혁명적일 거라고 나 자신을 위로했다.

하지만 나이가 들수록, 내가 간절히 바라던 성공이 느리게나마 현실에 가까워질수록, 내 안의 무언가가 변화하기 시작했다. 회의 석상에서 목소리를 낮추려고 했지만 더 이상 그럴 수 없었다. 인종차별적 농담에 웃고 넘어가려 해봤지만 그럴 수 없었다. 상사가 구구절절 늘어놓는, 내가 승진은 할 수 있지만 연봉 인상은 안 되는 이유를 받아들이려 해봤지만 되지 않았다. 그래서 나는 입을 열고 말하기 시작했다.

나는 질문하기 시작했고, 반항하기 시작했고, 요구하기 시작했다. "자기주장이 강한" 것이 왜 문제가 되는지 알고 싶었고 내 머리의 어디가 어떻게 정확히 "프로답지 않은지", 사람들이 던지는 인종차별 농담의 어떤 부분이 정확히 "웃긴지" 알고 싶었다. 한번 말을 시작하자 그다음부터는 멈출 수가 없었다.

글도 쓰기 시작했다. 주로 요리 사진을 올리던 블로그를 '내 이야기' 블로그로 바꾸었고 전에 주변 사람들에게 들었던 "너무 부정적이다", "너무 예민하다", "너무 싸움닭 같다"는 말들을 전부 글로 쓰기 시작했다. 나의 좌절감과 무너지는 가슴에 대해 말하기 시작했다. 내가 속한 사회와 내 가족이 일상적으로 겪는 공포에 대해 쓰기 시작했다. 나 자신을 보기 시작했다. 스스로를 똑바로 보기 시작하면 더 이상 다른 사람인 척할 수 없는 법이다.

이 모든 과정이 물 흐르듯 순조로웠을 리 없다. 때로는 고등학교 때부터 친했던 내 백인 친구들(시애틀에서 성장했기 때문에 내 친구 대다수는 백인이다)은 나의 본모습을 그리 달가워하지 않았다. 그들이 대면하거나 감당하고 싶은 문제가 아니었던 것이다. 그들은 지구 온난화를 걱정하고 공화당의 허튼소리에는 발끈하지만, 이 나라에 만연한 인종차별과 유색인들이 당하는 무자비한 폭력에 대해서는 입을 꾹 다물었다. 네 의견은 어떠냐고 물으면 당황한 얼굴로 이렇게 답하곤 했다. "내가 말할 입장이 아니라서." "이런 이야기는 아무래도 불편하네." 동네 이웃들이 진정한 내 이웃이 아님을 알게 되고 친구들이 더 이상 나를 '재미있는' 친구로 보지 않게 되면서 나는 더 크게 소리 지르기 시작했다. 이들이 아니더라도 누군가는 내 말을 들어야 할 것 아닌가. 누군가는 내게 관심을 주지 않을까. 이대로 혼자 있을 수 없었다.

마치 투석의 원리처럼, 오래된 것이 나간 자리에 새로운 것이 들어왔다. 어느 날부터 내가 사는 지방에서, 전국 각지에서 한 번도 만나지 않은 사람들이 온라인이나 오프라인으로 내게 접촉해왔다. 내 블로그를 읽고 있다고, 내 글을 읽으면 자신이 말하고 있는 것 같다고, 그 사실을 내게 알려주고 싶다고 했다. 인터넷 매체들도 내 블로그 글을 싣고 싶다고 연락해왔다. 또 그동안 내가 사는 지역 여기저기에 따로따로 떨어져 살아 잘 보이지 않던 유색인들이 다가오면서 내게도 이웃이 있다는 걸 알게 되었다.

처음에는 남들을 위해서가 아니라 내가 살아야 해서 말을 하고 글을 썼다. 하지만 인터넷이 주는 힘과 자유 덕분에 다른 유색인들도 자신만의 진실을 말할 수 있게 되었다. 다른 도시, 다른 주, 때로는 다른 나라에 사는 사람들이 서로 신호를 보내 우리가 겪고 있는 경험이 착각이 아니라 사실임을 확인했다. 하지만 인터넷 세상이 워낙에 광대하다 보니 아무리 우리 자신을 위해 글을 썼다 해도 우리의 상처, 분노, 공포, 자부심, 사랑이 백인들의 눈에 띄지 않을 수 없었다. 특히 자신의 많은 걸 바쳐 불평등과 싸우기로 결심한 유색인들은 더 눈에 띄었다. 어떤 백인들은 불편한 글과 사진이 고양이 동영상과 아기 사진으로 가득해야 할 공간을 침해한다며 골을 냈지만, 어떤 백인들은 자신이 그동안 매우 중요한 어떤 것을 놓치고 있었음을 깨닫고 우리에게 다가오기도 했다.

지난 몇 년간, 유색인들의 목소리가 부상하는 가운데 유색인들이 겪은 부당하고 참혹한 현실을 증명하는 동영상들이 빠르게 유포되면서 인종차별이라는 거대하고 시급한 문제가 미국인들의 의식에 경종을 울렸다. 인종은 더 이상 내가 무시하고 싶다고 해서 무시할 수 있는 사안이 아니다. 어떤 이들은 그동안 끊임없이 말해왔지만 주목받지 못했고, 어떤 이들은 처음으로 용기를 내서 자기 목소리를 내기 시작했다.

많은 사람이 당황하고 있다. 미국이란 곳이, 부모와 교사들이 말해온 것과 달리 다양한 인종이 평화롭게 공존하는 유토피아가 아니라는 사실을 깨닫기 시작했기 때문이다. 유색인들이 그동안 얼마나 상처받고 화나고 공포에 질린 채 살아야 했는지를 이제야 조금씩 깨달은 사람들도 놀라고 있다. 자신들을 내치는 세상에 맞서 싸우고 소리 지르고 스스로를 보호하려고 애써왔던 유색인들은 긴장할 수밖에 없는데, 그토록 오랫동안 우리를 무시하던 사람들이 갑자기 이런 질문을 던지기 시작했기 때문이다. "대체 그동안 당신들 인생에 어떤 일들이 일어나고 있었던 거죠? 우리에게 좀 알려줄 수 있나요?" 이제 우리는 모두 같은 방에 있다. 그런데 이 문제를 어디서부터 어떻게 풀어가야 할까?

백인과 유색인 사이에 경험과 관점의 차이만 존재하는 건 아니다. 그랜드캐니언이 놓여 있다고 보면 된다. 태양계 하나가 들어갈 정도의 간극이랄까. 하지만 아무리 두렵고 버겁다 해도 당신은 듣기를 원해서 이곳에 있다. 무언가 크게 잘못되어 있다는 것을 알고 변화를 원하기에 이곳에 있다. 머리를 맞대고 차근차근 방법을 찾아봐야 한다. 진실로 가는 길을 찾아야 하고 찾을 수 있다. 나는 그 일이 가능함을 목격했다. 내 인생이 증거이기도 하다. 이 모든 것은 대화에서 시작되었다.

내가 이 책을 쓰기로 한 이유 중 하나는 모든 인종의 사람들에게 이런 질문들을 끊임없이 들었기 때문이다. "시어머니가 인종차별적인 농담을 할 때 어떻게 대응해야 할까요?" "인종주의자란 말을 들었는데 내가 뭘 잘못했는지 모르겠어요." "교차성이라는 개념을 잘 모르겠는데, 모른다고 말하기가 두려워요." 사람들은 인터넷에서 메시지를 보내면서 자신의 질문을 알리지 말아달라고 부탁하기도 했다. 내게 메일을 보내기 위해서 새 이메일 계정을 만드는 이들도 있었다. 사람들은 이 대화가 잘못 흘러갈까 봐 두려워하면서도 열심히 시도했고 나는 그 점에 깊이 감명받았다.

이러한 대화는 처음에는 어렵지만 시간이 지나면서 쉬워진다. 우리 사회의 인종주의와 인종차별에 대해 발언하고 싶다면 그 과정이 절대 쉽지 않으리란 걸 각오해야 한다. 이 책 또한 읽기 쉽지 않을지도 모른다. 나는 상대 눈치를 보고 말을 조심한다는 평을 듣지는 않지만 그래도 쾌활하고 유머러스하다는 말은 들으며 살아온 사람이다. 하지만 이 책을 쓰면서 나의 유머 감각을 발휘하기는 어려웠다. 인종차별적인 사회구조 안에는 생생한 고통이 있고, 나는 흑인 여성으로서 그 고통을 예리하게 느끼면서 살았기에 글과 나를 분리할 수가 없었다. 도저히 웃을 수 없었다. 계속 가슴을 쥐어짜고 몸서리치면서 써야 했던 책이고, 중간중간 분위기를 띄워보려고는 했지만 일부 독자들에게는 자신을 몰아붙이는, 그것도 심하게 몰아붙이는 책이 될 것이다. 하지만 몇 세기 동안 이어진 차별 구조와 잔혹한 현실은 뚝딱 하고 고칠 수 있는 문제는 아니기에, 쉽고 가벼운 읽을거리를 기대해서는 안 되지 않을까 싶다. 이 책을 읽다가 불편해진다면 그 불편함과 잠시 마주 앉아서, 그 불편함이 당신에게 무언가를 줄 수 있는지 숙고해보기 바란다.

이 책은 내가 인종에 관한 글을 쓰고 활동하면서 가장 자주 듣는 질문으로 구성되었다. 개인적으로 조금 더 자주 제기되어야 한다고 생각하는 질문도 넣었다. 모두가 반드시 한번쯤 짚고 넘어가야 하는 주제다. 내가 제공하는 정보들이 적어도 대화의 시발점이 되기를, 두려움을 더는 데 도움이 되기를 소망한다.

그렇다. 미국의 인종주의와 인종차별은 끔찍하고 무섭다. 이것이 불러일으키는 감정은 정당하다. 하지만 이것은 어디에나 있고 우리 생활의 모든 국면에 퍼져 있다. 그렇기에 그 두려움의 일부라도 덜어내야 한다. 골목만 돌면 항상 맞닥뜨리는 이 인종주의를 두 눈 똑바로 뜨고 바라보아야 한다. 인종주의를 우리를 계속 쫓아다니는 무시무시한 괴물 정도로만 취급한다면 우리는 영원히 도망다닐 수밖에 없다. 하지만 인종주의가 우리 직장, 우리 정부, 우리 가정, 우리 안에 있는 한 도망은 아무런 도움이 되지 못한다.

이 대화에 참여해준 당신이 고맙다. 인종 문제에 대해 이야기할 의사가 있다니 참으로 감사하다. 내가 이 대화의 일부가 될 수 있다니 무한한 영광이다.

차례

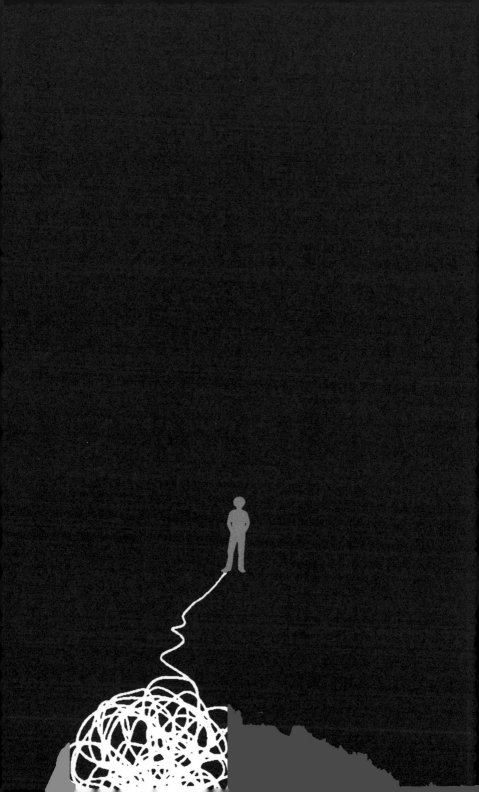

1

이게 정말 인종차별과 관련이 있다고요?

●

"내 생각엔 우리가 인종보다는 계급에 초점을 맞추면 더 깊이 있는 논의를 할 수 있을 것 같은데."

나는 우리 집 근처의 카페에서 친구와 마주 앉아 있다. 그는 좋은 친구다. 똑똑하고 생각도 깊고 꼬인 데도 없다. 나는 그가 옆에 있으면 즐겁고, 세상 돌아가는 일에 관심 있는 사람과의 대화라면 언제든 환영한다. 하지만 이 말을 듣자마자 급격히 피곤해졌다. 2016년 대선이 끝나고 자유주의자와 진보주의자들이 민주당의 패배 요인을 분석할 때부터 이틀에 한 번씩 들어온 말이기 때문이었다. 이들은 민주당 공약에 무엇이 빠졌기에 좌파 유권자들이 민주당 후보를 열성적으로 지지하지 않았는지, 다시 말해 왜 도널드 트럼프 반대에 더 적극적이지 않았는지에 대해 줄기차게 토론을 벌여왔다. 대다수 사람들(대체로 정치 시사 문제에 의견을 얹어야만 성이

차는 백인 남성들)은 비슷한 결론에 이른 것 같다. 흔히 '좌파'로 통칭되는 폭넓고 다양한 민주당, 사회당, 무소속 유권자들이 '정체성' 정치에 너무 붙들려 있었다는 점. 흑인, 트랜스젠더, 여성, 라티노의 요구에 너무 집중했다는 점. 이 지엽적인 구분이 사람들을 분리했고 노동계급 백인 남성을 소외시켰다는 점. 이 정도가 그들의 주장이다.

이건 장기간의 대선 캠페인 내내 나와 수많은 사람들이 들었던 말이다. 지난 대선 캠페인과 그 전 대선 캠페인 중에도 들었던 말이다. 정치학 수업에 들어온 모든 백인 남학생이 반드시 한 번씩은 하고 지나가야만 했던 말이다.

피곤했다. 이제까지 수많은 밤, 수많은 시간 동안 수많은 사람들과 이 대화를 나누고 또 나눴는데 또 재방송처럼 반복되고 있다. 너무 많이 들어서 귀에 못이 박힐 지경이다. 미국 사회의 가장 큰 문제는 인종이 아니라 계급이라는 그 말.

"그러니까 노동자 계층이나 하층 계급의 삶의 질을 개선한다면, 소수인종들의 삶도 개선할 수 있는 거지." 그는 이렇게 덧붙였지만 내 얼굴에 비친 실망과 피로의 기색을 눈치챈 듯했다. 그래도 나는 계속 그가 자기 생각을 얘기하게, 논의에 계속 발을 담그고 있게 할 생각이었다. 이다지도 좋은 의도를 가진 백인 남자에게 왜 인종 문제를 계급 문제로 대체할 수 없는지 차근차근 설명할 수만 있다면 사회정의운동에 약간이라도 기여한 듯한 기분을 느낄 수 있을 것이기 때문이었다.

"그래, 좋아. 네 말대로 하층 계급의 삶의 질이 개선된다 치자. 그러면 소수인종들의 삶이 어떻게 개선되는데?"

그가 노동조합 강화와 최저임금 인상 같은 판에 박힌 해결책들을 늘어놓는 도중 내가 끼어들었다. "그런데 너는 흑인들이 왜 가난하다고 생각해? 백인들이 가난한 이유와 같은 이유일까?"

이때 잠깐 대화가 멈춘다. 항상 이때쯤 처음에는 당혹스러운 얼굴로 나를 빤히 보다가 반박할 말을 열심히 궁리하는 상대의 얼굴을 보게 된다. 하지만 이미 여기까지 왔으니 끝까지 가보기로 한다.

"나는 말이야, '흑인스러운' 이름을 갖고 있으면 서류 전형에도 통과하지 못하는 세상에서 살고 있거든. 내가 일을 구하지도 못하는데 최저임금 인상에서 어떤 이익을 얻을 수 있어?"

친구는 숫자로 나온 증거를 떠올리고는 내가 지금 언급하고 있는 차별이 현실에서 일어나고 있다는 건 인정한다.

"내가 좋은 직업을 갖고 이 사회가 하라는 대로 하고 저축해서 내 집을 마련했다고 치자. 그런데 '흑인 밀집 지역'의 내 집의 가치가 다른 집보다 훨씬 떨어진다면 내가 같은 이익을 얻었다고 할 수 있을까? 은행에서 더 높은 이자, 아니 몇 년 후에는 몇 갑절로 뛰는 약탈적 주택 담보 대출을 받아서 결국 담보를 빼앗기고 집과 자산과 신용을 잃게 된다면 내가 동일한 이익을 얻은 걸까? 딱 하나 내 피부색 때문에 그렇게 되는데?"

나는 지금 커피와 짜증이라는 연료로 활활 불타는 중이다.

"내가 '평균' 미국인에 적합한 임금을 받을 수 있게 된다 해도, 흑인 남자 세 명 중 한 명은 교도소에 가는 세상에서 우리 아들도 교도소 신세가 된다면? 내가 버는 적은 돈으로 내 손주들을 키워야 한다면 강성 노조가 나를 빈곤에서 구제해줄 수 있을까?"

"나 같은 사람은 학교에서 정학이나 퇴학당할 확률이 더 높았거든. 유치원 때부터 교사들이 흑인 아이들의 장난과 반항은 폭력이나 공격으로 봤으니까. 그로 인해 내가 고등학교도 마치지 못한다면 학자금 대출 혜택 같은 것이 나에게 과연 어떤 도움이 될까?"

나는 이제 숨을 몰아쉬고 있었다. 할 말이 너무 많아서 말도 빨라졌다. 화가 나서가 아니었다. 진심으로 그건 아니었다. 친구가 하고 있는 말이 이 시대에 만연한 서사이고 그것이 온정적인 서사로 여겨진다는 것이 친구 잘못은 아니니까.

하지만 그 서사는 나에게 적잖은 상처가 되고 다른 유색인종들에게도 마찬가지다.

친구는 잠시 멈추었다가 말했다. "그래, 그러면 우리는 뭘 어떻게 해야 하는 건데? 아무것도 못하는 거야? 더 많은 사람을 뒤로 밀려나게 하는 문제에 집중한 다음에 인종 문제를 언급하면 안 되는 거야?"

나는 한숨을 쉰 뒤 대답했다. "몇백 년 동안 우리에게 그렇게 약속해왔지. 백인들의 미국만 살려왔던 노동운동가들이 했던 말이라고. '모든 사람을 위한 발전'이라고 말은 했지만 똑같은 장소, 똑같은 위계질서 아래에서, 똑같은 차별이라는 조건에서였을 뿐이야.

바로 그런 말들 때문에 오늘날 백인과 흑인의 부의 격차가 킹 목사 시대와 다를 바가 없는 거야. 우리는 아직도 기다리고 있어. 아직도 희망하고 있어. 여전히 우리는 방치되고 있으니까."

●○

미국에서 우리가 알고 있는 이 인종이라는 문제는 우리 사회의 경제구조와 밀접하게 연관되어 있다. 인종차별 시스템은 노예제라는 야만적 행위와 토착민 집단 학살을 정당화하기 위해 기능해왔다. 어떻게 다른 인간의 목에 쇠사슬을 매거나 대량 학살을 할 수 있었을까? 인간을 그렇게 취급할 수 있는 사회규범을 유지했기 때문이다. 이들을 인간 이하의 존재로 지정할 수 있었기 때문이다. 노예제 폐지 이후 인종주의의 목표는 살짝 바뀌어 하층 계급을 소외시키기 위해, 궁극적으로는 백인 엘리트들의 경제적·정치적 권력을 유지하기 위해 기능했다.

많은 사람들이 말한 대로 인종은 사회구조이며 과학과는 아무 연관성도 없다. 많은 이들이 인종차별은 우리의 경제구조에서 유래한, 범죄를 정당화하기 위한 거짓말이므로, 하층 계급의 상황만 개선하면 인종을 둘러싼 경제적·사회적 불평등까지도 개선할 수 있다고 믿는다. 돈 역시 하나의 사회구조이고 우리가 만들어낸 규칙이나 협정이지만, 이 종이 쪼가리들만이 우리의 인생을 책임져줄 수 있다고 믿는다. 하지만 그저 돈 문제만 해결된다고 우리를 노예로 만드는 상황이 끝나는 건 아니다. 그런 상황은 우리 삶의 모든 국면에 깊숙이 빼곡하게 들어와 있다. 그것은 우리의 과거와 미래를 형성한다. 그러한 구조는 생생하게 살아 숨 쉬는 존재다.

인종주의 또한 생생하게 살아 숨 쉰다. 인종은 인종적으로 착취 가능한 경제체제를 정당화하기 위해, 그리고 유색인들을 경제구조의 밑바닥에 가두어버리기 위해 발명되기도 했다. 미국의 인종주의는 유색인종들을 기회와 발전에서 제외하기 위해 존재한다. 그렇게 해야 우월하다고 여겨지는 다른 이들에게 더 많은 이익이 돌아가기 때문이다. 인종차별을 받지 않는 이들에게는 그 이익 자체가 위대한 약속이다. "그들이 적게 받아가니까 너희들은 더 많이 갖게 될 거야." 그 약속은 공고하고, 그 약속이 직접적인 공격을 받지 않는 한, 계급을 계급으로서만이 아니라 일반적인 문제로 치환하려는 시도는 영원히 살아남을 것이다.

"그들이 적게 받아가니까 너희들은 더 많이 갖게 될 거야"라는 이 약속은 우리 사회 곳곳에 스며들어 있다. 정치, 교육제도, 사회 기반 시설 등 권력, 영향력, 존재감, 부, 기회가 무한정 있는 곳이면 어디에나 이 약속이 있다. 어떤 이들을 차별할 수 있는 곳에도 있다. 자원이 충분하지 않은 곳에도 약속이 있다. 인종주의가 유지되는 이유는 이 약속이 너무나도 매혹적이기 때문이다.

백인우월주의는 이 나라에서 가장 유서 깊은 다단계 사기라 할 수 있다. 이 사기 때문에 전 재산을 잃은 사람들조차 여기에 매달려 현금 부스러기라도 얻어낼 기회를 목매며 기다린다.

첫 흑인 대통령 당선 후에도 이 약속의 강력한 유혹은 사라지지 않았고 사람들은 인종차별을 유지하는 쪽을 택했다. 아니 오히려 그 유혹을 더 강화했을 것이다. 그의 당선은 일부 흑인들이 더 많이 가져갈지 모른다는 명백한, 부정할 수 없는 신호였다. 그렇다면 나머지 몫은 어디로 가야 하는가? 이 약속에 뻔뻔하게 또는 무의식적으로 기대왔던 사람들, 다른 사람들이 적게 가지니까 자신들은 더 많이 갖게 되리라는 약속을 믿었던 사람들은 언어로는 표현 못할 방식으로 위협을 받았다. 어느 날 갑자기 그들의 나라가 더 이상 '그들의 나라'가 아닌 것처럼 느껴졌다. 어느 날 갑자기 '그들의 욕구'가 충족되지 않는 것처럼 느껴졌다.

하지만 이 한 가지, 대체로는 상징적이기만 한 대통령의 인종이 바뀌었다는 것을 제외한다면 이 세상에 그리 큰 변화는 오지 않았다. 인종주의의 강렬한 매혹과 약속은 여전히 이 사회에 굳건히 버티고 있다. 거의 모든 사회·정치·경제적 웰빙의 인구 분포도에서 유색인들은 계속 아랫자리에 위치하고 여전히 더 적게 받으며 살고 있다.

물론 유색인만 적게 가져가는 건 아니다. 인종이 개입하지 않는다고 해도 계급은 여전히 존재하며 인종적으로 균질한 사회에서도 계급은 존재한다. 우리의 계급 체계는 억압적이고 폭력적이며 모든 인종의 수많은 사람들을 해한다. 이 문제도 반드시 언급해야 한다. 그 문제도 낱낱이 파헤쳐 분석해야 한다. 하지만 같은 망치로 모든 벽을 다 허물 수는 없다. 애팔래치아 산맥에도 가난한 아이가 있고 시카고에도 가난한 아이가 있으며, 멀리서 보면 비슷해 보일지 몰라도 가난의 이유는 같지 않다. 신체 건강한 흑인 여성과 장애가 있는 백인 남성의 가난의 모습은 비슷할지 몰라도 이유는 완전히 다르다.

계급운동과 노동운동 안에서도, "다른 사람들이 덜 가져가기 때문에 당신이 더 많이 가질 수 있다"는 약속은 사람들을 유혹한다. 이 약속은 우선 다수의 행복에 집중하라고 말한다. 유색인과 장애인의 고충, 트랜스젠더나 여성의 고통을 이야기하기 시작하면 괜히 분열만 일어난다고 말한다. 인종주의를 여전히 살아 있게 하는 약속은 바로 이것이다. 당신이 가장 먼저 이득을 가져가라. 다른 이들도 결국에는 이익을 얻긴 할 것이다… 아주 조금. 이것이 당신이 믿는 사회정의의 낙수 효과다.

그렇다. 물론 계급 문제다. 젠더 문제이고 섹슈얼리티 문제이고 능력의 문제다. 또한 언제나 그래왔듯이 인종 문제이기도 하다.

인종은 오늘날 회피할 수 없는 문제이지만 대체로 어떤 문제가 인종에 관한 것인지 아닌지에 관한 논란 이상으로 확대되지 못하는 실정이다. 인종 이야기는 마치 "1루수가 누구야?"("Who's on first?", 애벗과 코스텔로의 코미디로, Who라는 이름의 사람이 1루에 있다는 말과 1루에 누가 있냐는 말이 계속 엇갈리는 내용의 언어 유희)의 끔찍하게 우울한 변주곡 같다. 어떤 이들은 인종 문제가 반드시 주요 쟁점으로 떠올라야 한다고 주장하고, 어떤 이들은 여기서의 문제는 인종 문제가 아니라고 주장한다. 대화는 아직 시작도 못했는데, 하려는 얘기가 과연 인종 문제인지 아닌지 결정하느라 짜증과 신경질

속에 긴 시간을 헛되이 보낸 후 누군가 포기하고 나가버린다. 본질적인 문제는 건드리지도 못한 채.

일상생활에서 어떤 문제가 인종 문제인지 아닌지 결정하는 것은 어렵긴 하다. 백인들 사이에서뿐만 아니라 유색인들에게도 그렇다. 원래 심각한 문제 안에 딱 하나의 요소나 관점만 있는 것은 아니다. 세상에 그렇게 정확하게 딱 떨어지는 건 별로 없다. 또한 어쩌다 보니 이 사회는 점잖은 모임에서 인종 문제는 '언급해선 안 되는 것'이 되어버렸기 때문에 인종 문제를 다양한 단어와 문장으로 표현하는 연습이 안 되어 있기도 하다. 하지만 무엇이 인종에 관한 문제인지 합의가 이루어지지 않았을 때 인종 이야기를 하는 건, 불가능하진 않다 해도 매우 어렵다. 그러나 어디에서든 일단 시작은 해야 한다. 어떤 것이 인종 문제인지를 구별하는 간단한 방법을 찾고 있다면 여기에 기본 원칙만 소개한다. 내가 기본이라고 말했을 때는 정말 기본만을 의미한다.

1. 유색인이 인종 문제라고 생각하면 인종 문제다.
2. 유색인에게 불균형하게, 또는 다른 방식으로 영향을 미치면 인종 문제다.
3. 유색인에게 불균형하게, 또는 다른 방식으로 영향을 미치는 폭넓은 사건 유형에 속한다면 인종 문제다.

이런 간단한 목록을 보면서 이렇게 생각할 수도 있다. 범위가 너

무 넓잖아요. 그렇게 따지면 세상의 모든 문제가 그 범주 안에 들어
갈 수 있겠네요. 그렇다. 사실이다. 거의 모든 것이 이 범주에 들어
간다. 왜 그럴까? 인종 문제가 우리 삶의 모든 국면에 영향을 미치
기 때문이다. 조금 더 깊이 들어가보자.

1. 유색인이 인종 문제라고 생각하면 인종 문제다. 이 말은 처음 들
으면 마치 이 세상의 모든 유색인의 말을 받아들여야 한다고, 그들
은 절대로 틀리는 법이 없고 거짓말을 하거나 상황을 잘못 해석할
가능성이 없기 때문에 그래야만 한다는 말로 들릴 수도 있겠다. 하
지만 어떤 사람이 믿을 만한 사람인지 아닌지는 논점이 아니다. 우
리 한 사람 한 사람은 살면서 겪는 경험의 총체다. 우리의 인생 경
험이 우리를 형성하고 이 세계와 상호작용하는 방식을 만들고 이
세상에서 어떻게 살아가는지를 만든다. 우리의 경험은 정당하고
유효하다. 우리는 우리의 일부만으로 세상을 경험하지는 않기 때
문에, 집에서 나올 때 인종 정체성을 문 앞에 두고 올 수는 없다. 따
라서 어떤 유색인이 인종에 관한 것이라고 말하면 그건 인종 문제
가 맞다. 세부적인 것과 관계없이, 당신이 볼 때 타인의 논리가 성
립되느냐 아니냐에 상관없이 인종 정체성은 그들의 일부이고 그
상황과 상호 공존할 수밖에 없다. 당신이 같은 상황에 처한 백인이
고 이 상황에서 인종 정체성을 예민하게 의식하지 않았다고 해서
인종이 영향을 미치지 않았다고 생각하지 말라. 우리는 모두 인종
차별적 사회의 산물이고 인종주의는 우리의 모든 상호작용과 사회

생활에 영향을 미친다.

어떤 것이 인종 문제일 수 있다. 하지만 그렇다고 그것이 오로지 인종에 관한 것만 의미하지 않을 수도 있다. 내가 매장에 들어갈 때 백인 점원이 나를 졸졸 따라다닌다면 그것은 인종 문제가 맞는데, 그 직원의 의도가 무엇이든 흑인 여성인 나는 쇼핑할 때마다 직원이나 경비원이 나를 쫓아다녔던 경험을 떠올리지 않을 수 없기 때문이다. 매장 직원이 나를 따라다니면서 인종에 대해서 전혀 생각하지 않았을 수도 있다. 그저 물건을 하나라도 더 팔겠다는 열정이 가득한 신참일 수도 있고, 인종과 상관없이 모든 손님이 물건을 훔칠 거라고 의심하는 직원일 수도 있다. 하지만 어쩌면 순수한 의도를 가지고 있었을지 모를 그 직원도 자신의 백인 정체성을 이 상호작용에 끌어들여온 것이다. 그가 쇼핑할 때는 매장 직원이 자신 옆에 딱 붙어 있었던 적이 거의 없으며, 그렇기 때문에 그 행동이 나에게 미치는 영향, 그가 따라다닐 때 내가 느끼는 감정을 모른다. 알건 모르건 결국 그는 이것을 인종 문제로 만들고 있다. 이는 인종이라는 측면이 언급되어야 하는 인종 문제이면서 교육에 관한 문제이기도 하다. 어떤 인종이든 손님을 그렇게 공격적으로 따라붙는 것은 훌륭한 매장 직원의 태도라 할 수 없다. 이 문제는 다양한 모든 문제가 될 수가 있고, 실제로 그렇다.

2. 유색인에게 불균형하게, 또는 다른 방식으로 영향을 미치면 인종 문제다. 내가 인종 이슈를 이야기하면서 백인들에게 가장 자주 들

는 말은 백인인 그들도 내가 말한 문제로 고통받고 있으므로 이 문제는 인종 문제가 아니라는 말이다. 빈곤은 인종 문제가 아니다. 백인 빈곤층이 있기 때문이다. 교도소 수감 문제 또한 백인 수감자들이 많기 때문에 인종 문제가 아니라고 주장한다. 많은 유색인들과 같은 문제로 고통받는 많은 백인들은 인종차별이라는 논의에서 벗어나 있다고 느끼기도 한다.

또 많은 백인들(주로 방금 이 말을 한 똑같은 백인들)은 인종에 기반을 둔 차별이라는 이론을 명백히 뒤집어버린 성공한 흑인들을 예로 들며 반박하기도 한다. 오프라 윈프리가 존재하는데 어떻게 가난이 인종 문제란 말이야? 비욘세가 모든 상을 가져가는데 어떻게 엔터테인먼트 업계에 흑인을 대표하는 사람이 적다고 말할 수 있지? 흑인들의 인종적 예외성이나 비범함을 거론하는 것이 인종 불평등을 오히려 강조한다는 사실은 그렇다 쳐도(왜냐하면 거꾸로 백인들이 이 사회에서 비교적 잘살고 있다는 사실을 주장하기 위해 성공한 백인 몇 명의 이름을 댈 필요는 없기 때문이다. 너무나 많아서 일일이 거론할 수조차 없다) 이러한 주장은 인종차별이 작동하는 방식을 얼마나 극단적으로 단순화해버리는지를 보여준다.

인종차별은 매우 폭넓은 방식으로 이 사회에 누적되어 있는 사회구조다. 모든 달걀을 한 바구니에 넣을 수 있는 단순한 시스템이 아니다. 인종차별은 다른 수많은 특권 및 불이익과 교차하면서 복잡한 미로 같은 결과를 낳는다. 유전자 로또를 맞은 흑인 운동선수가 초인적인 헌신과 노력을 하고 신이 주신 행운이 겹치면 그는 수천만 달러의 연봉을 받는 슈퍼스타가 될 수 있다. 반면, 부유한 가정에서 태어났지만 주식시장에서 모든 것을 잃고 노숙자가 된 백인 남성도 있다. 아름다운 백인 여성이 타고난 장애 때문에 사회경제적 주변부에 머물게 된 사례도 있고, 각고의 노력으로 중산층이 된 신체 건강한 흑인 여성의 예도 있을 것이다. 그럼에도 누적 총계를 계산해본다면, 여전히 인종에 따라 사람들의 운명이 확연히 차이가 난다는 결론을 얻을 수밖에 없다. 이 세상에는 오로지 유색인들만 당하고 백인들은 절대 당하지 않는 고난은 별로 없을지 몰라도, 백인들보다 유색인이 훨씬 더 자주 당하는 고난은 아주아주 많다.

앞서 말했듯이, 어떤 문제가 인종 문제라 해서 그것이 인종 문제단 하나뿐이라는 의미는 아니다. 그것이 인종 문제이기 때문에 백인들이 비슷한 영향을 받지 않는다는 의미도 아니며, 흑인들이 불균형하게 영향을 받는다는 것을 인정한다고 해서 부정적인 영향을 받은 백인들의 경험이 지워지는 것도 아니다. 흑인들이 당하는 불평등을 이야기한다고 해서 백인들이 당하는 불이익이 외면되는 것도 아니다. 유방암을 이야기한다고 해서 뇌종양을 배제할 수 없는 것과 마찬가지다. 이것은 다른 치료법이 있는 다른 질병이다. 그러므로 두 가지의 서로 다른 논의가 필요하다.

3. 유색인에게 불균형하게, 또는 다른 방식으로 영향을 미치는 폭넓은 사건 유형에 속한다면 인종 문제다. 내가 내 애인과의 관계가 학대적

인 관계라고 말할 때 단 한 가지 사건에 기반을 두어 그렇게 결론 내지는 않는다. 그가 나를 돌대가리라고 말한 그날 또는 다음 날, 또 그다음 날을 말하는 것이 아니다. 내 설거지가 마음에 들지 않는 다면서 그가 접시를 던져버렸을 때의 날짜와 시간에 대한 이야기가 아니다. 그가 내 친구들이 자기를 무시하기 때문에 우리 집에 놀러오는 것이 싫다고 말한 그날 이야기가 아니다. 내가 어쩌다가 자동응답기에 있던 그의 중요한 메시지를 지워버렸다고 몇 시간 동안 나와 말을 안 했기 때문이 아니다.

사실 물론 그런 시간들이긴 할 테지만 그저 그때 딱 한 번의 문제가 아니라 그 모든 사건의 총합이다. 내가 용기 내어 그 문제를 꺼내려 한다 치자. "나한테 돌대가리라고 하면 안 되지." 그럼 그는 이렇게 대답할 것이다. "내가 성질 한번 부렸다고 내가 널 학대한다고 말하는 거야?" 그러면 나도 모르게 방어적인 자세가 되어 심리적 학대가 없는 관계를 맺을 나의 권리를 수호하려고 할 것이다. 딱 한 번만 돌대가리라고 부른 건 학대의 범주에 들 수 없지만 일주일에 몇 번을 그렇게 말하는 건 학대가 맞다고 설명하려 할 것이다.

그에게는 그저 각각의 사건이고, 그다음번 학대도 역시 개별적인 사건이며, 그 말을 내뱉은 다음에는 바로 잊어버릴 것이다. 그러나 나에게 그의 행동은 매번 감정적인 고통을 더 심하게 하는 일상적인 습격이다. 하지만 내가 한발 물러나서 큰 그림을 보려 할 때마다 그는 그 문제를 개별 사건에 한정하려 한다. "별일 아니잖아. 왜 이렇게 사소한 일에 매번 화를 내고 그래?" 이렇게 나는 제발 이것을 학대라고 부를 수 있게 해달라고 조르느라 정작 이 학대적인 관계의 본질에 대해서는 제대로 토론하지도 못한다.

백인 주류 사회에서 유색인으로 산다는 건 마치 이 세상과 학대 관계를 맺고 있는 것과 같다. 하루하루가 새로운 상처가 되고, 매일 새로운 방식으로 비인간적인 취급을 받는다. 우리는 지난번 받았던 상처를 아직 그대로 간직한 채 늘 움찔하면서 다음번에 받을 상처를 두려워한다. 그러나 우리가 "우린 상처를 받았어"라고 말하면 우리가 방금 받은 상처, 이제 막 생긴 멍자국에만 조명을 비춘다. "너무 작은데? 별거 아니잖아. 하도 그렇게 주장하기에 충분한 이유가 있는 줄 알았어. 왜 사소한 일을 넘어가지 못하고 호들갑을 떠는 거야?" 이 세상은 우리 몸의 나머지가 흉터로 뒤덮여 있다는 사실을 무시한다. 하지만 인종차별은 연인이 낸 상처보다 더 증명하기 힘들다. 학대자가 단 한 사람이 아니기 때문에, 학대자는 당신을 둘러싼 세상이기 때문에, 그리고 하나하나의 사건 안에서 당신에게 고통을 준 사람이 어쩌면 가장 선한 의도를 갖고 있기 때문에.

이렇게 비유해보자. 당신이 거리를 걷고 있는데 몇 분에 한 번씩 누군가가 당신 팔을 치고 지나간다. 당신은 누가 불시에 당신을 칠지 모르고 대체 왜 치는지도 모른다. 하지만 맞을 때마다 아프고, 그래서 경계하게 되고, 그래서 지친다. 나를 보호하고 싶지만 이 거리에서 벗어날 수는 없다. 누군가 지나가면서, 어쩌면 재미있는 대화를 나누느라 큰 동작을 하다가 우연히 당신 팔을 쳤다고 가정하자. 이런 일들이 더 이상 참기 어려워지면 당신은 그 자리에서 소리를 지를 것이다. 그 사람에게는 당신 팔을 치려는 의도가 전혀 없었을 수도 있지만, 당신에게 이 문제는 길거리에서 사람들이 매일 당신 팔을 툭툭 치고 지나간다는 또 하나의 사실이다.

마지막 사람이 당신의 팔을 친 이유와는 상관없이 반드시 짚고 넘어가야 할 유형이라는 것이 있고, 당신의 쑥쑥 쑤시는 멍든 팔은 그 증거다. 하지만 사람들은 당신에게, 과거에 당신 팔을 치며 지나간 사람들이 모두 의도적으로 그랬다는 걸 증명해보라고 요구한다. 증명하기 전에는 그 사실을 인정하려 하지 않는다. 진정한 비극은 팔을 계속 맞는다는 것이지, 어쩌다가 실수로 팔을 치고 지나간 한두 사람이 일부러 그런 짓을 저질렀다는 비난을 받는 것이 아니다. 그들 또한 당신이 지금 고통받고 있는 상처에 일조했고(한 번만 맞아서는 그렇게 아프지 않으니까) 그들이 의도했건 아니건 나의 통증에는 그들의 책임도 있다. 당신이 실수로 방금 어떤 사람의 팔을 쳤다면, 아무리 어쩌다 실수로 쳤다고 해도, 길거리에서 요란하게 손짓 발짓을 할 권리를 인정받는 게 더 중요하다고 말해선 안된다. 당신의 요란한 동작이 사람들을 다치게 한다는 사실을 안다면, (설사 어렸을 때부터 원하기만 하면 결과에 상관없이 얼마든지 양팔을 크게 휘두르며 사는 것이 신이 주신 권리라고 믿고 자랐다하더라도) 누군가 그것 때문에 다쳤을 때 그것을 단순한 하나의 사건이라고 주장할 수는 없다.

인종이 존재하는 한, 인종차별이 존재하는 한, 인종은 우리 삶의 모든 면에 영향을 미친다. 거기에는 반드시 나쁜 것만 있지는 않다.

인종이란 그저 핍박과 아픔만은 아니며, 문화이고 역사이기도 하다. 개인적으로 흑인성(blackness)은 나에게 힘과 아름다움과 창의성의 역사로, 나는 여기서 힘과 아름다움을 끌어낸다. 단순히 인종주의가 초래한 공포의 역사 이상의 무언가가 있다. 나의 흑인성에는 나만의 언어가 있고 나만의 농담과 나만의 패션이 있다. 나의 흑인성은 지역사회이고 가족이며, 나는 이것에 매우 감사하고 만족한다. 인간은 회복 탄력성을 가진 창의적인 존재다. 그래서 인간은 학대하고 억압하기 위해 만들어진 사회구조 안에서도 어떻게든 미를 창출해낼 줄 안다. 이렇게 우리는 인종차별에 맞서 싸우면서도 인종 정체성을 인정하고 감사하게 생각한다.

모든 것이 인종에 관한 문제이면서 또 어떤 것도 완전히 인종만의 문제는 아니다. 차별과 갈등 상황 안에 놓인 다양한 요소를 인지하는 것은 매우 중요하다(이에 대해 더 알고 싶다면 '교차성'을 다룬 5장을 읽기 바란다). 많은 사람들이 어떤 문제가 인종 문제라고 인정되는 순간 그 문제는 인종 문제뿐일 거라고 느끼지만, 사실 그렇게 되면 많은 사람이 소외된다. 인종 문제는 복잡한 사회·정치·경제 시스템 안에 얽히고설켜 있다. 사회적 이슈를 고려할 때 계급이나 지리적 요인을 분석하는 것처럼, 인종을 고립시키거나 무시하지 말고 우리 사회를 돌아가게 하는 한 요소로 보아야 한다. 인종 하나에만 초점을 맞추어야 할 필요는 없지만 인종을 빼버리고 얻은 결론은 결코 문제 해결에 도움이 되지 못한다. 복잡한 사회경제적 문제를 풀기 위해서는 인종 문제를 고려해야만 유효한 해결책을 찾을 수 있다.

우리는 새로운 정보를 자신의 경험이라는 렌즈로 걸러내어 결과를 도출하려는 경향이 있다. 그 정보가 자신의 경험과 일치하면 유효하다고 판단한다. 일치하지 않으면 옳지 않다고 한다. 하지만 인종은 보편적인 경험이 아니다. 백인들도 어떤 시점에서 가난했을 수도, 병을 앓았을 수도 있고, 비만이거나 장애인이거나 키가 작거나 이 사회에서 부러워하는 매력이 없다는 이유로 차별을 받았을 수도 있다. 언제나 어떤 사람이었을 것이다. 하지만 단 한 번도 유색인은 아니었다. 유색인이 다가와 "나는 백인이 아니기 때문에 내 상황은 당신과 다릅니다"라고 말한다고 가정하자. 이때 그의 상황을 당신이 살아온 경험을 통해 해석하려 하면 관점이 어그러진다. 바로 이 지점에서 대개 당신은 인종차별이라는 주장을 묵살하고 싶은 욕구가 생긴다. 그저 당신에게는 말도 안 되는 상황이기 때문에, 이해되지 않는 상황이기 때문에 차별받았다는 주장은 옳지 않다고 말하고 싶다.

하지만 과연 당신이 살아온 인생은 실제인가? 당신이 겪어온 그 모든 상황은 진짜였는가? 그 상황을 바라본 당신의 해석은 근거가 있는가? 다른 사람의 상황이나 의견이 타당한지 판단하기 위해 당신이 살아온 경험을 이용한다면 당신의 경험이 타당하다고 생각할 확률이 높은데, 그렇다면 왜 유색인들의 인생 경험도 똑같이 타당하지 않겠는가? 당신의 인생과 당신이 보고 듣고 느낀 것을 거짓말이라 간주해버릴 권리가 나에게는 없는데 당신은 왜 나에게 그런 권리를 행사하려 하는가? 왜 당신의 말은 믿어야 할 가치가 있고 유색인들의 말은 그렇지 않은가?

반대로 당신이 유색인이라면 내 말을 명심하기 바란다. 이 세상은 계속해서 당신이 보는 것, 듣는 것, 생각하는 것, 느끼는 것이 틀렸다고 말하려 들 것이다. 이 세상은 당신이 이 사회에서 일어나는 일을 해석할 줄 모른다고 말하려 할 것이다. 하지만 당신은 틀리지 않았고 다른 모든 사람처럼 말할 권리가 있고 신뢰받을 권리가 있다. 만약 당신이 인종 문제라고 생각한다면, 당신 생각이 옳다.

2

인종주의란 무엇인가요?

동료와 논쟁이 있었다. 논쟁은 많은 직장 동료들 사이에 의견 차이가 시작되는 그곳, 인터넷에서 시작되었다. 동료는 빈곤층이 복지 수당을 받기 위해서는 약물 검사를 받아야 한다는 '밈'(meme, 사진이나 글에 풍자적 요소를 추가해 다시 포스팅하는 것)을 올렸다. 다들 내가 어떤 포스팅을 하는지 다 알고 있을 텐데 그는 결국 다음과 같은 말을 하고 싶은 것이다. "내가 직장을 얻기 위해 약물 검사를 받아야 한다면, 내가 뼈 빠지게 일해서 낸 세금으로 공짜 물건들을 얻고 싶을 때 당신도 약물 검사쯤은 받지 그래."

이런 종류의 인터넷 포스트를 수백 번쯤 보았고, 그것은 언제나 내 심장을 가격하는 강력한 한 방이었다. 나는 동료에게 말했다. 복지 수당에 의지해 자란 사람으로서, 어린 시절 내내 이런 시선을 감당해야 했던 사람으로서, 이런 식의 오명이나 낙인은 어떻게든 살아남으려고 애쓰는 가난한 사람들에게 크나큰 상처가 될 수밖에 없다고. 가난한 사람이라 해서 머리 위에 지붕이 필요하고 배고픈 아이들을 먹여야 한다는 사실을 증명할 필요는 없다고.

당신이 의도하지 않았지만 누군가 당신 말에 상처를 받았다고 말했을 때, 반응하는 방식은 몇 가지가 있을 것이다. 나는 당장 사과하고 정정하기를 바랐지만 동료는 자신의 주장을 더 밀고 나가는 쪽을 택했다. 여성인 그는 빈곤층은 불임시술을 받아야 한다고 생각한다며, "많은 여성이 정부의 돈을 더 받아가기 위해 아이를 줄줄이 낳는 방식으로 복지 정책을 이용해 먹는다"고 했다.

여기가 어디인가. 복지 여왕(Welfare Queen)을 주제로 설전을 벌이던 1984년의 텔레비전 토크쇼를 보고 있는 줄 알았다. 나는 진심으로 사람들이 더 이상 그런 신화를 믿지 않는다고 생각했었다. 그것은 복지 수급자 세대를 말살하기 위해 정부가 퍼뜨린, 그야말로 신화일 뿐이다. 빈곤층 불임시술이 강제로 시행되었다면 이 세상에 존재할 수 없었던 사람 중 하나인 나는 동료의 말을 듣자마자 참지 못하고 벌컥 화를 냈다. 또한 유색인종 여성의 강제 불임시술을 시행한 적 있는 이 국가의 악랄한 인종차별의 역사를 잘 알고 있는 사람으로서 그러한 발언이 얼마나 위험하고 비인권적인지도 잘 알았다.

동료는 나와 내 동생(그때 동생은 나와 같은 회사에서 근무하고 있었고 이 논쟁을 온라인으로 지켜보았다)을 불쾌하게 하려는 의도는 전혀 없었다고 말했지만 분위기는 더 나빠졌다. 그뿐만이 아니라 나에게 "화를 참는 것이 좋겠다"며, 그렇게 화를 참지 못하니 "나 같은 사람"이 발끈한다는 평판을 얻고 있지 않느냐고 했다. 여기서 "당신 같은 사람들"이라는 말이 나왔다는 건 이 대화가 위험한 인종차별적 영역으로 진입한다는 걸 알리는 신호다. 싸움은 지저분해졌고(아마도 흑인 대상의 흑인 범죄도 주장의 근거로 나왔던 것으로 기억한다) 그날 저녁 내내 감정만 너덜너덜해지고 아무런 결실도 없는 논쟁만 이어지다 끝났다.

다음 날 나는 친구에게 이 이야기를 꺼냈다. 전날 저녁 일어난 일 때문에 여전히 화가 나 있는 상태였다. 믿거나 말거나 나는 사람들을 좋아하고 진심으로 평화롭게 살고 싶다. 컴퓨터 화면을 보며 인종과 빈곤에 대한 네 시간짜리 열변을 토하고 싶지 않다. 당신 옆에 몇 달, 몇 년씩 앉아 있었던 사람이, 알고 보니 바로 당신이기도 한 흑인 여성의 기본 인권을 부정하고 있었다는 사실을 깨달았다면, 그 처참한 기분을 어떻게 묘사할 수 있겠는가? 그런 일은 아무리 자주 일어나도 적응되지 않는다.

"우리 사무실에 그 정도까지 인종차별적인 사람이 있었다니 나로서는 충격이야." 나는 커피를 마시며 말했다.

"우, 우, 이제 그만. 이제오마." 친구는 한 손을 들어 올리며 내 말을 막았다. "우리 여기서 더 이상 나가지 말자."

"뭐라고?" 나는 충격을 받아 혼란스러워하며 대체 무슨 말이냐고 물었다.

"아무 데서나 그렇게 사람들한테 인종주의자라고 부르고 다니면 안 되잖아. 그 단어는 더 중대한 일을 위해 아껴야 하는 것 아닐까? 이를테면 나치라든가 십자가 태우기나 폭행 같은 게 나올 때 써야지. 네가 그렇게 선동적인 언어를 시도 때도 없이 입에 올리면 사람들이 점점 널 피하게 될 거야."

나는 정말로, 진실로 오해라고 말하고 싶었다. 이참에 그에게 일상적인 인종주의의 해악이 얼마나 심각한지 알리고 싶었다. 그가 알고 나서 마음을 바꾸는 계기가 되기를 바랐다. 무분별한 인종차별과 유색인들이 당하는 마이크로어그레션(microaggression, 미묘하고 작은 규모의 차별과 공격)의 위험을 설명하려고 했다. 하지만 그는 들으려 하지 않았다. 그에게 '진짜 인종주의'는 따로 있다. 그것은 바로 후재건 시대(post-reconstruction 1865~1877, 남북전쟁 후 노예제 철폐에 대한 반동으로 남부에서 조직된 KKK단 등이 흑인들에게 테러를 저질렀던 시기)의 경악스러운 인종차별이며, 내가 늘 말하는 인종차별은 그와는 다르다는 것이다(그도 인종차별을 분류하는 것을 불편해하기는 하지만 그렇게까지 큰일은 아닌 것으로 보았다). 내가 말하는 인종차별은 내가 매일매일 더 못한 인간으로 취급받는 이야기지만, 그는 내가 극복하는 방법을 배우거나 좀 더 편안하게 대응하는 방법을 찾아야 한다고 했다. 예컨대 자기 할머니가 인종차별적인 말을 할 때도 있지만 그래도 할머니는 매우 선량한 사람인데, 해를 끼치지 않는 그런 노인에게 인종주의자라고 욕하는 건 잔인하다고, 오히려 그를 더 차별주의자로 만드는 일이라고 했다. 그에게는, 인종주의를 퍼뜨리고 지지하는 백인들이 인종주의자라는 말을 들었을 때의 불쾌함이 그 인종주의 때문에 실제로 고통받는 흑인 친구들의 불쾌함보다 훨씬 더 중요한 문제였던 것이다.

내가 무슨 말을 해도, 이런 종류의 인종주의가 나와 다른 유색인에게 일상적으로 미치는 고통과 해악을 아무리 일일이 설명하더라도 '인종주의자'라는 단어를 쓰는 나를 그는 절대 받아들일 수 없다.

바로 이즈음에서 내 인생에서 가장 중요한 문제를 터놓고 이야기할 수 없는 사람은 친구가 아닐 거라는 사실을 깨닫는다. 그 사람 주변에서 나는 온전한 나 자신이 될 수 없고 그는 절대로 나를 진심으로 지지해주지 않을 것이다. 그는 나의 본심을 털어놓기엔 안전한 사람이 아니다. 화가 나지는 않는다. 가슴이 쓰라릴 뿐이다.

우리는 인종과 인종차별이 내 인생에 어떤 식으로 영향을 미치는지도 말할 수 없다. 인종차별이 내 인생에 충격적인 영향을 준다는 사실 자체를 그가 받아들이지 않을 뿐 아니라, 그에게는 나의 안전보다는 자신의 평온이 더 우선이기 때문이다. 이 말은 곧 우리는 우리 자신에 대해 이야기할 수 없다는 뜻이다.

●○

미국에서 인종 이야기를 하는 게 힘든 가장 큰 이유는 인종차별을 정의할 때 대다수 사람들이 극심한 의견 차를 보이기 때문이다. 인터넷에서 이루어지는 인종과 인종주의에 대한 논쟁을 보면 언제나 가장 윗자리를 차지하는 논란은 누가 인종주의자이고, 누가 아니며, 누가 인종주의의 희생자라고 주장할 권리를 갖고 있느냐다. 요약하자면, 인종주의의 가장 흔한 정의는 다음과 같다. 1) 인종주의란 인종 때문에 어떤 사람에게 갖는 편견이다. 2) 인종주의는 인종 때문에 어떤 사람에게 갖는 편견으로, 특히 그 관점이 이 사회의 지배 체제(system of power)에 의해 강화된 것을 말한다. 이 두 가지 정의는 여러 면에서 서로 상관관계가 있지만, 이 두 정의의 차이가 당신이 미국에서 인종주의를 관찰하고 언급하는 방식에 커다란 차이를 낳는다.

이 책의 목적을 위해 나는 두 번째 정의를 사용하려 한다. '인종주의는 인종을 기반으로 하여 누군가에게 갖는 편견으로, 그 편견은 지배 체제에 의해 강화된다.' 당신의 목표가 미국의 인종주의가 유색인에게 가하는 구조적 피해를 줄이는 것이라면 일상생활에서 이 정의를 사용할 것을 추천한다. 이유는 다음과 같다.

'인종주의란 인종에 따라 어떤 사람에게 갖는 편견'이라는 첫 번째 정의만 사용하면 미국의 인종 문제를 인종주의자 개개인의 머리와 마음에서 일어나는 전쟁으로 축소해서 보게 된다. 그 결과, 인종주의자, 인종주의적 행동, 인종적 압박과 차별을 더 큰 체제의 일부로 보지 못한다.

저 바깥세상에는 뻔뻔하고 노골적인 인종주의자들이 무수히 많다. 그들은 어디에나 있다. '오바마 – 원숭이 밈'을 공유하는 사람들, 재킷에 나치를 상징하는 스와스티카(swastika)를 부착하고 '백인 학살'(White Genocide, 백인 우월 단체의 구호. 유색인 이민자와 백인의 결혼으로 백인이 멸종 위기에 처했다는 주장)을 이야기하는 사람들도 있다. 이 책은 그런 사람들을 위한 책이 아니고 그들은 내 관심사가 아니다. 이 책은 철면피를 쓴 인종주의자들이 마침내 유색인을 사랑하고 감싸 안을 방법을 말해주지는 않을 것이다. 나는 마법사가 아니니까. 게다가 이런 사람들은 대개 그 자체로는 별다른 힘도 없고 사회 주변부로 밀려나 그 자리에서 떠들 뿐이다. 우리 사회에서 더 중요한 인종주의는 그보다 더 미묘하다. 지독한 인종주의자들에게 힘이 있어 보일지 몰라도, 그런 힘은 "오바마는 무슬림이다"라는 플래카드가 있는 곳에서 당신이 멀리 도망가기만 하면 사라진다.

더 중요한 점은 이것이다. 독기 가득한 인종주의자들의 무력한 혐오와 적의는 우리 사회의 권력 구조와 지배 체제에 의해 만들어지고 성장한다. 이 체제는 교활하고 폭력적이기는 매한가지인 또 다른 형태의 차별적 신념을 이 사회의 근간에 침투시킨다. 당신이 '인종주의자'가 아니라 해도 인종주의적 체제의 일부가 될 수는 있다.

"흑인 대 흑인 범죄"(black-on-black crime, 흑인이 경찰에게 총살되는 사건으로 시위가 일어날 때, 흑인이 흑인을 살해하는 범죄가 더 많다고 하는 주장)를 외치는 남자들은 "문제 많은 지역사회"라는 딱지를 붙이고 "거리를 깨끗이 청소하겠다"고 약속하는 정치인들에 의해 힘을 얻는다. 알고 보면 항상 이 거리는 유색인들이 많은 지역이고 결국 수많은 유색인 손목에 수갑을 채우는 일로 끝난다. "흑인 불량배들"이라고 소리 지르는 당신 고모의 목소리는 "심각한 약탈자"(super-predators, 정치가들이 흑인 청년 범죄자를 부르는 용어)라는 단어를 들먹이는 정치가들의 목소리와 겹친다. 이들은 학교-교도소 파이프라인을 조직해 유색인 어린이들 앞에 가장 넓게 펼쳐진 길을 '감옥 가는 길'로 만든다. 하지만 경찰의 불심 검문법에 찬동하고 학교 내 안전 강화를 지지하는 이들 역시 "흑인 대 흑인 범죄"를 외치거나 흑인 청년을 '폭력배'라 부르는 인종주의를 비난하지는 않는다.

한편 "백인의 힘" 구호를 걸어놓은 많은 인종주의자들은 투표 선거인 등록도 하지 않는다. 인종주의에 권력을 부여하는 것은 개인이 아니라 이 체제이고, 이 체제 안에서 안주하려는 우리의 태도다. 백인우월주의라는 체제가 없다면 우리는 상당히 평평한 운동장에서 서로에게 욕하는 등신들일 테고 아마 목소리가 가장 큰 사람이 이길 것이다. 하지만 지금 이곳은 평평한 운동장이 아니다. 400년 이상 유지된 구조적 억압은 명백히 불균형한 권력 구조에서 불이익을 받는 인종적 소수집단들을 낳았다. 내가 어떤 백인을 '크래커(cracker)'라고 부른다 해도 내가 저지른 최악의 일은 그 사람 하루를 망친 것 정도다. 만약 백인이 나를 '니거(nigger)'라 생각하면 그들이 할 수 있는 최악의 일은 나를 해고당하게 하거나 체포되게 하거나 죽게 하는 것이다. 그 사회구조 또한 나를 '니거'라 생각하고 있고, 나를 그렇게 할 자원을 충분히 갖고 있다.

인종차별의 이 두 가지 정의의 차이점이 주는 영향도 크지만 인종차별을 어떻게 정의하느냐는 우리가 어떻게 싸우느냐를 결정할 수도 있다. 우리 안의 암세포 때문에 구토를 한다면 우리는 욕지기를 어떻게든 참으면서 자신의 생명을 위해 싸우고 있다고 말할 것이다. 사실 우리를 죽이려 하는 건 그 종양이다. 우리가 인종차별을 단순히 '인종적 편견'이라고 보면 우리가 만나는 사람들의 머리와 마음을 내 편으로 만드는 전쟁에서만 이기면 될 것이다. 즉 암세포 자체가 아니라 암이 유발하는 여러 증상들과만 싸우는 격이다. 불가능한 임무일 뿐만 아니라 상당히 의미 없고 무용하다.

내 이웃이 유색인들을 사랑하게 만들면 그와 시간을 보내고 친하게 지내는 일이 더 쉬워지지만, 그것은 경찰의 과잉 진압과 인종 간 소득 격차와 식량 사막(food desert, 400미터 이내에 신선한 식품을 판매하는 상점이 없어 저렴하고 영양가 있는 음식을 구하기 어려운 지역을 일컫는 말)과 교도소 산업의 문제를 해결하는 데 어떤 도움도 되지 못한다.

게다가 이런 접근 방식은 차별을 받고 있는 사람에게 책임을 뒤집어씌우는 것으로, 이들에게 계속해서 자신의 인간성과 평등의 가치를 증명해야 할 필요를 느끼게 한다. 하지만 다른 인종에 대한 우리의 생각과 느낌의 대부분은 우리의 심장이 아니라 우리 사회 구조의 요구와 규칙에 좌우된다. 우리가 성공했다고 보는 사람, 성공에 가까이 갈 자원이 있었던 사람, 우리가 두려워하는 사람, 이 사회에서 가치 있게 보는 특징, 우리가 '똑똑하고' '아름답다'고 보는 사람 등에 대한 개념은 어떻게 만들어졌는가. 이는 권력을 쥔 다수의 문화적 가치, 권력을 가진 다수의 경제구조, 권력을 가진 이들의 교육제도, 권력을 손에 넣은 사람의 언론 노출에 얼마나 가까이 접근할 수 있는지에 의해 정립된다. 나는 앞으로 생각이 비뚤어진 한 명, 또는 증오로 가득한 백인 한 명을 비난할 일은 절대 없을 것이다. "이건 모두 스티브의 잘못이야. 흑인을 신뢰하지 않는 건 저 혼자 알아서 흑인을 싫어하기로 결정한 옆집 사는 스티브 때문이라니까"라고 말할 일은 없다. 스티브는 그저 이미 자리 잡은 사회구조에 적응해서 살고 있을 뿐이다. 그리고 그 사회구조는 결국 유색인의 지속적인 차별을 암묵적으로 인정하는 인종 증오를 낳는다. 구조적 인종주의는 지렛대를 올리건 말건 돌아가는 기계이고, 기계가 돌아가게 놔둔다는 건 우리가 그 기계가 생산하는 제품에 책임을 져야 한다는 뜻이다. 변화를 만들기 원한다면 우리 손으로 그 기계를 해체해야 한다.

스스로에게 질문하기 바란다. "나는 왜 이 책을 읽고 있는가?" 사람들이 서로에게 더 친절해졌으면 하는 바람에서인가? 다양한 인종의 친구들을 만들고 싶다는 생각에서인가? 아니면 말 그대로 유색인을 죽이고 있는 이 억압 구조와 싸우고 싶어서인가? 만약 당신이 앞으로도 인종주의를 '어떤 사람이 다른 인종에게 심술궂게 구는 일'로 정의한다면 이 책은 당신의 목표를 충족해줄 책이 아니다. 물론 그것 자체는, 즉 우리가 서로에게 친절해야 한다는 이 목표 자체는 고상하고 진정성 있다. 그러나 나를 비롯하여 수백만 유색인의 인생을 구석으로 몰아넣는 것이 무엇인지 파고들면 들수록 나와 비슷한 사람들을 대하는 백인들의 무례함은 지금 여기서 해결해야 할 중요한 사안이 아니다.

그렇다면 당신의 목표는 두 번째 정의, 즉 수백만 유색인의 삶을 해치는 구조적 억압과 싸우는 것인가? 그렇다. 나는 당신 같은 사람을 위해 이 책을 썼다. 하지만 어떤 정의를 지향하든 일단 책을 끝까지 읽어주면 좋겠다. 미국의 인종주의의 진실을 이해하면 더 다양한 인종의 친구를 사귀는 데 분명 도움은 된다. 당신 옆에서 안전함을 느끼는 진정한 친구들이 점점 더 많아지리라 장담한다.

당신이 인종주의란 '지배 체제(권력 구조)에 의해 유지되는 인종 편견'이라는 두 번째 정의에 아직 완전히 설득되지 않았다면, 나는 이 책의 나머지 장들이 그 생각을 바꾸어줄 거라 자신한다. 앞으로 전개될 내용들을 읽을 때, 이 책에서 다루는 개념과 이슈가 그저 한 뭉텅이의 백인들이 매일 아침 일어나서 서로에게 "오늘 나는 유색인을 차별하기 위해 내가 할 수 있는 모든 일을 하겠어"라고 외치는 행동에서 탄생하지는 않았다는 사실을 기억하자. 이 개인들이, 사회경제적 지위가 인종에 따라 크게 달라지는 사회를 창조하고 인종에 따라 성공이나 실패를 예상하는 세대를 양산한 건 아니다. 우리는 인종이 성공의 가장 중요한 지표인 사회에 살고 있다. 부, 건강, 수명, 교도소 수감 비율, 그 외의 무수한 사회 지표에서 인종 간에 상당한 차이가 존재한다. 인종 불평등이 이렇게 보편적이고 지속적으로 유지되는 사회를 보면서 "이건 그저 마음속 깊이 증오를 품고 있는 개개인들의 행동 문제야"라고 말할 수는 없다. 어불성설이다.

순수하게 감정적인 근거 하나로는 사회구조적인 문제를 해결할 수 없다. 거시적인 관점에서 보아야 한다. 감정적인 근거로 어떻게 학교-교도소 파이프라인 문제를 해결할 수 있겠는가? 감정 하나로 어떻게 여성이나 유색인의 노동보다 백인 남성의 노동 가치를 높게 매기는 경제구조를 바꿀 수 있겠는가? 우리의 감정으로 백인 가정의 경험, 역사, 목적에 맞춰져 있는 교육제도를 바꿀 수 있겠는가? 백인이 압도적인 다수를 차지하는 정부와 의회를 어떻게 감정을 근거로 설명할 수 있겠는가? 모든 미국인의 가슴을 유색인을 향한 깊은 사랑으로 가득 채울 수도 있을 것이다. 그러나 구조의 변화가 없다면 개개인의 사랑은 유색인의 삶에 그저 손톱만큼의 이익을 가져다줄 뿐이다.

인종 편견을 강화하는 제도적 요소를 인종차별의 요소로 보지 않으면 제도가 인종에 끼치는 피해를 간과하게 된다. "모든 인종적 편견은 동일하게 해롭다"고 말하면, 유색인에게 가장 큰 피해를 입힌 원인을 부정하고 그 피해를 줄일 수 있는 기회마저 잘라내는 것이다. 인종주의에 대한 이해를 인종주의자들과 싸워 이길 수 있는 능력으로 제한하지 않고 인종주의를 구조의 일부로 인정하면 우리의 행동이 구조적 인종주의 안에서 어떤 역할을 하는지 집중할 수 있다. 문제는 흑인들을 게으르다고 생각하는 한 사람의 백인의 생각 때문에 받는 상처가 아니다. 진짜 문제는 흑인들은 게으르다는 믿음이 비슷한 관점을 공유하는 사람들의 대화 속에서 커져 주류의 관점으로 고착되고, 이 관점이 흑인을 고용하지 않고, 흑인을 위한 주거 환경도 마련하지 않고 학교에서 흑인 학생을 차별하게 하는 세태를 만들어버린 것이다.

이 사회의 가장 꼭대기에 있는 사람들에게 유리한 경제·사회적 제도를 받쳐주기 위해 인종주의가 만들어졌다는 점을 명심해야 한다. 유색인을 향한 증오가 불타올라 이 제도가 정립된 것도 아니고, 이 제도의 목표 자체가 유색인 예속도 아니다. 인종주의의 궁극적인 목표는 백인들의 이득과 안정, 특히 부유한 백인 남성들의 이득과 안정이다. 유색인을 차별하는 건 그들에게 부와 권력을 가져다줄 가장 쉬운 방법이며, 인종주의는 그것을 정당화하기에 가장 효과적인 길이다. 단순히 감성이나 정서의 문제가 아니라, 이 정서가 부당한 지배 체제를 유지하기 위해 이용되는 것이 문제다.

우리의 감정, 무지, 공포, 증오는 백인우월주의 사회구조를 살찌우는 방법으로 활용되었다. 우리는 감정, 공포, 증오를 열심히 표출해야 한다. 하지만 동시에 이러한 우리의 감정을 가져가 부풀리고 확대하여 백인 사회의 특권층을 부자로 만드는 데, 유색인의 삶과 자유를 짓밟는 데 도구로 사용한 그 '구조'를 절대 잊어선 안 된다.

●○

이 책을 읽으면서 내가 말하는 내용을 전부 수긍하더라도, 사회구조를 고려하지 않은 인종주의의 정의가 마음 안에 단단히 자리 잡은 사람들과 대화하는 데는 크게 도움이 안 된다. 이제 '역차별'이니 '백인에 대한 인종차별'이니 하는 비난이 날아오기 시작할 텐데, 이때 어떻게 하면 더 건강한 인종 토론으로 들어갈 수 있을까?

우선 그런 반응은 거의 대부분 두려움, 죄책감, 혼란에 대한 방어나 수동적 공격이란 사실을 이해하자. 이것은 그 사람이 자신의 기분이 더 나아지는 쪽으로 대화를 유도하거나 끝내버리기 위한 시도일 뿐이다.

이야기가 이런 식으로 흘러갈 경우, 상대에게 의도를 명확히 다시 설명하고 당신이 어떤 이야기를 하려는지 분명히 짚고 넘어가야 한다. "나는 지금 수백만 유색인들의 건강, 재산, 안전에 너무나도 커다란 영향을 미치는 구조적 인종주의 문제를 이야기하고 있어요. 당신은 지금 어떤 이야기를 하려는 건가요?"

상대가 '역인종차별'이라는 단어를 들고 와 당신의 입을 다물게 할 때도 많을 것이다. 그럴 경우, 상대가 이때다 싶어 꺼낸 자기 인생의 불만을 들어주지 않는다면 그들은 자기주장을 되풀이하거나 당신을 위선자라고 비난할 것이다. 만약 그런 일이 일어난다면 제대로 된 대화가 힘든 상태니 잠시 쉬었다가 나중에 생산적인 대화를 다시 시도하는 것이 좋다.

생산적인 대화를 원하는 어떤 사람이 있다. '크래커'라고 불리는 것과 '니거'라고 불리는 것이 같다고 굳게 믿는 그는 화를 내며, 이 둘을 다르게 보는 당신의 인종주의 정의가 틀렸음을 입증하려고 할 수 있다. 이것은 교육적인 기회이기도 하다. 이럴 경우, 당신은 이렇게 말해야 한다. 그의 말을 경청하고 있고, 그들의 경험을 무시할 생각이 없다고. 그들의 경험과 우리의 경험은 다르지만 그들의 경험도 정당함을 인정해야 한다.

이런 경우 내가 주로 하는 대답은 이렇다. "당신이 들은 그런 말들도 절대 괜찮지는 않겠죠. 그런 말을 들으면 꼭 기분 나쁘다고 말하세요. 하지만 우리는 지금 다른 이야기를 하고 있어요. '크래커'라는 말을 들으면 기분이 상하죠. 모욕적일 수도 있어요. 하지만 나쁜 감정이 사라지고 난 뒤 그 말을 들었던 사실이 당신의 인생에 어떤 영향을 미치나요? 거리를 안전하게 걸어다닐 수 없게 될까요? 당신이 일자리를 구하는 데 그 말이 문제가 되나요? '크래커'라는 단어 때문에 당신이 받아야 할 서비스가 거부당하는 일이 얼마나 있을까요? 그 단어가 미국의 전반적인 백인들의 삶에 얼마나 대단한 영향력을 갖고 있을까요?"

솔직하게 말하면, 내 경험에 비춰볼 때 이렇게 말한다고 해도 상대와의 대화가 더 깊고 풍부해질 가능성은, 적어도 바로 당장 그렇게 될 가능성은 낮다. 하지만 사람들에게 생각할 거리 정도는 던져줄 수 있다. 이런 대화는 처음에는 아무런 영양가가 없어 보이지만 이해를 위한 씨를 뿌리는 일이다.

지인들에게 구조적 인종주의를 이해시키고 싶다면 인종 이야기를 할 때마다 인종주의의 구조적 결과에 대해 말하는 것이 좋다. "히스패닉계 학생에게 인종차별적인 막말을 한 교사를 당장 해고해야 해!" 이렇게 말한 다음 한마디 덧붙여야 한다. "교사의 행동은 우리 학교 히스패닉 청소년들의 높은 정학 비율, 퇴학, 체벌과 연관 있고, 교사의 인종차별을 목격한 학생들이 친구들을 대하는 방식, 성인이 되어 히스패닉을 대하는 방식에 영향을 미칠 거야." 나는 인종 이야기를 할 때 대화를 이런 식으로 끌고 가는 편이다. 그러면 이런 대답을 아주 자주 듣는다. "그런 상황까지는 고려하지 못했었네. 고마워."

사무실 정수기 앞에서 누군가 이렇게 말한다. "흑인들은 왜 이렇게 지각을 자주 하지?" 그러면 이렇게 말하자. "너무 인종차별적이네." 하지만 여기서 그치지 말고 한마디를 덧붙이자. "흑인 노동자들에 대한 그런 편견 때문에 흑인이 면접 볼 기회도 점점 사라진다고. 백인이 지각을 하거나 반대로 시간 약속을 잘 지키면 그건 언제나 그 사람 개인의 문제로 판단하니까 취업할 때 면접 기회를 놓치게 되진 않지." 이렇게 말하면 누가 당신의 말을 다음과 같은 식으로 무시할 확률은 확실히 줄어든다. "이봐, 뭐 그렇게 대단한 문제도 아닌데. 너무 민감하시네."

인종차별을 인종주의의 구조적 원인이나 결과와 연결하면, 다른 사람들도 구조적 인종주의와 반(反)백인 편견 사이의 중요한 차이를 직시하게 된다. 개개인의 인종차별과 그것에 더 막강한 힘을 부여하는 구조적 인종주의를 연결하는 연습을 하면 할수록 세상에 변화를 일으킬 수 있는 방법들이 보인다. 히스패닉 학생에게 인종혐오 표현을 하는 교사를 해고하라고 주장할 수도 있지만, 이 학교의 히스패닉 학생들의 정학 비율을 알아볼 수도 있고, 유색인 교사

비율은 얼마나 되는지 물을 수 있고, 학교 규율을 검토하고 개선을 요구할 수 있다. 인종차별적 발언을 한 직장 동료를 인사과에 신고할 수도 있지만 회사가 채용 과정에서 인종적 편견을 최소화하기 위해 어떤 노력을 하는지 확인해볼 수도 있다. 회사에 인종적 다양성을 요구할 수 있고, 문화 민감성 직원 교육을 요청할 수도 있고, 인종차별 신고가 들어올 때 어떤 징계 절차를 밟는지 물을 수도 있다.

인종주의를 사회구조로 보면 전보다 더 거대하고 복잡한 문제로 보이기도 한다. 하지만 그만큼 다양한 요소들을 살펴볼 기회도 많아진다. 앞으로 이 책이 각 장마다 시도하려는, 적어도 작은 시작이라도 해보려는 것이 바로 그 점이다. 이제 우리 모두 인종주의가 무엇인지는 알았으니 본격적으로 작업을 시작해보자.

3

내가 인종에 대해 잘못 말하는 것일까요?

　　백인인 내 엄마가 텍사스의 덴턴이라는 곳에서 나와 내 남동생을 낳는 순간부터 엄마는 보수적인 남부에서 인종과 관련된 온갖 논란과 화제와 간섭의 중심에 서게 되었다. 하지만 놀라운 건 엄마와 내가 인종에 대해 처음으로 속 깊은 대화를 나눈 건 그로부터 한참 뒤, 내가 서른네 살이나 되었을 때라는 점이다. 그즈음 나는 본격적으로 인종을 주제로 한 문화와 불평등에 관해 글을 쓰는 사람이 되어 있었고, 인종에 관한 나의 의견과 정체성은 이미 다양한 글로 정리되고 발표되어 있었다. 하지만 다들 그렇듯, 가족 간의 대화란 주로 학교 숙제, 텔레비전 드라마, 집안일처럼 일상생활 중심으로 흘러가게 마련이다.

　　내가 자랄 때 엄마는 흑인 자녀를 둔 모든 부모가 해야 하는 조언들을 해주었다. 경찰에게 반항하지 마라, 상점에서 점원들이 따라

붙어도 놀라지 마라, 너의 아름다운 갈색 피부 때문에 사람들이 놀리거나 짓궂게 굴지도 모른다, 친구들과 같은 머리 모양을 할 수가 없을 텐데 네 머리는 그렇게 안 되기 때문이다 등등. 하지만 그런 종류의 대화들은 단발성으로 그쳤을 뿐, 내가 우리 앞에 준비되어 있는 인종의 현실을 볼 수 있을 만큼 컸을 때는 굳이 필요하지 않았다.

백인 엄마 밑에서 자란 나와 남동생은 흑인 부모님과 사는 흑인 어린이들보다 인종 문제에 대한 대화를 덜 하는 편이었다. 엄마가 백인이기 때문에, 우리 삶에서는 알 수 없는 일들이 훨씬 많이 일어나고 있었다. 엄마는 흑인 아닌 사람이 할 수 있는 최고의 애정으로 우리의 흑인다움을 사랑했다. 우리의 갈색 피부, 삐쭉삐쭉하고 곱슬곱슬한 머리, 도톰한 입술, 우리 문화와 역사를 진심으로 사랑했다. 엄마는 우리가 미적으로 완전체라고 생각했다.

엄마는 우리의 흑인성이 우리 인생을 뒷자리로 밀려나게 하리라고는 결코 생각하지 못했다. 우리가 이 세상을 이끌어갈 거라 생각했다. 하지만 그러한 낙관성과 우리를 보던 별처럼 반짝이는 눈은 사실 엄마의 백인성에서 기인했다고 할 수 있다. 우리가 매일매일 넘어야 하는 장애물과 우리가 평생 견뎌야 하는 인종차별의 칼날과 상처를 보는 건 엄마에게는 거의 불가능한 일이었다. 엄마의 눈에 우리는 흑인이고 아름답고 똑똑하고 재능 있고 진중한 아이들이었다. 중요한 건 그뿐이었다. 집이라는 좁고 한정된 공간 안에서는 그 사실만이 중요하기도 했다. 하지만 일단 문 밖을 나서면 우리가 이 현실 세계를 어른으로서 헤쳐 나가야 한다는 것을 엄마도 알게 되었고, 엄마의 막연한 예상과는 달리 '이 세상에서 흑인으로 산다는 것에는 뭔가 더 있구나' 하는 생각도 하게 되었다. 그 발견이 엄마를 불편하게 했으며, 자기가 낳고 키운 귀한 자식들이 자신은 전혀 알 수 없는 세상을 살아가고 있다는 사실에 불안해했다. 내가 점점 인종 문제에 치중해 글을 쓰는 사람으로 알려지면서 엄마는 그 사실을 더 이상 인정하고 싶어하지 않았다. 엄마는 그저 무슨 말을 해야 할지 몰랐다.

2015년 어느 날 저녁, 엄마의 음성 메시지를 받은 건 이 맥락 안에서였다. 엄마의 음성 메시지는 늘 그랬듯 불필요할 정도의 호들갑으로 가득했지만 그 안에 담긴 주제는 전과 완전히 달랐다.

"이제오마, 전화해줘. 엄마한테 강렬한 에피파니(epiphany, 중요한 통찰과 깨달음)의 순간이 왔어. 인종에 관해서 말이야. 중요한 이야기야."

나는 인종 문제를 이야기하며 먹고살고 있고 이 주제에 관한 불편한 대화를 지나칠 정도로 많이 나눠왔다. 좋은 의도를 가진 백인들이 "드디어 알았다"면서 내게 다가와 대화를 시도하지만 결국 본인들이 전혀 의식하고 있지 못한 가정, 편견, 마이크로어그레션만 드러내는 일이 부지기수였다. 이런 대화는 그들 생각보다 내 감정에 영향을 미친다. 그래서 어떻게든 하지 않으려고 노력해왔다. 물론 이런 종류의 대화는 점점 더 쉬워졌고 이제 나도 내 감정을 보호하는 법을 알지만 엄마와 이런 이야기를 나눌 준비는 되지 않았다. 엄마가 나에게 상처를 줄 생각이 있어서가 아니라는 것도 알고, 내 강연을 듣거나 글을 읽고 나에게 공격적으로 접근하는 사람과 다르다는 사실도 잘 알고 있었다(엄마는 내 글을 읽지 않았다). 엄마는 그저 엄마고, 이 세상 누구도 자기 엄마와 인종 문제를 이야기하고 싶어하지 않을 뿐이다.

엄마에 대해서 몇 가지만 미리 말하고 지나가야겠다. 우리 엄마는 내가 아는 가장 순수하고 가장 너그러운 사람이다. 훌륭한 엄마이고 할머니이고, 엄마를 아는 거의 모든 사람들에게 사랑받는다. 하지만 엄마는 살짝 피곤한 사람이기도 하다. 엄마는 생각하기 전에 말부터 해버리는 성향이고 어떤 이야기를 할지 마음속으로 정하지 않고 열 가지 이야기를 한꺼번에 쏟아내듯 내지르는 사람이기도 하다(엄마는 오랫동안 보청기 사용을 거부해왔다. 내가 엄마더러 내지른다고 하는데, 그럴 때 엄마는 정말이지 소리를 '지르며' 말한다). 가끔은 생뚱맞은 감정, 열정, 변덕이 폭풍처럼 휘몰아치기도 한다. 엄마와 식료품 쇼핑에 관해 이야기할 때도(이 대화는 종종 유기농 원예로 시작되었다가, 어디선가 들었는데 결정적으로 웃긴 대목이 기억 안 나는, 감자를 소재로 한 농담이 산만하게 끼어들곤 한다) 나의 인내심과 대화의 기술을 끌어모아야 한다. 나는 엄마를 온 마음을 다해 사랑하지만, 36년간 엄마 앞에서 눈을 굴려오기도 한 사람이다. 엄마 앞에서 나는 영원히 까칠한 십대다.

그때 백인 엄마의 인종 에피파니의 순간을 듣는 것만큼 하기 싫은 건 없었지만, 엄마는 모든 엄마가 하는 그 일을 했다. 전화 올 때까지 기다리지 않고 걸고, 받지 않으면 내가 받을 때까지 전화를 하는 그 일 말이다.

"너 엄마 문자 받았어?" 엄마가 물었다.

"네. 깨달음의 순간이 있으셨다고." 내가 한숨 쉬었다.

"그렇다니까." 엄마는 내가 피하지 못하게 곧장 본론으로 들어갔다. "내가 직장 동료와 농담을 하고 있었거든. 흑인에 관한 농담이긴 했어. 아니, 흑인을 무시하는 농담이 아니라 흑인이 듣기에 웃기고 속 시원한 한 줄이 들어가는…."

이런 대목에서 나는 눈을 질끈 감곤 한다. 엄마가 명랑 쾌활한 캔자스 억양으로 다음과 같이 말하는 모습을 상상해보면 좋겠다.

"있잖아, 그 직장 동료도 흑인이거든. 그런데 글쎄 나한테 이러는 거야. '당신이 흑인에 대해서 뭘 알아요?'"

이 대목에서 나는 숨을 길게 내쉬며 마음을 가다듬는다. 이후가 좋게 흐를 리 없음을 익히 알고 있기에 다음에 일어날 일을 알고 싶지 않았다.

"나한테 따지듯이 말이야. 어떤 말투인지 알지? '백인 여자 주제에.'"

이제 나는 전화라는 통신수단의 발명을 원망하기 시작했다.

"너무 열 받는 거야. 대체 그 남자가 나에 대해서 뭘 알아? 내가 어떤 인생을 살아왔는지 아냐고. 내가 흑인 아이를 셋이나 낳아 키운 걸 모르잖아."

그 시점에서 난 귀에서 전화기를 15센티미터 정도 떨어뜨려 놓았다. 그렇게라도 해야 덜 괴로울 것 같았다. 제발, 엄마가 그 남자에게 그 이야기를 하지 않았다고 말해줘요.

"하지만 바로 그 순간 깨달은 거야."

아, 안 돼.

"…그 남자는 이제까지 살면서 인종차별을 지겹게 겪어서 세상에 좋은 백인들도 많다는 걸 모르는 거 아닐까."

이 엄마 뭐라는 거야? 무슨 말을 하고 있는 거야? 엄마, 내 글 하나도 안 읽은 게 맞구나. 제발 지구가 반쪽이 나서 나를 삼켜주었으면. 그래서 제발 이 대화만은 하지 않았으면.

"그리고 내가 만약 흑인이라면, 말이야. 나 또한 그렇게 신경질적으로 반응할지도 모르는 거 아니겠니?"

아아아, 드디어 우리 모녀가 세상에서 가장 껄끄러운 대화의 세계로 공식 입장했구나. 나는 지금 나의 백인 엄마와 인종 문제를 이야기하게 생겼다. 엄마, 우리 그냥 다른 대화, 이를테면 엄마의 성생활이라든가 내 성생활, 내 생리, 내가 무신론자가 된 이유에 대해 이야기하면 안 될까? 그러니까 이 이야기만 빼고 아무거나.

"그래서 이제 그 남자한테 화 안 나. 그냥 내일 회사 가서 그 사람에게 '나한테는 흑인 아이가 셋이나 있다'고, '그래서 당신이 왜 그러는지 이해한다'고 말할 거야."

바로 이 지점에서 나는 소리를 질렀다. "안 돼애애애!" 액션 영화에서 당신의 동료가 폭탄이 설치된 자동차 문을 막 열려는 순간처럼 말이다.

이 대화가 비록 불편하기 이를 데 없다 해도 언젠가는 일어날 일이었다. 결국 엄마와 나는 그날, 인종과 정체성에 대해, 흑인을 사랑하고 흑인과 살아온 백인 엄마와 백인우월주의 사회의 막강한 편견을 온몸으로 받아내며 사는 실제 흑인의 삶이 얼마나 다른지에 대한 길고 긴 대화를 나누었다. 엄마는 자신이 오랜 세월 내 머리를 해주었으니 흑인의 삶을 직접 경험한 거 아니냐고, 그래도 약간의 점수를 받을 수 있지 않느냐고 물었다. 나는 아니라고 대답했다. 그리고 엄마는 엄마가 백인인데 왜 너는 자기 자신을 '백인 혼혈'로 생각하지 않느냐고 물었다. 나는 물론 비교적 환한 피부색이라는 특권을 물려받았지만 갈색 피부에 곱슬머리를 물려받은 사람이 자기를 백인이라 생각하며 살 수는 없다고 대답했다. 인종은 부모가 어떻게 생겼는지와 상관없다. 백인 아버지와 흑인 어머니 사이에서 태어난 밝은 피부의 자식들이 노예로 팔려 나간 것을 생각해보라. 나는 엄마에게, 유색인에게 상대를 가르쳐야 한다는 부담을 주지 않고 인종을 논하는 방법은 무엇인지 이야기했다. 언제 인종을 이야기하지 않아야 하는지도 말했다. (이를테면 평일, 백인들 틈에서 쉽지 않은 하루를 버티고 있는 흑인 직장 동료에게는 이 대화를 시도하지 않는 것이 좋다.) 마라톤 대화를 마쳤을 무렵 우리는 둘 다 감정적으로 소진된 상태였지만 서로를 훨씬 잘 이해하게 되었다.

이 대화 후에 엄마와 나의 소통 방식은 기대하지 못했던 방향으로 바뀌었다. 엄마는 여전히 전화해서 직장 생활의 드라마를 털어놓고, 재미있게 봤던 영화 이야기를 하고, 언젠가 숲속에 별장을 지어 우리 모두 같이 살고 싶다는 꿈을 이야기한다. 나는 여전히 엄마의 수다를 들으며 서른 살 넘은 십대 반항아처럼 눈을 굴리곤 한다. 하지만 엄마는 내 일을 더 열렬하게 지지하게 되었다. 이제 자신이 할 수 있는 역할이 무엇인지 이해했기 때문이다. 나의 흑인성은 더 이상 우리 사이의 장벽도 아니고, 엄마가 접근할 수 없어서 온전한 이해가 불가능한 내 세계의 상징도 아니다. 이제 엄마에게 인종이라는 주제는 흑인들에게 자신도 '그 입장을 이해함'을 증명하는 것이 아니라, 동료 백인들을 더 나아지게 하는 방향으로 바뀌었다.

엄마는 현재 회사 노조에서 인종 평등을 지지하는 데 앞장선다. 우리 사이의 어색함은 사라지고 엄마와 나는 서로를 더 이해하는 지점에 다다랐으며, 나는 엄마에게 내 삶과 직업에 대해 자유롭게 이야기한다. 그 한 번의 대화가 모든 문제를 해결해준 건 아니지만 서로를 보는 새로운 관점을 열어주고, 흑인 딸과 백인 엄마가 진정으로 하나가 될 수 있는 방법이 무엇인지 알게 해주었다. 그러니 그때는 아찔했지만 지금은 우리가 그 이야기를 하길 아주 잘했다고 생각한다. 우리가 대화를 해서 기쁜 이유는 또 있다. 엄마가 동료의 눈에 눈물이 나게 하거나, 인사과로 끌려가는 일만큼은 내가 막았기 때문이다.

●○

우리 모두가 백인과 이렇게 영양가 있는 인종 대화를 나눌 수 있는 건 아니다. 백인이 인종차별을 유지하는 데 자신도 동참했음을 인정할 때 감정적인 상처를 받을 수도 있다. 모두가 이런 상처를 감수하고 싶어하진 않는다. 서로를 비방하는 말만 오간 끝에 무너진 자존심만 안고 사무실에서 나올 수도 있다. 이러한 대화가 잘못 흘러갈 때 정말 많은 것을 잃을 수도 있다. 친구 관계가 끝장나고, 휴가를 망치고, 심지어 일자리를 잃을 수도 있다. 그렇기 때문에 사람들은 이 주제가 나올 기미만 보여도 피해버리거나, 본격적으로 논의되기 시작하면 몸을 사린다.

하지만 당신은 우리가 인종 이야기를 꼭 해야 함을 깨달았기에 이 책을 읽고 있을 것이다. 인종은 어디에나 있고 인종적인 긴장과 적대감과 고통은 우리가 보고 만지는 모든 것에 있다. 무시한다고 해서 눈앞에서 사라지지 않는다. 400년간의 인종 박해와 폭력이라는 짜내버린 치약을 다시 튜브 속에 넣을 수는 없는 노릇이다.

인종을 무시하려는 우리의 욕망이 이 토론의 필요성을 증대시키기도 한다. 인종에 대해서 말하고 싶지 않다는 욕구는 많은 영역에서 인종을 무시하는 결과를 낳고, 그로 인해 인종이 고려되어야 할 분야에서 고려되지 않아 수많은 사람들의 삶에 치명적인 손해를 입힌다. 예를 들어 학교 위원회, 지역사회 프로그램, 지방정부의 정책과 관습 등이 그렇다. 유색인들이 '모든 것에 인종을 넣어야' 할 필요를 느끼는 것처럼 보일 순 있겠지만 당신이 인정하든 안 하든 먼저 유색인종의 필요를 간과했기 때문이고 그래서 필요가 생겨난 것이다.

흑인 여성으로서 나는 사실 인종 이야기를 다시는 하지 않았으면 좋겠다는 바람이 있다. 즐거워서 하는 것이 아니다. 전혀 재미가 없다. 언젠가 미스터리 소설을 쓰며 사는 것이 나의 꿈이다. 하지만 인종 이야기는 해야만 한다. 인종 문제는 여전히 발생하며, 특히 인종이 언급되지 않는 여러 방식으로 문제가 일어나고 있기 때문이다. 직장 상사가 흑인만의 고유한 모발과 특성을 무시하는 복장과 머리 모양을 강요한다면(예를 들어, 군대는 머리카락을 촘촘히 땋아 늘어뜨리는 브레이드 스타일을 제한한다), 그는 인종을 무시함으로써 인종 문제를 만드는 것이다. 내 아들이 다니는 학교가 평일 오후에 학부모 면담 시간을 잡는다면, 그들은 대체로 평일 오후에 맞벌이를 해야 생계가 유지되는, 자녀의 교육 문제에 참여하려면 직장을 잃을 수도 있는 흑인과 라틴계 부모를 무시한 것이다. 이처럼 인종을 무시하는 바람에 오히려 인종 문제가 불거지는 결과를 낳는다. 내가 아이들과 극장에 영화를 보러 갔는데 아이들을 닮은 캐릭터가 한 명도 나오지 않는다면 영화사는 유색인이 존재하지 않는 평행우주를 만들어냄으로써 이것을 인종 문제로 만들어버리는 셈이 된다. 나는 그저 직장에 나가고, 아이들을 공부시키고, 영화 한 편을 즐겁게 보며 살고 싶은 사람일 뿐인데도 나서지 않을 수가 없다.

진실은 이렇다. 우리는 아직 피부색이 성공의 가장 중요한 변수가 되는 세상에 살고 있다. 이건 냉정한 현실이고, 인종을 무시한다고 해서 그 현실이 하루아침에 바뀌지 않는다. 이 사회에는 인종 불평등과 부당한 대우라는 진짜 문제가 있다. 그 문제가 사라지길 바라기만 해서는 사라지지 않는다. 작정하고 덤벼야 한다. 행동해야 한다. 그 이야기를 하지 않기로 했을 때 무엇이 필요하게 될지 우리는 모른다.

그러니 우리 다 같이 약간 더 불편해지자. 우리 엄마와 나는 그렇게 했고, 당신도 할 수 있다.

● ○

하지만 아마 당신은 이런 대화를 망칠 것이다. 제대로 망칠 것이다. 그런 일이 한번으로 끝나지도 않는다.

미안하다. 이 책을 읽고 나서 대화를 하면 괜찮을 거라고 약속하고 싶지만 그럴 수 없다. 모든 게 왕창 꼬여버리고 상황은 더 악화되어버렸다고 느끼는 대화는 반드시 나온다. 그런 일은 일어나게 되어 있다.

그럼에도 불구하고 이 대화를 하기는 해야 한다.

내가 힘을 쭉 빠지게 했으니 망치는 횟수를 한 번이라도 줄여보기 위해, 당신이 당할 피해의 양을 최소화하고 관련된 사람에게 돌아갈 이익을 최대한 늘리기 위해 할 수 있는 일들이 있는지 알아보자. 이 대화의 성공 확률을 높이는, 적어도 엉망으로 끝날 확률이라도 낮춰줄 비결이 몇 가지 있다.

● **당신의 의도를 진술하라.** 이 껄끄러운 대화를 군이 왜 하고 있

는지 아는가? 이 문제가 왜 당신에게 중요한지 아는가? 특별히 전달하고 싶거나 이해하고 싶은 것이 있다면 무엇인가? 대화가 더 진전되기 전에 그것부터 명확히 하고 당신의 의도를 서술하면, 상대는 이 대화를 계속 진행해야 하는지 아닌지 결정할 수 있다. 종종 대화가 실패하는 이유는 두 사람이 양립할 수 없는 두 개의 의제를 가진 채 이야기를 시작해 완전히 다른 종류의 대화를 하다가 양쪽 모두 분노와 불만을 터뜨리며 끝나버리기 때문이다.

- **우선순위가 무엇인지 되새기고 감정을 앞세우지 않는다.** 인종차별에 대한 이해와 인종 관련 사건에 대해 토의하는 것이 우선순위라면, 대화하다 감정이 상했다고 해서 과제를 잊어서는 된다. 즉 당신의 상처받은 자아를 위한 복수가 최우선순위가 되어서는 안 된다.

- **검색하라.** 익숙하지 않은 주제에 대해 이야기하고 싶으면 재빨리 검색을 하여 사람들의 시간과 스트레스를 줄여주는 것이 좋다. 잘 알지 못하는 용어나 주제가 나오면, 상대에게 설명해달라고 물어도 되지만, 만약 당신이 백인이고 유색인에게 말하는 중이라면 그들에게 당신의 전용 검색엔진이 되어달라고 할 수는 없다. 인터넷상이라면 상대에게 일일이 설명해달라고 부탁하는 것보다 검색엔진이 의지하는 편이 훨씬 빠르고 대화도 순조롭게 진행된다. 당신이 유색인이라면, 전달하려는 주제에 대해 당신의 경험보다 더 많이 알고 이해하고 있어야 대

화에서 자신감을 찾을 수 있고 당신의 요점도 전달하기 쉽다.

- **당신의 반인종주의 주장이 다른 소수집단을 억압하는 것이어서는 안 된다.** 스트레스를 받고 화가 치밀고 피로해지고 때로 협박을 받으면 우리의 최악의 모습이 드러날 수도 있다. 인종차별과 관련해 화낼 일은 무한대로 많고, 그러므로 분노를 표출하는 것도 나쁘지 않다. 그러나 인종차별과 싸우기 위해 성차별, 트랜스포비아, 장애인 차별 또는 다른 차별적인 언어와 행동을 끌어오면 안 된다. 그 수준까지 내려가지 말고 다른 사람들도 그렇게 하지 못하게 하라. 우리는 모든 형태의 차별과 압박에 맞설 의지를 갖춰야 한다.

- **화가 나고 방어적이 되면, 잠시 멈추고 왜 그런지 스스로 묻는다.** 인종 이야기를 하고 있었는데 갑자기 나의 자아를 보호하고 싶은 기분이 든다면 잠시 멈추고 스스로에게 질문한다. "여기서 위협받는 게 뭐지? 왜 이 대화의 중심이 나라고 생각하고 있지? 내 자존심을 보호하는 게 우선순위가 된 건가?" 이 질문을 던지기엔 너무 감정이 격앙되어 있다면 몇 분이라도 숨을 고르고 심장박동 수를 낮출 수 있는 시간을 확보하자. 자칫 들어야 할 말을 듣지 못하고 하고 싶은 말도 하지 못한다.

- **상대의 말투나 태도를 걸고 넘어지지 말라.** 인종차별을 당하는 사람이 당신의 기분을 살피고 맞춰주지 않는다고 해서 불평하지 말자. 15장에서 더 자세히 설명하겠다.

- **자신이 얼마나 자주 '내가', '나를'이라고 말하는지 살펴보라.** 구조

적 인종주의는 개인의 문제 그 이상이며, 당신 개인의 감정에 관한 것이 아니라는 점을 명심하자. 자신의 감정과 관점을 자주 언급하면, 이 모든 것을 자기 자신에 대한 이야기로 축소하고 있을 가능성이 높다.

- **자문하라. 나는 옳은 말을 하고 싶은가, 더 나은 사람이 되고 싶은가?**
인종차별 대화가 누가 입씨름에서 승리하는가가 되어서는 안 된다. 이 싸움은 너무 중요하기 때문에 그렇게 단순화해서는 안 된다. 당신은 공감하기 위해, 배우기 위해 그 자리에 있다. 더 나은 행동을 하는 더 나은 사람이 되고 싶어 이 싸움에 임한 것이다. 점수 내기 위해 노력할 필요도 없다. 상대가 패배를 인정하고 앞으로 이 문제를 언급하지 않겠다고 약속하는 그림은 절대 나오지 않을 것이다. 당신의 적수는 한 사람이 아니고, 여러 사람의 말과 행동으로 나타나는 인종주의라는 체제이기 때문이다.

- **유색인을 이 인종 논쟁에 억지로 끌어들이지 말라.** 유색인종은 매일 인종차별이 언제 어떻게 그들의 삶을 공격할지 모르는 불안을 안고 살아간다. 고통스럽고 지치는 일이다. 생활이 인종차별이기에 인종 관련 대화에 참여할지 말지의 선택권은 그들에게 얼마 안 되는 사치다. 그 선택권마저 빼앗지 말자. 그 대화가 당신에게 무척 중요하다 해도 요구할 권리는 없다. 다른 기회가 있을 것이다.

인종과 인종차별에 관한 좀 더 건강하고 생산적인 대화를 하는데 도움이 되는 요령들이다. 이 내용을 보고 당신의 과거 대화에서 문제가 불거졌던 지점이 어디인지 확인하고, 의도적으로 노력하면 그 똑같은 지점에서 어떤 식으로 문제가 커지는지 보일 것이다.

하지만 아무리 연습하고 노력해도, 아무리 선한 의도로 무장해도, 이 대화가 쓰레기통으로 빠져버릴 날이 있을 것이다. 중간에 이야기가 어디서부터 잘못되었는지 놓치고 무슨 일이 벌어졌는지 모르고 심각하게 망쳤다는 것만 알 때가 있을 것이다.

따라서 어떻게 실패하는지, 어떻게 잘못하는지를 학습하면 당신과 상대의 피해를 최소화하고 교훈은 최대화할 수 있다. 인종 대화가 완전히 틀어져버렸을 때는 다음과 같이 하자.

- **대화가 회복할 수 없는 상태가 되었을 때, 억지 결론을 맺으려 하지 말라.** 대화가 예상과 다르게 틀어져버리고 관여한 모든 사람이 화가 나 씩씩거릴 때, 이때 덧붙는 모든 말은 심장에 꽂히는 칼처럼 느껴진다. 그럴 때는 해결책과 결론을 강요하지 말자. 감정적인 상태에서 대화를 끝내는 건 언제나 힘들다. 내 감정이 전달되지 않고 이해받지 않은 채로 자리를 뜨는 건 힘들다. 그럼에도 대화의 다리를 모두 불태워버리지만 않았다면 해결은 아직 가능하다. 당장이 아닐 뿐이다. 대화가 어떤 식으로 잘못된 방향으로 빠졌는지에 따라서 지금은 완전히 새롭고 생산적인 길을 찾을 때가 아닐 수 있다. 그럴 때는 한 발 물러서서

마음을 가라앉힐 시간을 가져라. 어느 지점에서 대화가 틀어졌는지 생각하고, 나중에 더 생산적이고 건강한 방식으로 이야기를 다시 시작하면 무엇을 바꿀 수 있는지 알 수 있다.

- **사과하라.** 당신이 대화를 망친 장본인이라면, 당신이 섣부른 가정을 한 사람이라면, 당신이 지나치게 방어적이었다면, 당신이 누군가에게 상처를 주었다면, 책임지고 사과하자. 진심으로 그렇게 하자.

- **대화의 시놉시스를 '누군가에게 쓴소리를 들었던 사건' 중심으로 쓰지 말라.** 애초에 왜 이 대화를 시작했는지 상기하자. 핵심 이슈가 무엇인지 되새기자. 머릿속으로 수정본을 만들어 '잘 풀리지 않았던 인종 문제 토론'을 '애썼지만 야단만 맞고 기분만 잡쳤던 시간'으로 해석하지 말자.

- **사람들이 당신의 좋은 의도를 높이 사야 한다고 주장하지 말라.** 당신이 대화에 차질을 주고 누군가에게 상처를 주었다면 아무리 당신의 의도가 고귀해도 상처를 달래주진 못한다. 의도가 좋았다는 이유로 상대가 상처를 받아도 덜 받은 척, 화가 덜 나고 속상하지 않은 척할 수는 없다.

- **심한 자책은 하지 말라.** 물론 누군가에게 상처 주는 말이나 행동을 하고 나면 기분이 착잡하다. 당신이 효과적으로 대화를 주도하지 못했을 때 불만스럽고 짜증 나는 건 당연하다. 하지만 이런 일은 원래 일어난다는 것, 그것도 자주 일어난다는 것을 늘 염두에 두어야 한다. 만약 이 대화가 우리가 매우 능숙하

게 하는 대화의 한 종류라면 굳이 내가 나서서 이런 책까지 쓸 필요는 없을 것이다. 일어난 일을 옆으로 밀쳐놓으면 당신 말과 행동이 야기한 상처가 사라질 거라 기대해서도 안 되지만, 그렇다고 당신을 괴물로 여길 필요도 없다. 죄책감에 빠져 허우적거리기보다는, 죄책감을 느끼지 않기 위해 잘못을 무시해버리기보다는, 내가 어떤 말을 했고 다음에 나아지기 위해 어떤 말을 해야 하는지 생각하자. 당신 상대는 아마도 어디에서 잘못되었는지를 알리려고 무척 애를 썼을 것이다. 그 당시에 함께 대화를 바로잡을 기회를 얻지 못한다 해도 이런 식이었을 때 대화를 망친다는 것 정도는 배울 수 있다. 그 경험에서 배우기만 한다면 앞으로 더 나아질 것이다.

- **그럼에도 모험할 가치가 있고 다시 한번 시도할 가치도 있다.** 그렇다. 이 대화는 잘 풀리지 않았다. 엉망진창이었고 끔찍했다. 이제 당신은 앞으로 배울 것이 많다는 것, 더 능숙해지기 위해 할 일이 더 있다는 것을 안다. 하지만 계속 노력해야 한다. 그렇지 않으면 우리는 지속적인 차별에 안주할 수밖에 없다.

어찌 되었든, 당신이 인종차별에 관한 대화를 하고 있다면 당신만 긴장되고 당신만 위기를 자처하는 사람은 아닐 것이다. 이 대화는 언제나 까다롭고 힘들다. 이 세상 사람들이 겪은 진짜 상처와 고통이 있기 때문이다. 우리는 우리의 정체성과 역사에 대해, 그리고 자신들을 높이고 타인을 지배하기 위해 이 정체성과 역사를 이용하고 착취하는 방식에 대해 이야기하고 있다. 이런 대화를 하다 보면 늘 감정이 상할 테고 그 아픔의 층위도 다양할 것이다. 그렇지 않고 내내 순조롭기만 하다면 지금 제대로 대화를 나누는 게 아니다.

인종차별 문제는 터놓고 이야기하기에는 언제나 감정이 앞서는 주제이기도 하다. 언제나 분노가 생산될 수밖에 없다. 인종차별이 수많은 유색인종의 삶을 망가뜨리며 존재하는 한 언제나 분노로 들끓게 하는 무언가가 될 수밖에 없다. 인종주의가 존재하기 때문에 우리가 분노하는 것이지, 우리가 이야기를 꺼내기 때문에 분노가 발생한 것이 아니다. 만일 당신이 백인이고 이 대화를 하면서도 전혀 괴롭고 싶지 않다면, 당신은 유색인들에게 인종차별이라는 짐을 앞으로도 계속 혼자 지고 가라고 요구하는 것과 같다.

그리고 다른 인종하고만 이야기할 게 아니라, 같은 인종끼리도 대화를 나누기 바란다. 이 책을 왜 읽고 있는가? 그것은 당신도 같은 인종의 사람들과 이런 대화를 해야 하기 때문이다. 백인이라면 같은 백인들과 인종 문제를 이야기하라. 인종이라는 현실에서 제외된 척하지 말아야 한다. 유색인들이 지고 있는 인종차별이라는 짐을 당신도 함께 져야 한다. 당신의 삶에 이 문제를 끌어들이면, 유색인들이 다가가지도 못하는 백인들의 공간 속 인종차별도 해체할 수 있다. 당신이 유색인이라면 유색인 친구와 인종에 관해 이야기하라. 정직하고 안전한 대화로 트라우마 치유의 효과를 얻으라. 당신이 내면화한 인종차별을 검사하고 직시하라. 그리하여 치유되고 회복될 공간을 만들자.

그리고 이런 대화는 정성껏 해야 한다. 우리가 인류의 생생한 상처와 고난을 다루고 있다는 사실을 명심해야 한다. 세심하면서도 용감하고 정직해야 한다. 이 대화가 결코 쉽지는 않겠지만 조금씩 수월해지기는 할 것이다. 아픔은 늘 따르겠지만 그 강도는 줄어들 것이다. 언제나 위험천만할 테지만 그만한 가치가 있을 것이다.

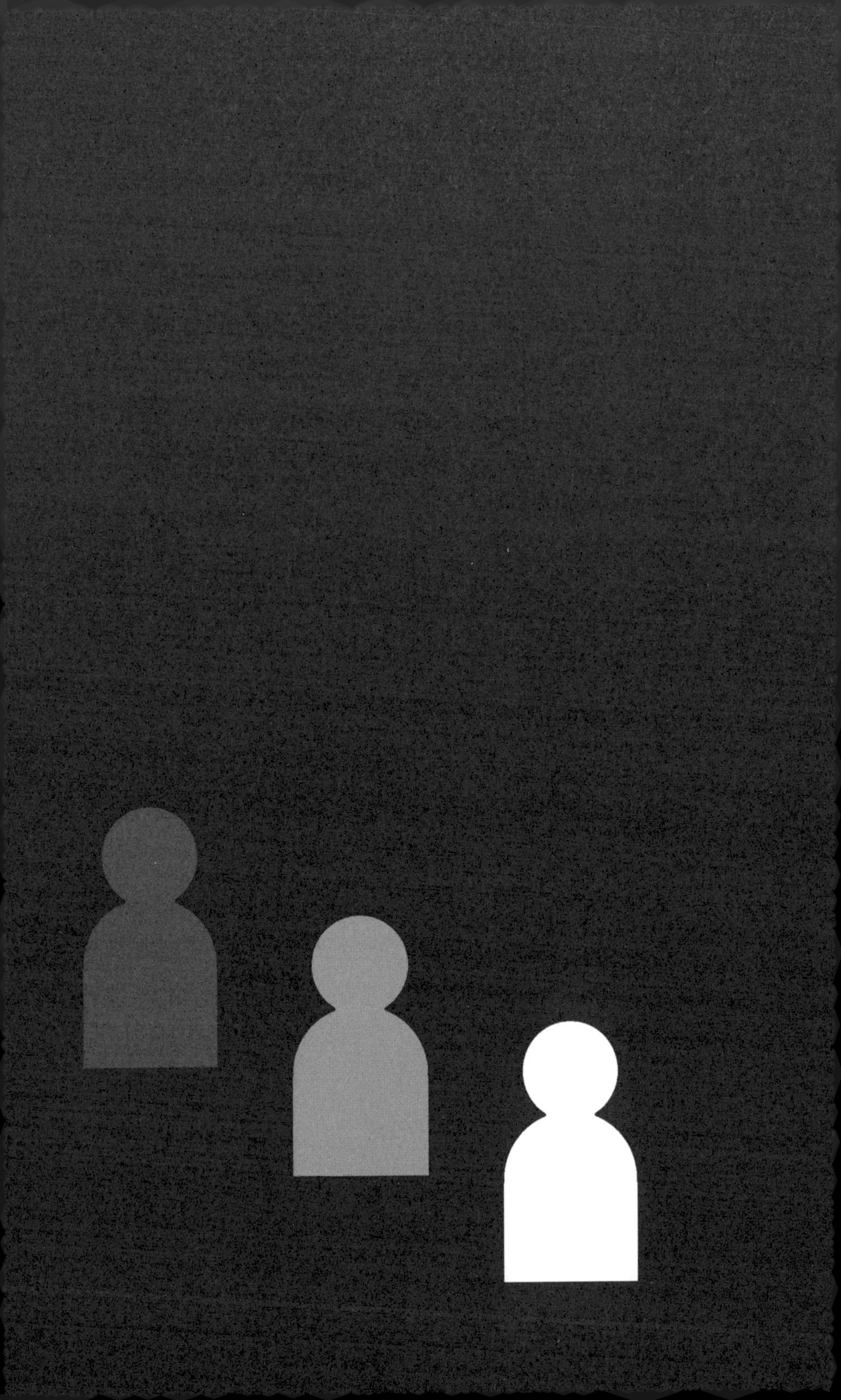

4
왜 "내 특권을 돌아보라"는 말을 들어야 하죠?

아주 오랫동안 시애틀은 나에게 외로운 도시였다. 평생 이 도시에서 살았지만 삼십대 초반까지도 내가 편히 속할 수 있는 커뮤니티를 찾을 수 없었다.

나는 어린 시절 시애틀의 서민층이 사는 교외에서 자라면서 내내 소외감을 느꼈다. 고등학교 때까지 나와 남동생은 반에서 유일한 흑인 학생일 때가 많았다. 우리 남매를 가장자리에라도 끼워주는 친구들이 없었던 건 아니지만, 한 번도 그 중심에 온전히 속하지 못했다. 어른이 되고 우리의 일상과 백인 친구들의 일상에 인종이 점점 더 중요한 요소가 되면서 우리의 인종적 정체성은 그저 정체성이 아니라 '발 딛고 사는 세상'의 의미를 띠었다. 그와 함께 지난 몇 년간 가까스로 인연을 이어온 몇몇 친구들과 우리 생활의 접점은 점점 없어졌다.

그러다 더 넓은 시애틀을 기반으로 한 유색인 페이스북 커뮤니티에 초대되면서 상황은 완전히 달라졌다. 어느 날부터 나는 유색인 예술가, 교수, 음악가, IT 업계 종사자들의 세상에 스며들게 된 것이다. 우리는 만나서 비건 수프를 먹고 고급 칵테일을 홀짝이면서 실험 예술과 구조적 인종주의와 정치 이론에 대해 진지한 대화를 나누었다. 함께 전시회와 강연회, 토론회도 열었다. 새해 전날 파티에는 근사하게 빼입은 유색인 친구들이 모여 새벽까지 춤을 추었다. 수많은 아프로 헤어와 드레드록(레게 머리)이 리듬에 맞춰 흔들렸다. 드디어 꿈이 이루어진 것이다. 그때부터 시애틀은 백인들의 편의만을 위해 만들어진, 나를 주눅 들게 하는 회색 도시로 보이지 않았다. 나는 또 다른 시애틀, 즉 힙하고, 지적이고, 다양성 있는 시애틀을 찾아냈다.

드디어 나는 집을 찾은 것이다.

그날 일요일 오후에는 공원으로 소풍을 갈 계획이었다. 시애틀에서 청량하고 맑은 하늘은 매우 드물고 예측할 수도 없지만, 우리는 바로 그런 날씨가 허락된 날에 약속을 잡았고, 구름 한 점 없는 날을 만끽했다. 우리는 그 전까지는 가능하면 피하려 한 동네인 캐피톨힐에서 만났다. 유행에 민감하고 세련되다 못해 허세 넘치는 백인들의 분위기가 나의 불안감을 유발하곤 했던 동네였다. 중상류층 백인 아이들이 빈티지 중고 매장에서 산 옷을 입고 돌아다니는 곳, 똑같은 옷을 내가 입으면 가난에 찌든 부랑자로 치부하지만, 마르고 하얀, 경제적으로 안정된 집안 아이들이 입을 때는 멋지다고 여기는 동네다. 이제 그곳에 우리가 있었다. 작은 공원에 모인 우리들 수는 집값이 비싸 감히 흑인들은 입성할 수 없게 되어버린 그 동네에서 수십 년간 목격된 유색인 수보다 많을 것이다.

내 둘째 아들은 여섯 살배기 평균보다 탁월한 어휘력을 자랑하는, 갈색 곱슬머리를 휘날리는 또래 친구와 놀고 있고, 나는 그 아이의 아빠인 사진작가에게 그의 작품들에 대해 물었다. 우리는 다양한 예술 지원 단체와 그해 후원받고 싶은 전시회와 커뮤니티 프로젝트 펀딩에 관해 대화했다. IT 업계 종사자들과는 그들 회사의 고용 다양성 정책에 대한 이야기, 소비자와 제품군의 다양화를 위해 어떤 일을 하는지 등의 이야기를 나누었다. 그리고 우리 아이들, 우리가 사는 동네, 우리 집에 대해 이야기했다. 다양한 종류의 후무스(병아리콩으로 만든 중동 음식)와 샐러드를 먹고 맛좋은 고급 와인을 마셨다. 어떤 기준으로 보아도 행복하고 사랑스러운 오후였다.

파티가 시작되고 몇 시간 후에 흑인 청년 몇 명이 농구 코트에서 나와서 우리에게 머뭇거리며 다가왔다. 그들의 얼굴에는 호기심이 가득했다. 마치 대체 무슨 마법이 일어났기에 백인들의 바다 한가운데 흑인들이 소풍을 즐기는 섬이 생겼는지 궁금한 것 같았다.

"안녕하세요? 이거 무슨 모임이에요? 여기서 뭐 하세요?" 한 남자가 물었다.

"시애틀 유색인 모임이에요. 함께 소풍 왔어요."

남자가 사람들을 한 번씩 훑어보고 우리의 애피타이저와 와인을 보더니 고개를 끄덕였다. "저희가 합석해도 될까요?"

순간 모든 대화가 뚝 그쳤고 불편한 침묵이 그 자리를 대신했다.

처음에는 나도 왜 그런지 몰랐다. 하지만 바로 알았다. 그들은 흑인이었다. 그러나 우리 같은 흑인이 아니었다. 우리와는 다른 스타일, 다른 분위기였다. 양옆을 짧게 치고 정수리는 살린 머리에 농구바지를 입었고, 우리는 길게 딴 레게머리에 힙스터 청바지를 입었다. 이들이 백인 동네에 온 이유는 관리 잘된 농구 코트가 있기 때문이었다. 우리는 개스트로펍에 가거나 갤러리 골목을 걷고 싶어서 왔고, 우리 중 많은 이가 이 동네에 살고 있었다. 그들은 내 교육 수준과 나의 말투와 패션 감각에 대해 "흑인답지 않다"고 지적하곤 했던 이들이 "진정한 흑인"이라고 부를 만한 사람들이었다.

"좋아요." 주최자가 말하며 와인 한 병을 건넸다. 어색함은 사라지고 청년들은 우리 옆에 앉았다. 끊겼던 대화는 다시 이어졌지만, 한 시간 정도 후에 나는 아이들과 담요를 챙겨 집으로 돌아왔다.

그 후로 며칠 동안 공원에서 우리에게 다가왔던 그 청년들 생각이 머리에서 떠나지 않았다. 그들이 가까이 올 때 우리 사이에 흐르던 침묵에 대해 생각했다. 왜 그렇게 어색했을까? 왜 우리 쪽 사람들, 우리와 같은 피부색을 지닌 사람들을 우리는 불편하게 여겼을까?

그러자 나는 심장에 찌르르한 아픔이 느껴졌다.

모임을 조직할 때 우리는 그런 사람들을 우리 회원으로 생각하지 않았다. 우리가 시애틀의 유색인들에게 예술과 문화의 창작과

향유 기회를 늘려야 한다는 이야기를 하고 있을 때 그들을 고려하지 않았다. IT 업계의 다양성에 대해 토론할 때 그들을 고려하지 않았다. 날씨 좋은 일요일 오후 소위 잘나가는 유색인들과 소풍을 가자는 이야기가 나왔을 때 우리 머릿속에 그들은 없었다. 우리 모임의 방향에 대해 이야기할 때 우리는 그들을 생각하지 않았다.

우리가 그들에게 어떤 반감을 갖고 있어서가 아니다. 우리가 유색인을 이야기할 때는 언제나 '우리 같은 사람들'만 생각했기 때문이었다.

우리는 대학 학위가 있는 유색인이나 '하이 패션' 의상, 수준 높고 독특한 음악 취향에 대해 이야기했다. 우리 모임 안의 사람들과 우리의 관심사와 우리의 기회와 우리의 고군분투에 대해 이야기했다. 물론 피부색 때문에 차별받고 있는 모든 유색인에 대해서도, 젠더와 섹슈얼리티로 인한 차별에 대해서도 이야기했다. 하지만 그 안에서도 우리가 가진 특정한 특권을 가진 사람들과 관련해서만 말했다.

그리고 우리가 그렇게 하고 있다는 점을 검토해보지 못했다.

같은 유색인 몇 사람이 다가온 바로 그때, 우리는 저들은 이곳에 초대받은 사람들이 아니라고 느꼈다. 우리가 얼마나 편협했는지가 우리 얼굴에 드러나버린 것이다. 더 한숨 나오는 건 그들이 얼마든지 개발자였을 수도, 예술가였을 수도, 독특한 음악 취향을 가진 사람들일 수도 있었다는 점이다. 이 모든 어색함은 오직 편견과 억측 때문에 일어난 일일 수도 있었다는 점이다. 그들이 완전히 다른 관심사와 조건을 가졌을 수도 있지만, 그게 무엇이든 그들은 우리 사람이었다. 그들을 보지 못한 건 그저 그들이 우리라고 여겨지지 않았기 때문이었다.

그제서야, 시애틀에 모임이 존재한다는 것은 대다수 유색인이 알고 있었지만 이 모임에서는 한 번도 만나지 못한 사람들이 있다는 사실을 깨달았다. 나는 그들을 한 명씩 붙잡고 왜 이 모임에 나오지 않느냐고 물었다.

"너무 허세 부리는 것 같아서." 몇 사람이 말했다.

"난 그 모임에 어울리는 것 같지 않아." 이렇게 말한 이도 있었다.

"흠, 그 사람들은 힙스터 흑인이잖아." 나와 데이트한 적이 있는 한 흑인 여성은 이렇게 말했다.

우리 모임이 그동안 우리의 특권을 얼마나 인식하지 못하고 있었는지 보이기 시작했다. 우리는 훌륭한 모임을 만들고 있다고, 이 적대적인 도시에서 유색인들을 위한 집을 만들고 있다며 으쓱하고 서로 추어주고 있었다. 우리의 특권을 돌아보지 않으면서, 이 부유한 백인들의 도시 시애틀에서 부정적인 영향을 가장 크게 받고 있는 대다수 사람들을 멀리했다. 그들은 그나마 백인들의 시애틀이 인정하는 성공 조건 몇 가지를 쥔 우리와 달리 인종차별이라는 공격에 대항조차 못하는 이들이었다.

그렇다. 우리가 이 정도까지 성취하기 위해서 노력해온 건 사실이지만 그와 동시에 운이 좋기도 했다. 하지만 그 행운을 잊고 우리의 현재 위치를 자부심의 원천으로 여기면서, 연대가 절실한 모임에서 서열을 만들어내고 있었다. 공원에서 우리에게 다가왔던 그들을 우리가 구원해야 한다거나 포용해야 한다는 이야기를 하려는 것이 아니다. 다만 그 모임이 모든 유색인을 위해, 모든 유색인과 함께하려는 모임이 아니라면, 적어도 급진적인 유색인들의 공간을 만들고 있는 척은 그만하고 그저 친한 친구들과의 사교 모임으로 여겼어야 했다.

지난 몇 년간 그 모임은 점점 커지고 변하기도 하여 그때처럼 그 모임이 아직도 특권 의식을 가졌거나 특권에 둔감한지는 모르겠다. 나는 예전만큼 그 모임에 열심히 참여하지 않는다. 내가 원하는 것은 더 이상 그런 모임이 아니기 때문이다. 내가 느낀 감정을 환멸감이라고 부르지는 않으려고 한다. 적어도 그 모임에 대해 그렇게 부정적이진 않다. 대체로 혼자라고 느낄 수밖에 없었던 많은 사람들에게는 놀랍고도 소중한 공간이었다. 하지만 그날 화창한 오후의 소풍에서 나 자신에게 환멸을 느꼈고, 내가 생각했던 나라는 흑인 여성이 어떤 사람인지를 돌아보게 되었으며, 나의 글과 사상에도 의문을 갖게 되었고, 흑인에 대해 이야기할 때의 관점도 바뀌었다. 나는 이제 개인적인 경험의 한계를 인정하면서도 되도록 모든 흑인에 대해 이야기하려 노력한다. 모든 계층, 모든 교육 수준, 모든 젠더, 모든 섹슈얼리티, 모든 장애와 비장애 유색인에 대해 이야기하려 한다. 한번 나의 시선을 옮기자 나의 커뮤니티는 불가능하다고 생각했던 방식으로 나에게 문을 열었다.

"네가 가진 특권이 뭔지 돌아봐." 사회정의를 말할 때 이보다 더 악의적으로 쓰이는 문구가 또 있을까 싶다. 거의 대부분 묵살과 조롱의 표정이 함께 따라오는 표현이다. 논쟁에서 이기고 싶거나 적어도 상대를 입 다물게 하고 싶은 목적밖에 없는 사람이 던지는, 효과도 미미한 무기로 보이기도 한다. 열띤 정치적·사회적 논쟁 중 특권이라는 단어를 선점해 자기에게 유리하게 사용하기도 한다. "내가 이렇게 말하면 당신은 나의 특권이나 돌아보라고 할 거죠?" 냉소와 빈정거림을 한껏 담은 눈을 좌우로 굴리면서 말이다. "당신의 특권을 돌아보라"는 문구가 그리 호의적으로 들리지는 않지만 나는 많은 사람들과 대화를 나누고 다른 이들의 이야기를 경청한 끝에, 실제로 자기 특권을 헤아리기는커녕 이 특권이 무엇을 의미하는지조차 모르는 사람들이 많다는 걸 알게 되었다.

제대로 이해하지도 못하는 개념을 조롱부터 한다는 건 매우 안타까운 일이다. 특권 같은 중요한 개념은 그래서는 안 된다. 특권은 서구 사회의 인종 문제를 이해하는 데 매우 중요한 개념이기도 하고, 사회정의를 이루려는 우리 노력의 성공 여부에도 결정적인 역할을 한다.

그렇다면 대체 특권이란 무엇일까? 많은 이들이 두려워하는 대로 "내가 끝장나게 좋은 걸 가졌지만 기분 나빠야 하는 것. 그래야 못 가진 사람이 덜 기분 나쁠 테니까"일까? 아니다. 그렇지 않다. 하지만 그렇다고 해서 특권을 제대로 이해하고 나면 그때부터 기분 나쁘지 않게 된다는 말은 아니다. 아마 여전히 기분이 상당히 나빠질 수 있고 아마도 그렇기 때문에 많은 이들이 특권에 대한 대화를 시작하기도 전에 끝내려고 안달하는 것이라 생각한다. 그들로서는 특권의 속성을 완전히 이해하진 못해도, 특권을 인정하면 나와 나의 세상에 갖는 느낌이 변한다는 것, 그것도 기분 나쁜 방향으로 변하리라는 직감은 있는 것이다.

사실 특권의 정의는 많은 사회정의 안에서는 훨씬 더 단순하다. 사회정의라는 맥락에서 특권이란, 다른 사람은 갖지 못한 하나 이상의 이런저런 이점을 말한다.

이 특권들은 당신의 노력이 분명 큰 몫을 차지했을지라도 100퍼센트 당신 노력으로 획득한 건 아닐 수 있고, 이 특권이 주는 이득이 불균형하게 크거나 적어도 부분적으로는 그 특권에 그러한 이득을 누릴 가치가 없기도 하다. 이 특권이 주는 이익은 특정 집단에만 돌아가기도 한다. 예를 들어 인종, 신체적 장애·비장애, 젠더, 계급을 기반으로 한 특권이 그렇다. 하지만 이 특권은 당신이 미처 고려하지 못한 분야, 즉 섹슈얼리티나 신체 유형이나 신경학적 차이 안에도 자리할 수 있다. 특권이 가져오는 유리함과 동전 뒷면 같은 불리함은 아주 많은 사람의 건강과 삶의 질을 결정한다. 구조적 차별과 불평등을 명확히 지적하는 데 열정을 쏟고 싶다면, 특권의 유리함과 불리함의 영향력을 완전히 이해해야 한다. 그래야 이 사회와 우리 자신에게 진정한 변화가 생긴다.

내가 가진 특권을 예로 들어볼까 한다. 나는 정치학 학사 학위가 있다. 이 학위를 따기 위해 열심히 노력했고 어린 아기를 돌보면서 밤새 공부했다. 내가 우리 과에서 유일한 흑인 싱글맘이었으니 다른 학생들보다는 더 많이 노력했을 것이다. 대학에 입학하기까지도 쉽지 않았다. 나는 우리를 위해 아등바등하는 엄마를 돕기 위해 매일 집안일을 하면서도 우수한 성적을 유지해야 했다. 나의 대학 졸업장과 내 모든 수고와 노력이 자랑스럽다.

졸업장을 자랑스러워할 만한 권리가 내게 분명히 있지만 그 졸업장이 100퍼센트 내 노력 덕분인 척한다면 난 정직하지 못한 사람이리라. 나는 대학 교육을 받은 어머니 밑에서 대학 졸업장이 무척 중요하다는 것을 강조받으며 자랐다. 나는 비장애 어린이였다. 일반 학교는 나와 같은 비장애 어린이들을 위해 세워진다. 이런 학교에는 나 같은 학생들을 위해 자신의 시간과 노력을 투자하여 훈련받은 교사들이 많다. 초등학교는 자유로웠고 모든 젠더와 계층에게 개방적이었다. 나는 안전이 보장된 집에서 균형 잡힌 음식을 섭취하며 공부에 집중할 수 있었다. 나는 적어도 약간의 대학 장학금과 학자금 대출을 제공하는 나라에서 살고 있다. 그리고 여성의 고등교육을 허가하고 지원하는 지역에서 성장했다. 나는 우리 가족을 부양하기 위해 학교를 중퇴하지 않아도 되었다. 시민권자이므로 재정적인 지원을 받을 자격이 있었다. 이런 요소들이 바로 내가 대학에 진학하고 졸업할 수 있게 해준 특권이다. 이런 내용들을 보면서 "본인이 열심히 노력만 하면 누구나 할 수 있다"라고 말하는 것은 거짓말이리라.

내가 졸업장 덕분에 받은 혜택 중 일부는 졸업장이나 전공 자체와는 상관없다. 내 학위가 주는 혜택은 사실 정치에 입문하거나 정부 관료나 공무원이 되었을 때 더 커질 것이다. 정치 논쟁을 하는 도중에 이렇게 소리칠 수 있는 자격도 주었다. "나 정치학 전공했거든!" 내 졸업장을 바라볼 때 참 뿌듯하고 자랑스럽다. 이 책에서도 내 정치학 학위에 대해 이야기할 수 있으니 대략 3만 달러의 가치는 있다 할 수 있지 않은가? 아닌가? 그 이상의 가치가 있다고 생각하는 분들이 있다면 개인적으로 메일을 주시기 바란다. 왜냐하면 내가 아직까지 갚고 있는 학자금 대출을 조금 더 기쁘게 갚을 수 있을 것 같기 때문이다.

하지만 내 학위가 주는 어떤 혜택들은 어떤 면에서 '논란의 여지'가 있어 보인다. 내 졸업장은 나의 정치학 지식을 활용할 수 있는 직업을 가질 수 있게 해주겠지만, 전공과 상관없이 나는 대학 졸업장이 있어 마케팅 분야 관리자도 될 수 있었고 IT 업계에서도 일할 수 있었다. 이는 실력은 있지만 졸업장이 없는 구직자들이 들어가기 불가능한 분야이기도 하다.

나는 내 졸업장을 뿌듯해할 자격이 있지만, 대학 졸업자인 내가 대학 비졸업자보다 더 똑똑하고 더 책임감 있고 더 가치 있는 시민이라는 평판을 누릴 자격이 있는가? (특히 위에서 나열한 모든 혜택 덕분에 학위를 딸 수 있었다는 점을 고려한다면 더욱 그렇다.) 나는 졸업장 덕분에 성인이 되어 가졌던 거의 모든 직업에서 함께 일했던 다른 유색인보다 높은 임금을 받을 수 있었다. 정치학 지식을 사용하는 분야에서 일한 적이 없음에도 말이다(적어도 지금까지는 작가로서도 그랬다). 이 모든 혜택을 내 힘으로만 얻어낸 것도 아닌데 나는 사회경제학적인 위계질서에서 다른 사람들보다 더 높은 자리에 있고, 따라서 다른 사람들은 나보다 더 낮은 자리에 남아 있다.

내 학위가 100퍼센트 나의 노력에 의한 것이라고 생각하고 따라서 내가 받은 혜택이 100퍼센트 온당하다고 생각한다면, 아마도 나는 그렇지 못한 사람은 혜택을 받지 못하는 게 당연하다고, 이를테면 동일한 일을 해도 대졸이 아니면 승진에서 제외되는 것이 당연하다고 생각할지도 모른다. 내가 받은 이득이 나를 도와주고 내 동료에게는 상처를 주었으니, 그것이 100퍼센트 정당하다고 믿기 위해서는 이 시스템이 돌아가는 방식까지도 수긍해야 할 것이다. 승진은 당연히 내 것이 되어야 한다고 받아들이고, 다른 사람들을 승진시킬 때에도 학력을 승진의 가장 정당한 표식이자 결정적인 조건으로 사용할 것이다. 그 학위 자체와 지위는 아무 관계가 없다고 해도 그럴 것이다. 이후에도 다른 사람들에게 이와 같은 이익과 불이익을 줄 것이다. 말하자면 특권 시스템을 유지하려 할 것이다. 나는 100가지도 넘는 이유로 대학을 가지 못한 사람들 앞에 세워진 높은 벽의 한 부분이 될 것이다. 물론 오로지 능력과 경력으로만 판단하는 공정한 경쟁에서도 내가 승진을 했을 수 있다. 내가 그 자리에 가장 적합하고 자격을 갖춘 인재였을지도 모른다. 하지만 이것은 공정한 경쟁이 아니었다. 공정한 것처럼 행동하고 내가 받은 상을 의심 없이 받아들인다는 건, 불공정성을 유지하는 데 나도 한 몫을 한 거나 마찬가지다.

바로 이 느낌이다. 나 역시 다른 사람이 벽을 넘어오지 못하게 벽돌을 쌓았을지 모른다는 깨달음. 나도 모르는 사이에 특권 유지에 일조해왔다는 사실을 깨달았기 때문에 특권이라는 개념을 정면으로 바라보기 두려워지는 것이다. 우리는 다른 사람들에게 상처를 주고 있다고 생각하기 싫고, 내가 가진 것들을 가질 자격이 있다고 믿고 싶으며, 세상 이치에 무지하다고 생각하고 싶지 않다. 특권 개념은 우리가 공정함에 대해 들어온 모든 것, 즉 근면 성실한 사람들에게는 부와 행복이 온다는 아메리칸 드림을 정면 공격한다. 우리는 우리가 a를 하면 b를 기대할 수 있는지 알고 싶고, b를 얻지 못한 사람은 a를 하지 않아서인 건지 알고 싶다. 특권의 개념은 이 세상을 덜 안전하게 한다. 우리는 이 세상이 공정하고 친절하고 예측 가능하다는 비전을 지키고 싶다. 인간이라면 자연스럽게 찾아오는 반응이지만 그렇다고 해서 돌아보지 않은 특권의 해악이 덜해지는 것은 아니다.

누군가 당신에게 "당신 자신의 특권을 돌아보라"라고 말하면, 그것은 잠깐 멈춰 서서 당신이 가진 이득들이 당신의 주장과 행동에 어떤 영향을 미쳤는지 고려하라는 의미다. 어떤 분야에서의 불이익이 없었으니 다른 사람들이 겪는 고통을 완전히 이해하지 못할 것이며 나아가 그 고통에 기여하고 있을지도 모른다는 것을 인식하라는 의미다. 특권을 돌아보라는 것은 굉장히 크고 무거운 질문이다. 어렵고 고통스럽기까지 하지만, 그 특권으로 인해 고통을 안고 사는 사람들의 삶만큼 고통스럽지는 않다.

이렇게 말할 수도 있다. "왜 내가 가진 특권이 타인에게 상처가 되나요? 그들의 특권 부족이 문제죠. 날 비난하지 말고 그들이 가진 것이 내가 가진 것보다 못하다고 말하는 사람들을 비난하세요." 어떤 면에서는 그 말도 맞다. 하지만 이익이란 어느 누군가의 불이익에서 온다. 그렇지 않으면 이익이 아니다. 이 사회의 많은 이들은 나보다 더 진한 피부색 흑인들보다 피부가 밝은 편인 내가 더 지적이고 덜 위협적이라고 간주한다. 이것은 특권이다. 왜냐하면 내가 '더 지적으로' 보이기 위해서 다른 사람들은 '덜 지적으로' 보여야 하기 때문이다. 만약 모두가 피부색과 상관없이 행동으로만 지성을 판단한다면 이 피부색이라는 특권은 사라진다. 하지만 누군가 나를 '더 지적으로' 보고 더 짙은 피부색의 흑인을 '덜 지적으로' 보는데 내가 그에 이의를 달지 않는다면, 내가 갖고 태어난 특징 때문에 받는 칭찬을 미소 지으며 받아들인다면(더 나은 점수, 더 나은 직업, 재정적으로 성공적인 분야로 진출할 가능성), 왜 나는 가질 수 있고 더 검은 피부의 사람들은 가질 수 없는지 묻지 않는다면, 나는 불공정한 혜택에서 이득을 얻고 그것을 더욱더 영속시키는 데 동조하는 것이다. 더 검은 피부의 사람은 그 특권에 도전할 힘을 갖고 있지 않다. 사람들이 이미 그를 덜 지적으로 생각하는데 그의 말을 들으려 하겠는가? 셰이디즘(Shadeism, 백인들뿐 아니라 같은 유색인종들끼리도 피부의 밝기에 따라 서로를 차별하는 또 다른 종류의 인종차별)이 존재하지 않는 세상에서 살고 싶다면 그것을 마주할 때마다 저항해야만 한다. 그 때문에 내 이익이 줄어들고 불편한 논쟁이 일어난다고 해도 그렇게 해야 한다.

특권을 돌아볼 때는 개인적으로 차별을 줄일 수 있는 분야도 검토해야 하지만, 우리가 가진 힘으로 구조까지 변화시킬 수 있는 분야가 있는지도 검토해야 한다. 내가 비장애인의 신체로 살면서 가장 이득을 보고 있는 분야는 장애인들이 불이익을 받는 구조를 변화시킬 능력이 있는 분야이기도 한 것이다. 우리가 가진 특권이 다른 이가 받는 차별과 교차하는 지점을 인식하면 진정한 변화를 일으킬 기회를 찾을 수 있다.

우리 모두는 자신의 특권을 돌아봐야 한다. 누구에게 그런 말을 들어서가 아니라 중립적인 위치에 있을 때 미리 특권을 돌아보는 연습을 하기 바란다. 당신이 인생에서 얻은 이점들을 생각해보자. 언제나 정신적으로 건강했는가? 중산층 가정에서 자랐는가? 백인인가? 남성인가? 비장애인인가? 한 국가의 시민으로 살고 있는가? 안정적인 가정환경에서 성장했는가? 안정적인 주거 환경에서 자랐는가? 교통수단이 있는가? 시스젠더(cisgender, 생물학적인 성과 성 정체성이 같은 사람)인가? 이성애자인가? 날씬한가, 키가 큰가, 통념상 매력 있는 사람인가? 당신에게는 있지만 다른 사람에게는 없는 이 모든 이점을 깊게 들여다보자. 그리고 적어보자.

이참에 당신이 받는 불이익도 적어보고 싶을 것이다. 그러나 지금은 그럴 시간이 아니니 그 욕구는 잠시만 참자. 받은 이득에만 집중하는 것이 당신의 불이익과 당신 삶의 고난을 무의미하게 하는 듯한 기분이 들 수 있지만, 사실 그런 일은 일어나지 않는다.

당신은 어떤 분야에서 특권을 갖고 있으면서도 동시에 다른 분야에서는 특권이 부족할 수 있다. 이것은 동시에 사실이며 동시에 당신 인생에 영향을 미칠지도 모른다. 극단적으로 불이익을 받는다고 느낄 때에도 해야 하는 훈련이다. 나는 흑인이자 퀴어 여성으로서 굉장히 불이익을 받는다고, 그러니 나보다 더 많은 특권을 가진 사람이 이 일에 앞장서야 한다고, 나는 인종주의와 성차별주의와 싸우느라 너무 바쁘니까 내가 가진 특권을 돌아보기 어렵다고 말하기는 쉽다. 하지만 나의 특권을 돌아보지 못한다는 말은 곧 인종차별과 성차별과 싸우려고 노력하는 와중에 다른 여성과 흑인을 배제하는 결과를 낳는다. 나는 흑인들을 위해 행진하고 있다. 하지만 흑인 트랜스 여성, 흑인 장애인, 투옥된 흑인들을 위해서도 싸운다고 말할 수 있을까? 나의 특권을 돌아보기를 거부하면, 내가 고려하지 않는 수많은 사람들은 뒤로 물러나고 계속 차별을 받을 것이며, 내가 한 노력은 잘해야 무용하고 최악의 경우 오히려 해가 된다. 당신이 받는 차별을 적지 않고 특권만 나열하는 것이 어렵다면 일단 불이익은 나중에 써보자. 그래도 된다. 하지만 제발, 지금 이 시간만큼은 정의와 평등을 얼마나 더 포괄적으로 볼 수 있는지 알아보기 위한 시간으로 사용하자.

당신이 가진 이 멋진 특권들을 길게 적어보았다면, 이제 이 특권이 당신의 사회적 위치뿐 아니라 당신이 이 세상을 이해하고 경험하는 데 전반적으로 어떻게 영향을 미쳤는지 검토할 때다. 당신의 특권이 인종차별, 교육, 환경에 대한 사고에 어떤 영향을 미쳤는가? 당신과 같은 특권을 갖지 않은 사람들과 이 문제를 논의해보고 그들이 어떤 말을 하는지 들어보자. 특권을 가진 당신이 당연히 틀렸고 특권이 없는 사람이 당연히 옳다는 의미는 아니다. 중요한 몇 개의 퍼즐을 놓치고 있을 가능성이 높다는 사실을 짚어주는 것뿐이다.

이 연습을 자주 해보자. 특히 사회나 정치 문제를 생각할 때 해보자. 내 특권을 공식적으로 돌아보는 연습을 한 후에 내가 최근까지도 인식하지 못했던 새로운 특권과 마주칠 때마다 다시 가볍게 연습해보고, 매년 초에 사회정의의 목표를 재정립하기 위한 방법으로도 사용해보자. 내가 가진 특권이 이 문제를 진정으로 이해하고 전달할 수 있는 능력을 저해할지도 모른다는 것을 알면 당연히 불편한 감정이 올라오는데 그래도 익숙해져야 한다. 어떤 분야에서는 다른 사람들의 희생으로 내가 이익을 얻었다는 것을 깨달았을 때 찾아오는 죄책감과 아픈 감정에도 익숙해져야 한다. 그 감정이 당신을 죽이지는 않는다. 참을 수 있다. 그 감정에 좀 더 편안해지면 당신이 특권으로 스트레스 받는 상황에 처할 때(이를테면 페이스북에서의 논쟁이 당신에게 불리한 쪽으로 흘러가고 있을 때) 방어적인 태도를 자제하고 듣고 배울 수 있을 것이다.

그리고 다른 사람들이 자신의 특권과 마주했을 때 느끼는 분노, 두려움, 수치심 같은 감정에도 공감할 수 있으며, 특권이 있는 사람을 좀 더 관대하게 받아들이게 해줄 것이다. 또한 스스로 특권이 무엇인지 자주 생각해본 사람은 다른 사람에게 특권을 설명하기도 쉬워진다. 처음에 당신이 가진 특권의 영역을 인지했을 때는 그것이 '특권'으로 비치지 않았을 것이다. 당신의 특권을 스스로 볼 수 있어야 했다. 다른 사람들이 그 특권을 갖지 않았으며 그것이 다른 사람에게 해가 되는 방식으로 당신의 언어와 판단에 영향을 미쳤음을 보아야만 했다. 이 사실을 기억하고 있으면 사람들이 자신들의 특권을 돌아보도록 설득하거나, 적어도 시도라도 해보게 하는 데 도움이 된다. 특권을 가지고 당신을 차별하는 이들에게 친절해야 하거나 그들을 가르쳐야 할 필요는 없다. 그러나 충분히 깨어 있는 사람일지라도 돌아보지 않은 특권이 있다는 사실을 알아야 한다. 그래야 누군가 당신의 특권을 돌아보라고 이야기할 때, 대체 그들이 무슨 소리를 하는지 헤아리면서 공격하지 않으려고 애쓸 것이다.

누군가 분노나 증오를 갖고 당신의 특권을 걸고 넘어지며 따진다면, 그 사람에게 당신의 특권이 무엇인지 일일이 설명할 시간과 감정적인 에너지가 없다 할지라도, 여전히 그가 당신에게 좋은 일을 한 사람임을 알아야 한다. 당신이 특권을 인지하지 못했을 경우의 결과는 단 하나, 당신이 타인의 억압에 지속적으로 참여하고 있다는 것이다. 상대의 전달 방식이 아무리 불쾌하다 해도 그 사람은 당신에게 더 잘할 기회를 주는 것이다. 감사하자.

특권을 인식한 다음에는 그것을 해체하는 작업을 해야 한다. 이 지점에서 당신의 특권 돌아보기가 제대로 빛을 발한다. 다음은 특권과 기회가 일상생활에 변화를 만드는 예들이다.

- 당신의 특권 덕분에 관리자들의 회의실에 앉아 있을 가능성이 높은가? 다른 사람들은 그렇지 않은가? 왜 그 회의실에 장애인이 없는지 물어보라.
- 당신의 특권 덕분에 정치가들이 당신에게 정치적 지지를 요청하는가? 그들이 문을 두드리고 전단지를 주려 하면 유색인에게도 줄 건지 물어보라.
- 어린 시절에 사교육을 받을 수 있었는가? 그렇게 얻은 경제적인 안정을 활용해 공립학교 지원 세금 정책을 지지하라.
- 일과 육아 사이에서 아등바등하지 않아도 되는가? 만약 그래서 승진을 했다면 직장 내 보육비 지원과 가족 휴가 프로그램을 지원하라.
- 학부모 회의에 갈 수 있을 정도로 일정 조정이 가능한가? 다음 회의는 일하는 부모도 참가할 수 있는 시간대로 옮기고 회의에 빠진 부모가 다른 방식으로 자녀 교육에 관여할 수 있는 방법을 찾아보라.

특권을 지렛대로 활용해보자. 더 실질적인 변화와 더 나은 세상을 만들 기회가 무한하게 펼쳐진다. 이 세상을 더 나은 세상으로 만들기 위해 매일 약간의 불편함을 느끼고 다음 같은 질문을 하자. "나와 동일한 자유와 기회를 누리지 못하는 사람은 누구인가?" 특권은 이 사회의 차별 구조를 유지하는 방식이기도 하다. 그러나 특권 인식은 그 구조를 무너뜨릴 수 있는 방식일 수도 있다.

그러니 제발, 당신의 특권을 돌아보시라. 자주 돌아보시라.

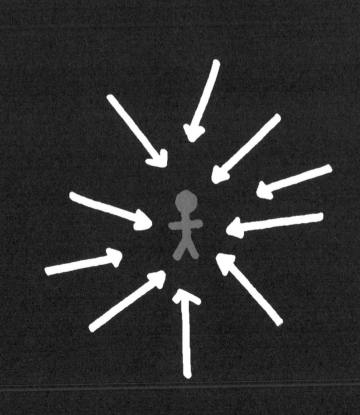

5

교차성이란 무엇이고 내게 왜 필요한가요?

　　　　　　　　　"죄송합니다." 전화벨이 또 울렸
고 나는 말했다. "잠깐만 실례할게요. 급히 해결해야 할 애들 문제
가 있어서요."

　나의 저녁 식사 상대는 이해한다는 듯 고개를 끄덕였고 나는 호
텔 방으로 황급히 뛰어 올라가서 노트북 앞에 앉았다. "제발… 제
발…." 인터넷 화면이 빨리 뜨기만을 빌었다. 이렇게 보내는 일분
일초가 나를 더 무례한 사람이자 거짓말쟁이로 만들고 있다는 걸
알았다. 실은 애들 문제가 아니다. 나도 안다. 애들 핑계를 대는 건
치사하다(그래도 그나마 싱글맘이 누릴 수 있는 매우 드문 특권이
라 여겨주시기 바란다). 하지만 이렇게 말할 수는 없지 않은가. "죄
송한데 제가 식사 중에 자리를 비워야 하는 이유는요. 제가 흑인 남
성을 싫어한다고 비난하는 수천 명의 트위터 트롤을 최대한 차단

해서 제가 트위터에서 매장당하는 일을 막기 위해서예요."

그 일은 몇 주 전, 처음에는 조용히 시작되었다. 나는 한 유명한 흑인 남성 음악가가 우리 지역에 공연을 하러 온다는 사실을 알게 되었다. 그는 나를 비롯해 많은 이들에게 응원을 받아왔으나 최근 여러 명의 젊은 흑인 여성과 십대 소녀들을 성추행했다는 사실이 속속 밝혀졌다. 그렇게 파렴치한 행위를 저지른 사람이 어떻게 진보적인 도시 시애틀의 공연장에 오고 티켓이 매진될 수가 있나? 어떻게 이 남자는 아직도 부유하고 명성 높을 수 있단 말인가? 나는 그 생각을 트위터에 남겼다. 흑인 여성을 존중하지 않는 이 사회 덕분에 그가 교도소까지 가진 않겠지만, 앞으로 영원히 악행의 대가는 치르길 바란다고 썼다. 너무 화가 나서 적잖은 욕설이 포함되었다. 흑인 여성과 소녀들을 진심으로 안쓰러워하고 아끼기 때문이다. 이 트윗은 몇 개의 관심글을 받고 리트윗도 약간 되었지만 앞서 말했듯이 이 사회는 흑인 여성성을 크게 중시하지 않으므로 큰 관심은 받지 못했다.

그러나 호텝 트위터(Hotep Twitter, 대체로 부정확한 이집트 신화를 차용하면서 흑인 남성의 권리를 위해 싸운다는 트위터 계정)가 내 트윗을 발견하고 말았다. 내가 다수의 흑인 여성을 추행한 것으로 비난받는 흑인 남성에게 꽤 많은 욕설을 사용했다는 사실은 호텝 트위터에게 이렇게 해석될 뿐이었다. 내가 "흑인 남자를 증오한다".

그뿐만 아니라, 나는 "흑인 남성을 싫어할 뿐 아니라 폭행하는 백인들, 학교-교도소 파이프라인 쪽과 한통속이었다". 나는 "하녀

니그로이며 백인 주인님에게 다리를 벌리는 황갈색 피부의 흑인 창녀였다(진짜 이런 단어가 포함된 댓글을 받았다)". 정신을 차려 보니 화난 흑인 남성들(그리고 일부 흑인 여성들)이 나에게 보내는 수백 개의 댓글로 저녁 식사 도중 핸드폰에 불이 나고 있었고, 나의 트위터는 있는 힘껏 다해 작성된 막말로 도배되고 있었다.

나에게 달려들어 증오의 메시지를 남기는 이들의 눈에 흑인 뮤지션에 대한 비난과 공격은 곧 흑인들을 배신하는 행위였다. 나는 흑인 남성의 범죄를 큰 목소리로 비난하면서 백인 압제자들의 편에 선 것이었다. 하지만 그들이 생각하는 흑인성의 개념과 흑인이 받는 차별 안에, 흑인이자 여성이 받는 차별은 포함되지 않았다. 그들은 흑인 남성의 권리 옹호를 위해 싸운다고 말하면서, 그의 희생양이 되었던 흑인 여성, 또 흑인 여성에게 죄를 저지른 후에도 여전히 대중에게 환호받는 사람을 보며 흑인 여성들이 받을 상처는 전혀 고려하지 않았다. 나를 비롯해 많은 사람들이 다른 방식으로 겪고 있는 다양한 종류의 차별은 곧잘 부정당하곤 한다. 이런 일은 회사 회의실에서, 사회정의 포럼에서, 페미니스트 활동가 모임에서, 불평등을 해소한다는 정부 정책에서, 그리고 대체로 인터넷에서 수도 없이 일어나곤 한다.

나는 더 넓은 집단에 대해 토론하는 중에 자신들의 다양한 정체성을 고려해달라고 주장하는 개개인에게 쏟아지는 분노를 수없이 목격했다. 그리고 이 분노가 얼마나 빨리 광적인 인터넷 공격 부대가 되는지도 목격했다. 그 부대가 몇 주, 때로는 몇 달, 몇 년 동안

한 사람의 삶을 조직적으로 괴롭혀 망가뜨리는 것을 목격했다. 분노한 인터넷 부대는 개인의 신상 정보를 털고 다니는 회사 이름과 집 주소까지 공개하기도 했다. 지체할 시간이 없었다. 이대로 그냥 놔두었다가는 나의 온라인 활동을 보호할 수 없고 내 트위터 계정은 영영 사라지게 될지도 모른다. 트위터가 뭐 그리 대단하기에 계정 하나에 그리 목숨 거느냐고 할 수도 있겠지만 나에게 트위터는 그저 재미있는 온라인 커뮤니티가 아니다. 트위터는 직업적으로 매우 중요한 도구다. 흑인 여성에게 정기 칼럼을 주거나 뉴스 앵커의 데스크에 앉히는 일이 거의 없는 백인 남성 위주의 언론계나 출판계에서 정기적으로 글을 기고할 플랫폼을 찾는 일은 쉽지 않다. 트위터는 내 독자를 찾고 유지할 수 있는 창구다. 흑인 여성에게 일을 부탁하려는 편집자들이 이 공간에서 나를 찾아낸다. 그러므로 이 플랫폼에서 밀려나면 안 된다. 나는 공격을 뿌리 뽑기 위해, 나를 공격한 이들을 재빨리 차단했다. 저녁 식사 파트너가 혹시 팽개쳐진 기분이 들기 시작할까 봐 걱정하면서, 노트북을 덮고 나서 무신론자가 할 수 있는 최선의 기도를 한 뒤 내려가 손님에게 사과하고 식사를 마쳤다.

다음 날이 되자 소란은 대체로 진정되었다. 굉장히 많은 트위터 계정을 차단했고 이제 그들은 내게 댓글이나 쪽지를 보낼 수 없었다. 마녀사냥에 열중하던 트위터 부대는 자신이 투자한 시간에 비해 별 재미를 못 보자 포기하고 다른 표적으로 옮겨갔다.

더 큰 사태를 막을 수 있어서 안도의 한숨을 쉴 수 있었지만 이내

어마어마한 슬픔이 몰려오기 시작했다. 내가 뭘 그렇게 잘못한 걸까? 나는 흑인 여성을 학대한 행위에 분노를 나타내고, 그저 다른 사람들을 대하듯 우리를 대해달라고 요구했을 뿐이다. 흑인들의 생명도 중요하다는 싸움에 흑인 여성도 포함해달라고 했을 뿐이다. 하지만 감히 그런 말을 입 밖에 꺼낸 대가로 내 사람들이라 할 수 있는 흑인 수천 명을 차단해야 했다.

나는 소셜미디어에서 활동하는 수많은 흑인 여성처럼 매우 외로웠고 이용당한 기분이 들었다. 정의와 평등을 위한 우리의 싸움에서 우리는 너무나 자주 착취당하고 버려진다. 백인 여성들은 내가 가부장제 근절을 주장하면 칭찬 폭격을 하다가도 인종 문제를 끌어오면 바로 돌아서서 왜 그렇게 "분란을 조장하냐"고 따지고, 때로는 "알 샤프턴(Al Sharpton, 흑인 목사이자 방송인. 급진적인 흑인 인권 운동가로 물불 안 가리는 언사로 유명하다) 같다"고 경멸적으로 이야기한다. 내가 백인우월주의 사회를 비판하는 에세이를 올리면 흑인 남성들은 열화와 같은 반응을 보내고 그만큼 팔로워도 수십 명씩 늘지만, 내가 흑인 여성 한 명 한 명을 존중하고 예의 갖춰 대해달라고 주장하면, 그들은 그 전의 내 글은 깡그리 잊고 "흑인 노예 주인들의 페미니스트 도구"라며 나를 비난한다. 흑인 여성들이 '흑인의 생명은 중요하다(Black Lives Matter)' 운동에 앞장서고, 이 나라의 페미니즘 운동의 중심에 있었지만, 우리가 강간당하고 살해당하고 취업에서 부당한 대우를 받고 남성과 동일 임금을 받지 못할 때 아무도 우리를 위해 나서주지 않았다. 아무도 우리를 위해 행진

해주지 않았다.

'교차성(intersectionality)'은 사회정의운동이 정당하고 효과적이기 위해서 모든 정체성, 특권, 차별이 교차하는 지점을 고려해야 한다는 신념으로, 내가 쓰는 모든 글에서 가장 중요한 요소다. 대학에서 처음 교차성을 배울 때는 이 이론이 내 인생에서 얼마나 막대한 비중을 차지하게 될지 몰랐다. 대학 때 추상적인 보고서를 쓰면서 잠깐 흥미롭게 느꼈던 이 개념은 이후 나의 정치적·사회적·정신적·물리적인 생존의 문제가 되었다. 왜냐하면 나 자신을 여러 가지 조각으로 분리할 수 없기 때문이다. 나는 유색인 여성의 요구를 갈등 조장이자 불편한 무언가로 보는 페미니즘을 지지하기 위해서 나의 흑인성을 잘라버릴 능력이 없다. 흑인 여성을 먹이로 삼는 흑인 남성을 지지하기 위해 나의 여성성을 잘라내 버릴 수도 없다. 나는 매일, 매시간, 매초 흑인 여성이다.

● ○

우리가 그저 인종 하나로 정의되지 않는, '인간'이라는 사실 정도는 모두가 이해할 것이다. 사실 나의 인종적 경험이 우리의 피부색과 머릿결로만 이루어지는 건 아니다. 인종 정체성이 우리 사회에 존재하는 여러 정체성 중 하나이듯이, 인종차별도 이 사회의 다양한 차별 중 하나다. 특권 또한 인종 특권만 존재하는 건 아니다.

우리 모두는 매우 다양하고 복잡한 정체성으로 이루어졌다. 젠더, 계급, 인종, 섹슈얼리티 등은 우리의 삶의 경험과 세계와의 상호작용에 영향을 미친다. 정체성이 부과한 각각 다른 위계, 특권, 차별이 수많은 방식으로 우리 삶에 영향을 미친다. 특권과 차별은 진공 상태에서는 존재하지 않고 서로 긴밀히 연관되어 있고 혼합되어 있으며 서로 완화하기도 하고 대치하기도 한다.

나는 흑인이자 퀴어 여성이다. 내가 거리에서 성희롱을 당하면 내가 흑인이라서인지, 여성이어서인지, 퀴어여서인지 알 수가 없다. 어쩌면 이 세 가지 이유가 동시에 작용했을 수도 있다. 하지만 우리의 사회정의운동은 우리의 다종다양한 정체성이 어떻게 상호작용하고 교차하는지를 고려하지 않는다(예컨대 페미니스트 집단이 길거리 성희롱에 대처하는 방법을 의논할 때 그렇다).

흑인, 퀴어, 중산층 여성으로서의 나. 이 중에서 나의 퀴어 정체성은 반인종주의자나 페미니즘 운동가들에게는 간과될 수 있다. 그런가 하면 나의 여성 정체성은 반인종주의자나 퀴어 운동가들에게 간과될 수 있다. 나의 흑인 정체성은 페미니스트나 퀴어 운동가들에게 간과될 수 있다. 마지막으로 나의 중산층 정체성은 이 모든 운동 안의 빈곤한 이들을 내가 간과하게 할 수 있다. 그런 일이 일어나면 이들 중 누구도 나를 도울 수 없고 나도 다른 사람을 도울 수 없다.

전반적으로 우리 사회에서 이런 일은 굉장히 빈번히 일어난다. 예를 들어 페미니즘 운동은, 흑인 여성들의 욕구 및 도전이 백인 여성들의 욕구나 도전과 다를 때는 흑인 여성들을 고려하지 않는다. 나는 생식권(reproductive rights, 출산과 관련된 여성의 권리) 운동가들이 모든 여성의 권익을 위해 싸운다고 하면서도 의료계의 유색인 여성 차별 기록을 보고도 무시할 때마다 깜짝깜짝 놀란다. 법이 있는데도 유색인 여성들은 생식권 관련 진료를 받지 못한다.

어떻게 이런 일이 일어난 것일까? 어떻게 우리의 사회정의운동은 우리 인구 중 가장 열악한 계층을 돕는 데 실패하는 것일까? 이는 자신의 특권을 돌아보지 않은 결과이기도 하다. 특권을 인정하는 데 실패했기에, 사회정의운동도 그룹 내에서도 최상위 특권층의 목소리 큰 사람만 대변하게 된다. 반인종차별 그룹은 이성애자 흑인 남성의 욕구를 우선시하고, 페미니스트 집단은 백인 여성의 욕구를 우선하며, LGBTQ 집단은 백인 게이 시스젠더 남성의 필요를 우선하고, 장애인 인권 집단 안에서는 백인 장애 남성의 인권이 가장 먼저다. 장애 라티노 트랜스 여성이 각 그룹의 우선순위 목록 어디쯤 있을지 상상해보라. 특권을 가장 많이 부여받은 사람들의 요구가 가장 우선시되기 때문에 차별과 불평등에 대한 해결책을 논의할 때도 그들의 요구만 고려된다. 그러므로 당연히 이 논의에서 나온 해결책은 특권이 없는 이들은 배제한다.

'교차성'은 현재 상태에 머물지 않고 더 많은 사람을 포용하는 대안이 있다고 말한다. '교차성' 개념은 법학자이자 여성 운동가 킴벌리 크렌쇼가 1989년의 논문에서 처음 사용했다. 그는 논문에서 인종과 젠더가 복잡하게 얽히며 유색인 여성의 삶에 독특하게 영향을 미친다고 주장했다. 크렌쇼는 인종과 젠더가 서로 교차하는 지점의 특징을 교차성이라 명명하고 사회정의운동에서 교차성에 주목할 필요를 강조했다.

그러자 곧장 대표적인 흑인 페미니스트들이 이론과 실천으로서의 교차성을 환영했고 이 교차성을 활용해 인종과 젠더에 대해 좀 더 포괄적인 관점을 설명할 수 있었다. 교차성은 페미니스트 학계와 운동의 쟁점으로 떠올랐고 계층, 장애, 섹슈얼리티를 포함하며 확장되었다.

사회정의운동을 할 때만 교차성과 교차성 고려가 중요한 건 아니다. 공공의 이익을 실현하려는 정부, 교육·경제·사회제도가 모두 교차성을 고려해야 한다.

교차성은 최소한의 사람들만 배제되도록 한다. 또한 어떤 이들에게는 선인 것이 다른 사람들에게는 악이 되지 않도록 한다. 교차성은 특권이 우리 눈을 가리지 않게 하여 정의와 평등의 가치를 수호할 수 있게 한다. 교차성은 우리의 제도를 더 효율적이고 더 공평하게 만든다.

이렇게 교차성이 모든 사회정의운동의 실천을 더 원활하게 만드는데, 왜 우리는 교차성을 우선하지 않고 있을까? 사회정의운동이 교차성을 받아들이기를 망설이는 데는 몇 가지 이유가 있다.

- **교차성은 일의 진행 속도를 느리게 한다.** 간단하다. 선택된 소수의 욕구만을 고려하면 다양한 집단 내 사람들의 욕구를 고려해야 할 때보다 조금 더 빠르고 수월하게 진행되는 것처럼 보인다. 사람들은 이렇게 말하곤 한다. "먼저 다수의 필요에 집

중하고 나머지는 그 후에 이야기합시다."

- **교차성은 자신의 특권을 정면으로 마주 보게 한다.** 사람들은 대체로 자신들이 다른 사람들에 비해 정당하지 않게 특권을 얻고 있다는 사실을 인정하고 싶지 않다. 교차성을 포용하면 자신이 누리는 이득이 무엇인지 알고 받아들여야 하고, 그 이득 때문에 다른 사람들이 처한 불이익을 보지 못했다는 사실도 인정해야 한다. 차별 반대가 목표인 사회운동에 참여하고 있다면 이 사실은 더 찜찜한 일이 될 수 있다. '그 인간들'의 악행과 싸우는 운동을 하고 있는 자신 또한 자기도 모르는 사이에 '그 인간'이 되고 있다는 것을 깨닫기는 쉽지 않다.

- **교차성은 운동의 가장 중심에 서 있던 사람들의 권리를 분산시킨다.** 사회정의운동에서 당신의 요구가 언제나 가장 우선시되어왔었다면 그것은 마치 자연의 질서처럼 느껴졌을 것이다. 동시에 내부의 다른 사람들은 존중받는 느낌이 아니었다는 사실은 염두에 둔 적이 없었을 것이다. 물론 관념적으로는 다른 사람들도 동등한 권리를 가져야 한다고 믿고 있었겠지만, 막상 이상이 실행되었을 때 그것은 당신의 구체적인 요구를 위한 시간과 관심은 줄어든다는 것을 의미하고, 당신은 불평등하게 느낄 수 있다. 실제로 그렇지 않더라도.

- **교차성은 평소에 관심도 갖지 않았던 사람들과 소통하게 하고 그들의 이야기를 듣게 하고 관심 갖게 만든다.** 사람들은 자신과 '동류'라 여기는 사람들과 집단을 형성하기를 좋아한다. 우리는

대개 '우리와 비슷한 사람들', 즉 비슷한 배경, 목표, 정체성, 성격을 가진 사람들과 많은 시간을 어울린다. 사회정의를 위한 노력 또한 이런 방식으로 끼리끼리의 모임이 된다. 교차성은 이러한 울타리를 박차고 나와 과거에는 손 내밀지 않았던 사람들에게 다가가라고 요구한다. 많은 사람들이 이 과정을 불쾌하게 여길 수 있고 실제로 불편하기도 하다. 적어도 처음에는 그럴 수 있다.

교차성의 실행을 방해하는 요소들을 극복하기는 쉽지 않지만 이겨냈을 때의 가치는 엄청나다. 인종차별, 성차별, 연령 차별 등 여러 형태의 차별에 맞서 싸우려는 사람들의 대다수가 그럴 것이라고 믿는다. 그들은 정말로 모든 사람을 위해 더 나은 세상을 만들고 싶어하기 때문이다. 하지만 교차성을 끌어안지 않는다면, 설령 몇몇을 위한 발전을 이룬다고 해도 어느 날 주변을 돌아보고 다른 사람을 억압하는 사람이 된 자신을 발견할지도 모른다.

그렇다면 인종에 대한 논의를 할 때 어떻게 교차성을 의식할 수 있을까? 자신에게 물어야 할 질문을 몇 가지 준비해보았다.

- **인종, 젠더, 섹슈얼리티, 장애 유무, 계급, 성이 이 주제에 어떤 영향을 미치는가?** 정확한 답변을 하지 않아도 되지만 이 질문을 던지면 다른 관점을 찾는 데 도움이 된다.
- **인종에 대한 대화 중 나와 상대방 사이의 다른 점을 식별하는 것이**

우리의 다른 의견과 관점을 설명해주는가?

- 인종 정의에 관한 토론을 하고 있는 사람들과 그들의 의견이 지금 논의 중인 주제와 관련된 다양한 정체성을 대표하는가?

- 인종 정의에 대해 내가 공부하고 읽은 것이 인종차별에 영향을 받는 다양한 정체성을 반영하는가? 내가 정보를 얻기 위해 이용하고 있는 책과 기사는 누가 썼는가?

- 나와 다른 정체성을 가지고 다른 경험을 한 사람들의 이야기를 잘 듣고 있는가?

- 내가 모르는 것을 찾으려 하는가? 사람들이 인종 정의를 위한 노력에서 무엇이 빠졌다는 것을 알아냈을 때 내가 질문을 하는가?

- 내가 이 대화에서 특권층이 받는 관심과 권력을 다른 곳으로 옮기려고 하는가? 그동안 자기 이야기를 먼저 하지 않는 사람들이 이제는 하는가? 참여하고 싶어하는 모든 사람에게 이 대화를 열어두는가? 자주 무시되는 사람들의 의견을 존중하는가?

- 소외된 사람들이 목소리를 낼 수 있는 안전한 장소를 제공하고 있는가? 당신이 만약 "장애인들은 나에게 그 문제를 절대 이야기 안 해"라든가 "흑인 여성들에게서는 이야기를 들은 적이 없어"라고 말하고 있다면 왜 그런지 자문해보고, 이들이 당신 주변에서 편안히 말을 하게 하려면 어떻게 해야 하는지 질문하자. 특권은 사람들을 너무나 오랫동안 침묵시켜왔기 때문에 당신이 사람들을 존중하고 참여를 이끌어내고 싶어한다는 것

을 일부러 알려야 한다. 의도가 좋다고 해서 곧바로 신뢰를 쌓을 수 있을 거라 기대하지는 말자.

개개인이 교차성을 고려하는 것만으로는 충분하지 않다. 사회정의운동에 참여하려는 모든 사람에게 교차성을 요구해야 한다. 인종 토론과 인종 정의를 위한 노력에서 교차성을 더 강조해야 한다고 주장할 때 몇 가지 명심할 것이 있다.

- **대다수 사람들은 교차성이 무엇인지도 모르고, 모르는 단어 앞에서 방어적으로 행동한다.** 더 설명하자. 서로 교차하는 정체성이 고려되지 않는 사례를 들어 설명하자. 사람들은 교차성을 이해하는 척하면서도 교차성을 실행하지 않는 경우가 많다.
- **이 대화나 프로젝트가 교차성을 더 의식하게 하려면 실생활에서 예를 들어 설명하는 것이 좋다.**
- **교차성의 개념을 더 잘 이해하려면 어떤 노력들이 왜 실패했는지를 살펴보기보다는, 우리가 앞으로 더 잘하고 더 많이 일할 수 있는 기회가 어디 있는지 보아야 한다.**
- **교차성은 모든 인종 토론과 사회정의 논의에서 절대적으로 중요하므로 교차성을 중점에 놓으려는 당신의 입을 다른 사람들이 막지 않게 해야 한다.** 어떤 사람들이 받는 차별을 멈추려는 노력이 다른 이들이 받는 차별을 지속하게 만드는 방식이 되어서는 안 된다.

교차성 포용은 인종주의 및 사회 내 다른 차별과 싸우는 우리에게 가장 필요한 무기이면서도 우리의 사회운동뿐만 아니라 우리 삶 전반에 영향을 미친다. 우리 회사 회의실에서는 누가 가장 말을 많이 하는가? 당신은 누구에게 투표할 것인가? 자녀의 학교 수업 커리큘럼은 어떻게 달라졌는가? 환경 정책을 논할 때 누구를 고려해야 하는가? 우리가 사회를 위해서 하는 일에 교차성을 끌고 오면 더 많은 사람에게 도움이 되고 더 신나는 일이 되지만, 교차성이 없을 때는 더 배타적이고 차별적이 된다. 교차성과 특권을 의식하고 대면하면서 우리는 더 나은 삶을 사는, 더 나은 사람이 된다.

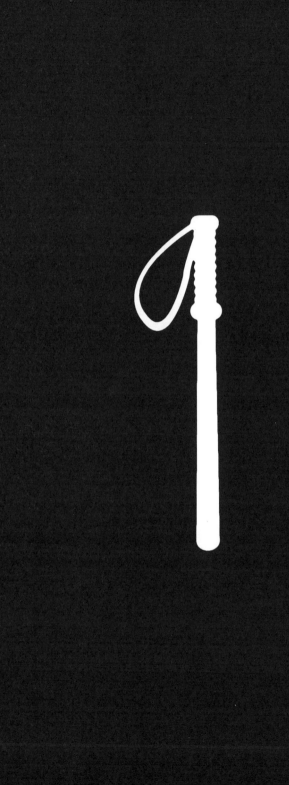

6

경찰의 과잉 진압이 정말 인종과 관계가 있나요?

"DWB(Driving While Black, 혹인 차별 교통 단속. 혹인 운전자의 차를 세우고 단속하는 것)에 걸려 방금 경찰한테 차 세워졌음. 무탈하게 빠져나가길 기원." 이것은 2015년 7월에 내 차를 세운 경찰 사진과 함께 내가 올린 트윗이다. 나는 두 남동생을 태우고 교통량이 많은 고속도로를, 제한속도를 아주 약간 넘게 달리고 있었다(그날 받은 딱지에서는 내가 제한속도보다 시속 약 2킬로미터 더 빨리 달린 것으로 나와 있다). 오토바이를 탄 경찰은 무려 3차로를 건너, 다른 차들을 서행하게 하면서, 그 많은 차 중에 오직 내 차만 골라 복잡한 고속도로 갓길에 세우게 했다.

경찰이 조수석 창문 쪽으로 걸어오는 모습을 보면서 동생들과 나는 마음을 진정시키려 애쓰고 있었다. "괜찮아. 침착하자. 질문 말고. 아무 일 없을 거야." 내 동생 아함은 이렇게 여러 번 말했지만 그의 목소리에서는 어쩔 수 없는 공포 그리고 이 불시의 상황을 무사히 헤쳐 나가겠다는 결의 같은 것이 새어 나왔다. 바로 그때 나는 내 친구와 가족에게 내가 처한 위험을 알리기 위해 이 트윗을 보낸 것이다.

내가 갓길에 차를 세운 후에 보낸 이 트윗은 근래 내 흑인 친구들이 경찰에게 단속당했을 때 올리는 트윗들과 비슷했다. 짜증과 불만의 표현이라기보다는 혹시 생길지 모를 불미스러운 사건에 대비해 친구와 가족에게 사건의 원인일지도 모를 자료를 남기고자 함이다. 그간의 경험을 통해 우리는 알고 있었다. 경찰의 과잉 진압에 대항하는 유색인들이 가진 유일한 방어 수단은 목격자다. 그러나 목격자로 충분하지 않은 경우도 많다.

경찰과의 대면은 생각보다 빨리 끝났지만 우리에게는 영원처럼 느껴졌다. 경찰은 무뚝뚝하고 사무적이었지만 우리는 공포 속에서 침묵을 지키며 손만 내려다보고 있었다. 이 손이 우리의 의지를 배신하거나 나도 모르게 위협적인 몸짓을 하는 일은 없어야 한다. 내 자동차등록증을 꺼내기 위해 글러브 박스에 손을 뻗는 아함의 손은 미세하게 떨리고 있었다. 그는 천천히, 또박또박 경찰에게 "제가 지금 글러브 박스 열겠습니다"라고 말했고 경찰이 고개를 끄덕일 때까지는 움직이지 않았다.

남동생이 조심스럽게 글러브 박스에 손을 뻗는 모습을 보면서 나는 열여섯 살 때 내 차를 세운 경찰을 떠올렸다. 경찰이 내 운전면허증과 자동차등록증을 요구해서 내가 글러브 박스에 손을 대려

하자, 경찰이 손에 총을 쥐더니 "멈춰!" 하고 소리쳤다. 내가 충격으로 돌처럼 굳어버리자 그는 경찰에게 먼저 묻지 않고 손을 뻗는 것은 굉장히 위험하니 앞으로는 절대 해선 안 된다는 충고를 해주었다. "그러다 잘못하면 총 맞아요, 아가씨." 그는 고개를 끄덕이고 총에서 손을 떼더니 신분증을 꺼내려던 열여섯 살 소녀를 쏘지 않은 은혜를 베푼 자신에게 매우 만족한 듯한 표정을 지었다.

이번 경찰은 고함 치지도, 손을 총 가까이 대지도 않았다. 그저 속도위반 딱지를 끊고 오토바이를 타고 제 갈 길을 갔다. 경찰이 눈앞에서 사라지자 우리는 잠시 가만히 앉아서 감정을 추슬렀다. 서로의 눈을 바라보면서 무사함에 감사했다. 트위터에 우리는 괜찮다고 올린 다음 시동을 걸었다. 몇 분 전만 해도 기대에 부풀어 떠났던 여행의 앞길을 이제는 줄곧 두려워하면서 도로 위 어느 누구의 신경도 거스르지 않기 위해 최대한 천천히 운전했다.

집에 와보니 친구와 카페 회원들에게서 열 개가 넘는 메시지가 와 있었는데 내 첫 트윗에는 걱정했다가 두 번째 트윗에 안심하는 내용들이었다. 대부분은 첫 트윗 뒤에 숨겨진 공포를 바로 알아채는 흑인 친구들이 보내준 것으로, 본인들이 당한 DWB를 이야기해주기도 했다. 하지만 내가 왜 이 사건에 인종을 끌어들여야만 했는지 의아해하는 이들도 있었다.

"왜 꼭 인종 문제라고 가정하는데?"

"평범한 교통 단속이 아니라는 증거는 없잖아."

"경찰 입장에서 보면 나쁜 의도는 없었던 것 같은데?"

"그게 인종에 관한 건지 어떻게 알아?"

진실을 말하면, 나도 모른다. 인종 문제인지 아닌지 그때도 몰랐고 지금도 모른다. 그저 그날 억세게도 운이 없어, 순전히 우연으로 흑인 셋이 타고 있던 내 자동차가 단속당했을 가능성은 분명 있다. 어쩌면 우리는 그저 정말 운이 안 좋았을 수도 있다. 인종적으로 말이다.

그저 제비뽑기를 잘못한 탓에 갓길에 세워졌을 수도 있었지만, 문제는 나는 경찰에게 왜 그러시냐고 물을 수가 없었다는 점이다. 최근에 남동생이 경찰에게 왜 차를 세워야 하냐고 물었을 때 경찰은 차에 몸을 기대고 기분 나쁜 어조로 이렇게 말했다고 했다. "지금 문제 일으키고 싶나?" 동생은 더 이상 묻지 않았고 산드라 블랜드에게 어떤 일이 생겼는지(2015년 산드라 블랜드라는 흑인 여성이 단순 교통 법규 위반으로 차를 멈춰 세운 백인 경찰에게 단지 말대꾸했다는 이유로 난폭하게 체포되어 구치소로 끌려간 뒤 3일 만에 사망한 사건. 경찰은 그가 목매 자살했다고 발표했지만 여전히 의혹이 남아 있다) 안 후부터는 나도 묻지 않게 되었다.

개개인이 경찰과 대면하는 이유가 인종 때문인지 아닌지 모르고, 내가 두려움 없이 물어볼 수도 없다. 하지만 나는 경찰의 과잉 진압이 인종과 관련된 것이라 생각하고 그 이야기를 해야 한다고 생각한다. 왜 그럴까? 기본적으로 경찰의 과잉 진압과 공권력 남용은 권력과 부패의 문제로 볼 수 있기 때문이다. 공포와 총기가 결합해 생기는 문제다. 도덕적 책무의 문제다. 권력을 휘두르는 부패한 경찰은 모든 시민과 인종을 위험에 빠뜨릴 것이다. 하지만 위험에 빠지는 비율이 동등하지 않으며 그 사실은 숫자로 증명되어 있다. 흑인 운전자인 나에게 이 공포는 엄연한 현실이다. 흑인 운전자는 백인 운전자에 비해 교통경찰에게 23퍼센트 더 자주 단속되고[1] 1.5배에서 5배 더 자주 검문당하는데 이 검문에서 문제가 있는 것으로 밝혀지는 비율은 유색인이 백인보다 낮다.[2] 교통 위반 딱지도 더 자주 발부되고[3] 그 과정에서 체포도 더 자주 당한다.[4] 더 자주 단속당하고 검문당하고 체포되면서 경찰에 의해 목숨을 잃을 확률은 3.5~4배 높아진다(아메리카 원주민의 경우도 경찰에게 단속당하는 비율이 똑같이 높고, 이 통계는 부끄러울 정도로 감춰져 있다). 우리가 체포되거나 죽지 않는다 해도 폭행당하거나 모욕당할 확률은 높다. 2016년 조사에 따르면, 오클랜드 경찰은 체포 상황이 아닌 불시 차량 검문에서 13개월 동안 총 1446명의 흑인 팔에 수갑을 채웠지만, 백인은 72명이었다.[5] 2016년 '경찰 활동 평등을 위한 센터(Center for Policing Equity)'의 보고서에 따르면, 흑인들은 경찰에게 무력 진압(주먹질이나 목 조르기 등 손을 이용한 폭행, 후추 스프레이, 테이저 건, 총 등을 이용한 진압)을 당할 확률이 백인보다 4배 높다.[6]

그때 경찰이 내 차를 세운 건 인종과 아무 관련이 없을 수도 있다. 이전에 경찰이 내 차를 세웠던 것도 인종 때문이 아니었을 수도 있다. 또 그전에도 그랬을지 모른다. 하지만 인종 혐오 언어나 스와스티카나 불타는 십자가 같은 스모킹 건이 나와주어야만 경찰과 유색인의 대치에 인종 문제가 있을 거라고 여기는 사람들은 우리가 이미 알고 있는 사실과 이 숫자가 내포하는 현실을 무시한다. 현재 분명히 무언가 일이 벌어지고 있고 그건 옳지 않다. 우리는 표적이 되고 있다. 당신이 지역에 따라 달라지는 통계를 들고 나올 수도 있다. 소득에 따라 다르다고 주장할 수도 있다. 하루 종일 다른 통계들을 들고 나올 수도 있다. 하지만 그렇다고 해서 이미 숫자로 나와 있는 사실이 사라지지는 않는다. 전국적으로, 지역에 상관없이, 유색인들은 더 자주 범죄자 취급을 당한다. 우리 머릿속에서만 일어나는 착각이 절대 아니다.

우리도 처음 운전을 배울 때면 운전대를 처음 잡은 사람들이 으레 그렇듯 흥분하고 기대감에 부푼다. 자유롭기도 하고 힘이 생긴 것 같지만 기본적으로 두렵다. 이런 시간이 지나고 나면 나의 백인 친구들에게 운전이란 그저 출퇴근 수단이며 지루한 일상의 영역이 된다. 하지만 우리는 절대 그 정도까지 운전이 편안해지지 않는다. 처음 경찰이 내 차를 세운 건 열여섯 살 때로, 부유한 백인 거주 지역에서 제한속도를 8킬로미터 넘었다고 했다. 최근에 제한속도가 변경되었다는 걸 몰랐다고 설명했다. 경찰은 내가 음주 운전 중인지 알고 싶어했다. 마약을 했는지 궁금해했다. 내 트렁크를 뒤지면 무언가 나올 거라 생각하는 듯했다(내 기억에 난 그 안에 과자가 있다고 대답한 것 같다). 몇 달 후 내 차와 경찰 빼고는 차 한 대 보이지 않는 한적한 교외의 멈춤 표시 앞에서 '완전 정지'를 하지 않았다는 이유로 걸렸다. 내 자동차 번호에 적힌 날짜가 만기에서 하루 지났다는 이유로 경찰이 나를 부른 적도 있다. 그래도 여전히 같은 달이었으니, 그 말은 경찰이 내 차 번호를 뚫어지게 노려보고 있었음을 의미한다(미국의 자동차 번호에는 등록 기한 날짜가 적혀 있는데 보통 월은 큰 글자, 일은 작은 글자다) 나는 한 번 이상 다음과 같은 종류의 질문을 받았다. "이 동네에서 뭘 하고 있습니까?" "술 마셨습니까?" "대마초 냄새 맡을 수 있나요?" "자동차에 불법 무기가 있습니까?" 이상하게 들리겠지만 나는 이런 질문을 받을 때마다 화들짝 놀란다. 내 평생 과음을 하거나 음주 문제를 겪은 적이 없고 따라서 음주 운전은 꿈도 꾼 적 없다. 대마초에는 아무 관심도 없다. 전과나 폭행 기록도 없다. 하지만 고작 열여덟 살에 나는 이 나라의 경찰이 나를 잡기 위해 혈안이 되어 있다는 생각을 떨쳐버릴 수가 없었다. 아마 흑인 남성들에게는 더할 테고 전과자들에게는 말도 못할 정도일 것이다. 경찰은 그들을 괴롭힐 정당한 이유가 있으니 말이다.

나처럼 유색인들은 대개 운전을 그리 즐기지 않는다. 물론 운전대를 잡고 있다는 사실을 잊고 운전을 즐기는 순간이 우리에게도 있다. 라디오에서 흘러나오는 노래를 들으며 들뜬 기분으로 약속 장소로 향하기도 한다. 몇 분 정도는 다른 근심 걱정 없는 미국인들처럼 운전을 한다. 하지만 갓길에 서 있는 경찰을 발견하자마자 우리 맥박은 빨리 뛰기 시작한다. 이번에도 걸리는 건가? 경찰이 라이트를 켜는 순간 우리는 안다. 나 때문이구나. 속도계를 보고 비상등을 켜보지만 그 라이트가 계속 켜져 있고 우리 뒤에 차가 없으면 경찰이 세울 차는 내 차라는 걸 안다. 그다음부터는 모든 서류에 아무 이상이 없기를, 경찰이 우리를 두려워하지 않기를, 내가 괜히 경찰을 거스를 행동을 하거나 말실수를 하지 않기만을 기도한다. 우리가 받게 되는 건 오직 교통 위반 딱지와 쿵쾅거리는 심장이기만을 희망한다.

무엇이 더 나쁜 것인지 모르겠다. 경찰과의 또 한 번의 원치 않는 만남이 불러오는 나의 공포와 불안과 피로와 그저 무사하기만을 바라는 심정일까? 아니면 내가 경험하는 공포와 불안과 피로의 원인을 여전히 부정하는 이 사회일까? 내가 이런 기분을 느끼는 까닭은 나를 보호한다는 명목을 가지고 힘을 얻은 사람들이 나의 피부색을 범법 행위의 증거로 보고 나의 자유, 때로는 목숨까지 빼앗아 갈 수 있고, 그에 대해 아무런 책임을 지지 않을 수 있다는 걸 알기 때문이다.

지극히 개인주의적인 미국이라는 국가에서 우리는 구조적 인종주의가 존재하지 않는다고 믿고 싶어한다. 인종차별적 경찰이 있다면, 그 개인이 썩은 달걀이라서 그렇다고 믿고 싶어한다. 따라서 개인주의를 신봉하는 이 사회는 그 경찰 한 명이 확실히 인종주의자임을 증명하라고 강요하거나, 그저 운이 나빠서 그런 일을 당했을 뿐이라고 말하길 원한다. 그렇게 하면서 인종차별과 더 큰 사회의 차별에 잠식당한 이 시스템을 보지 않는다. 걷잡을 수 없이 퍼진 암묵적인 편견에 물든 시스템을 보지 않는다. 경찰 교육 부족, 신뢰 부족, 인종차별적 경찰 비율, 문화적 무감각은 언급하지 않는다. 그저 경찰은 기본적으로 시민의 안전을 위해 최선을 다해 봉사하지만 그렇지 않은 몇 개의 사과가 독자적인 행동을 한 것뿐이라고, 그러니 그 문제의 경찰이 정말로 썩은 사과였다는 것을 증명하는 방법 외에는 아무런 방법이 없다는 말을 듣는다.

따라서 우리의 말을 들어달라, 우리를 믿어달라라는 말은 곧 이 나라의 인종에 대해 당신이 믿고 있는 모든 신념에 도전장을 내미는 것이 된다. 나 또한 이것이 매우 큰 부탁이라는 것을 알고 고통스럽고 두려운 과정이라는 사실도 잘 안다. 당신의 안전과 안보를 책임진다고 믿는 사람들이 곧 우리에게 너무 큰 해를 끼치는 사람들과 동일하다고 믿고 싶지 않을 것이다. 하지만 나는 거짓말을 하는 게 아니고 망상에 빠져 있지도 않다. 나는 무섭고 아프다. 우리는 죽고 있다. 진심으로 하는 말인데 우리를 제발, 제발 믿어달라.

미국에서 경찰력 과잉 사용이라는 주제만큼 인종 간의 의견이 극단적으로 갈리는 문제는 거의 없다. 여론조사에서 미국 백인과 흑인에게 미국의 경찰에 대해 어떻게 생각하는지 물었다. 경찰을 정직하고 윤리적이라 확신하느냐는 질문에 백인과 흑인의 대답은 딱 두 배의 차이를 보였다. 흑인의 두 배에 이르는 백인이 경찰이 소수자를 정당하게 대한다고 생각했다.[7]

경찰을 보는 느낌이 인종 간에 이런 격차가 있는 이유는 경찰과 각 인종의 관계에서 이미 큰 차이가 나기 때문이다. 이 장 초반에서 지적했던 대로 유색인들은 경찰에게 저지되고, 체포되고, 폭행당하고, 죽임을 당할 확률이 훨씬 높다.

경찰에 대한 의견과 신뢰도가 이렇게 다르고, 경찰과 직접 마주친 경험에서의 차이가 이토록 심각하게 차이 나는 걸 보면, 과연 우리가 같은 국가에 살고 있는지 의심스럽다.

경찰과 각 인종 커뮤니티 사이의 경험과 감성이 왜 이렇게 다른지 이해하려면 경찰력과 유색인들 사이의 역사적 관계부터 살펴보는 것이 좋다.

● ○

미국 역사에서 경찰력과 유색인 지역사회는 거의 늘 대치하거나 종종 폭력적인 관계였다. 미국 경찰의 원류는 뉴잉글랜드 지역의 흑인과 아메리카 원주민을 통제하는 것이 주 업무였던 야간 감시대(Night Patrols)와 탈출한 흑인 노예를 잡아다가 주인에게 돌려주는 노예 감시대(Slave Patrols)다.[8] 도망노예법이 통과되면서 흑인을 잡아서 재노예화하는 건 야간 감시대의 임무이기도 했고, 야간 감시대가 이 국가의 첫 경찰로 바뀐 후에도 그들의 업무는 동일했다. 초기 미국 경찰은 범죄를 소탕하는 일도 했지만 흑인들을 노예로 되돌리고 자유 흑인들을 통제하고 협박하는 일도 겸했다. 북부와 남부에서 미국의 흑인들이 경찰을 두려워하고 피하게 된 건 당연했다.

잔혹했던 남부 재건 시대에는 지방 경찰이 흑인 커뮤니티에 테러를 저지르는 데 협조하여 수천 명의 흑인이 학살되기도 했다.[9] 남부에서는 짐크로법(Jim Crow Laws, 공공장소에서 흑인과 백인 사이에 분리와 차별을 규정한 법) 시대와 인권운동 시대를 거치면서 많은 경찰들이 KKK단의 일원이었다는 사실이 밝혀지기도 했다. 18세기, 19세기, 20세기 초반까지 미국 경찰은 미국 흑인의 안전에 가장 큰 위협이었다.

미국의 경찰력은 미국의 흑인들에게 봉사하기 위해 조직되지 않았다. 미국 흑인들을 감시하고 백인들에게 봉사하기 위해 만들어졌다. 그렇기 때문에 경찰이 흰 두건을 쓰고 밤에 흑인 가정의 마당에서 십자가를 불태울 때도 백인 가정들은 경찰을 존경과 신뢰의 눈빛으로 바라보았다. 미국의 경찰은 자신들이 책임지고 보호하는 백인 지역사회 내에서는 완전히 다른 역할을 했다.

경찰의 유색인 학대와 차별은 미국의 흑인들에게만 적용된 건 아니다. 히스패닉과 아메리카 원주민들도 경찰의 손에 체포되고 폭행당하고 사망했다. 경찰은 역사를 통틀어 모든 소수인종과 그들을 위해 일하는 인권운동가와 항거하는 사람들을 협박하고 처벌하고 침묵시켰다.

미국 경찰은 미국의 유색인을 보호하기 위해서가 아니라 통제하기 위해 만들어졌다. 경찰에게 유색인은 잘 봐주면 불편한 존재들이고, 조금 심하면 위협적인 존재들이었지, 절대로 보호하고 봉사해야 할 사람들이 아니었다. 미국 경찰의 역사에서 유색인의 행동을 통제하려는 욕구는 유색인의 생명을 존중하지 않는 태도와 맞물렸다. 유색인 사회를 대하는 일반적인 태도는 경찰 교육과 경찰 문화로 스며들었고 오늘날까지 그 잔재가 남아 있다.

경찰을 향한 공포와 불신이 유색인 사회의 역사, 특히 흑인 사회의 역사와도 맞물려 있다는 사실은 바로 알 수 있다. 경찰력 과잉 사용에 대한 트라우마는 수세대에 걸쳐 계속되었다. 세대가 바뀌어도 경찰의 잔인함과 차별은 치유되지 않았다. 오늘날 경찰이 더 이상 흰 두건을 쓰거나 개를 풀지 않는다 해도 차별은 여전히 있기 때문이다.

그렇다. 이제 미국의 경찰은 린치 폭동에 가세하는 모습은 보여주지 않을 테고, 드러내놓고 흑인 인구를 통제하는 것이 그들의 주요 과제는 아닐 것이다. 하지만 미국 경찰은 과거보다 더 커지고 힘이 세졌다. 과거에 유색인 사회를 향한 테러를 옹호했던 서사와 조직 구조는 현재에도 미국 유색인 사회를 향한 폭력과 괴롭힘을 정당화한다.

미국 경찰 대다수가 인종주의자라거나 끔찍한 괴물들이라는 말이 아니다. 경찰의 행동에서 쉽게 찾을 수 있는 반(反)흑인이라는 편견은 언제나 흑인들을 적대적으로 보았던 경찰 문화와 역사의 산물이며, 흑인들을 보호할 가치가 없는 폭력범으로 그려온 대중문화의 산물이다. 책, 텔레비전 드라마, 영화, 범죄 뉴스에 수시로 등장하는 짐승 같은 흑인이라는 서사는 1915년 발표되어 영화적 작품성을 인정받은 무성영화 〈국가의 탄생(The Birth Of A Nation)〉 (미국의 남북전쟁을 배경으로 흑백 간 인종 갈등 문제와 두 가문 간의 사랑과 결혼을 다룬 작품으로, 인종차별적 관점 때문에 엄청난 비판 여론에 휩싸였다)만큼이나 강력하다. 텔레비전에 나오는 지식인과 정치가들의 언어에서 흑인을 범죄자로 읽는 단어들이 반복적으로 등장한다. "도심 범죄에 맞서 누가 무엇을 할 것인가?" "폭력배들로부터 우리의 거리 안전을 어떻게 지킬 것인가?" "이 거대 포식자로부터 누가 우리를 지킬 것인가?" 흑인들은 여전히 경찰에게 통제받아야 한다는 믿음은 우리의 세금으로 유지되는 국가 기관과 정치가들에 의해 더욱 조장된다.

유색인들이 더 위험하고 예측 불가능하고 폭력적이라는 믿음이 분명 존재하지만, 내 생각에 대다수 경찰(그리고 다른 미국인들)은 자신들이 그렇게 믿고 있다는 사실도 모른다. 하지만 마음속 깊은 곳에서는 믿고 있다. 유색인들을 향한 숨어 있는 편견은 너무나 음험하게 퍼져서 유색인들조차 그 편견에서 자유롭지 않다. 그래서 유색인 경찰들도 유색인 시민에게 편견을 갖고 있다. 암묵적인 편견은 두뇌 안쪽에 깊이 박혀서 지식이나 정보 없이도 행동을 이끈다. 특히 스트레스 상황에서 미처 점검하지 않은 편견과 신념은 치명적으로 민낯을 드러낸다.

경찰과 유색인(혹은 문제 소지가 있는 누구든)이 대면하는 경우는 높은 스트레스가 존재하는 상황으로, 비이성적인 공포감을 느낀 경찰 눈에 조금이라도 예측할 수 없는 기미만 보여도 암묵적인 편견이 그 상황을 잠식해버린다. 경찰이 무장하지 않은 흑인을 총으로 쏜 뒤 자신의 생명을 지키려 했다고 말할 때 그 말을 나는 믿는다. 그러나 그 공포 자체는 인종차별적이고 근거가 없다.

그렇다고 해서 내가 소수인종들이 주로 거주하는 몇몇 대도시의 높은 범죄율을 인정하지 않는다면 무책임한 것이다. 그렇다, 흑인들은 백인들보다 폭력 범죄를 저지르는 비율이 높다. 하지만 아니다, 이것은 '유색인 대 유색인' 범죄가 아니다. 이 용어는 100퍼센트 인종차별적이다. 이것은 그냥 범죄다. 백인이 또 다른 백인에게 범죄를 저지른다고 해서 '백인 대 백인' 범죄라고 부르지는 않는다. 범죄는 지역사회 내부의 문제다. 빈곤율, 실업률이 높고 사회 기반 시설이 부족한 지역에서는 인종에 상관없이 범죄율이 높다. 평균적으로 백인에 비해 미국 흑인의 순자산은 13분의 1이며 히스패닉은 10분의 1이다.[10] 아메리카 원주민의 빈곤율은 백인의 세 배가 넘는다.[11] 유색인들이 집중되어 있는 지역사회가 빈곤하여 범죄율 높은 동네일 가능성은 무척 높고, 일자리가 많고 교육 자본이 투입되어 범죄율이 낮을 수밖에 없는 집값 비싼 동네는 부유한 백인들로 채워져 있을 확률도 높다.

유색인 사회의 범죄는 경찰과의 적대적인 관계 때문에 더 악화되기도 한다. 흑인 사회 내부의 범죄 해결을 흑인들만큼 바라는 사람도 없을 것이다. 흑인들이 그 범죄율에 가장 많이 영향을 받기 때문이다. 하지만 경찰이 보호해줄 거라고 믿지 못하는데 범법 행위를 어떻게 신고할 수 있는가? 범죄가 일어난다 해도 편견이나 강경 무력 진압 없이 법을 집행할 거라고 믿기 어려운 경찰에게 어떻게 협조하는가?

미국 사회의 연장선인 경찰은 유색인을 위험하다고 보고, 유색인은 경찰을 부패의 온상으로 본다. 표면상으로는 그저 단순한 오해처럼 보인다. 얼른 털어버려야 할 유감이나 원한처럼 보인다. 언론도 정치가들도 그렇게 말하곤 한다. "우리가 한마음으로 뭉치면 우리 모두 좋은 사람임을 알게 될 겁니다."

이렇게 순진무구하고 진부한 태도는 유색인과 경찰의 관계 안에 도사리고 있는 권력의 역학 관계를 무시한다. 유색인이 만나게 될 경찰은 대개 무장 경찰이라 볼 수 있다. 총만 가진 것이 아니라 경찰만큼이나 유색인에게 편견을 보이는 사법제도를 등에 업고 있다. 경찰과 시민이 대치하다 누군가 부상을 입거나 사망하면 그 사람은 경찰이 아니라 시민일 확률이 월등히 높다. 유색인을 향한 부당한 공권력 사용 결과로 일어난 일이라 해도, 관련 경찰이 결과에 책임을 지지 않거나 아주 적게 진다는 사실을 대다수 유색인은 안다. 경찰관들도 알고 있다. 교통경찰 단속에서, 모든 가정 폭력 신고 전화에서, 모든 가정 안전 방문(welfare call, 경찰이 신고받거나 문제 발생이 예측되는 지역을 방문, 확인하는 것)에서 권력관계는 그렇게 작동한다.

유색인은 자신의 지역사회를 안전하게 지켜줄 유능한 경찰을 절실하게 원한다. 경찰이 그렇게 되기 위해서는 유색인의 신뢰를 얻어야 한다. 하지만 수박 겉핥기식 수사를 하는 이들에게, 도심 범죄의 뿌리 깊은 원인 그리고 경찰과 유색인 지역사회의 적대감을 단순하게 해석하는 이들에게 해결책은 언제나 '더 강력한 치안'이다. 그러나 우리에게 필요한 건 다른 종류의 치안이다. 경찰이 백인 사회를 위해 봉사하고 보호한다는 가정은 경찰이 유색인을 통제한다는 가정이 있는 한 계속 남아 있을 것이다. 미국 경찰력의 역사에서 경찰이 백인 사회에 폭력을 가하고 차별을 한 역사는 존재하지 않는다. 미국 백인들이 경찰의 폭력에 전혀 노출되어 있지 않다는 뜻이 아니다. 경찰이 LGBTQ 사회를 학대하고 처형한 역사도 그 예다. 백인들도 종종 경찰의 탄압을 받지만 많은 미국 백인들은 미국의 사법제도를 신뢰할 수 있다고 생각한다. 미국 경찰력은 미국 백인이 자신들의 사회에서 안전하다고 느끼게 해야 한다. 경찰은 지역사회의 소중한 일원이다. 따라서 경찰의 정직성과 진정성에 의문을 품는 것은 곧 경찰이 돌보는 사회의 안전에 이의를 제기하는 것이다. 자신들의 마음의 평화를 위해 이 보호받는다는 기분을 중시하는 사람들에게는 무척 심란한 일이 될 수밖에 없다.

하지만 많은 백인이 경찰한테서 얻는 안전함과 보호받음의 느낌은 경찰의 흑인 차별에 기반한다. 경찰은 백인 사회를 안전하게 유지할 뿐만 아니라 도심 범죄라는 악으로부터 보호한다. 경찰은 콤프턴을 위험한 콤프턴으로부터 지키고, 시카고를 위험한 시카고로부터 지키는 수호자다. 경찰이 없다면 백인 사회도 범죄가 들끓는 사회가 될지 모른다. 하지만 백인 사회가 경찰을 아끼고 사랑하므로 범죄의 온상인 게토에서 멀어질 수 있다. 모든 백인이 노골적으로 이렇게 생각하거나 말하지는 않지만 이것은 미국 문화, 미국 정치가와 우리 경찰들에게 더할 나위 없이 익숙한 서사다. 그리고 이 서사는 경찰력과 인종에 대한 우리의 대화 속에서 무수히 구체화된다.

경찰력의 과잉 사용에 대해 이야기할 때는 미국의 경찰력이 어떤 사회에서 믿을 수 있는 공공선이 되고, 어떤 집단에서 시민을 억압하는 주체가 되는지를 들여다봐야 한다. 우리는 어떤 이들에게는 풍요를, 어떤 이들에게는 빈곤을 조장하는 국가에서 살고 있다. 같은 국가의 같은 경찰인데도 그렇고, 이 두 가지 현실에 모두 근거가 있다. 상대적으로 더 많은 유색인이 경찰의 표적이 되는 현실도 숫자로 증명되고 있지만, 백인들이 여전히 경찰을 신뢰하고 존경한다는 통계도 있다. 두 숫자 모두 사실이다.

우리의 목표는 모든 인종의 국민이 경찰을 보며 보호받는다고 느끼고 안심하는 것이다. 유색인들이 경찰에게 갖는 공포는 감정과 문화에서도 기인하지만, 경찰과 유색인 사회 사이에 존재했던 차별적이고 폭력적인 역사에 뿌리 내리고 있다는 사실을 알아야 한다. 경찰이 백인 사회와 상호작용하는 방식이 있고, 경찰이 유색인 사회와 상호작용하는 방식이 있다는 사실, 이 두 가지 다른 현실이 있다는 사실, 두 현실 안에 나름대로의 체계와 역사가 있다는 사실을 깨달아야 한다. 이러한 현실의 차이를 받아들이고 경찰과 유색인 사회 사이의 특별한 역사와 구조 전반을 이해해야만 경찰력 과잉 사용 문제를 제대로 논의할 수 있다.

경찰력 과잉 사용을 논할 때는 당신의 경험에 당당하고 솔직하라. 그러면 다른 지역사회의 경험을 무시하지 않을 수 있다. 당신에게 일어난 일은 근거가 있고 진실이지만, 모든 사람에게 같은 일이 일어나는 건 아니다. 백인 사회와 경찰 사이의 경험도 진실이다.

하지만 다른 사회에서는 전혀 다를 수 있다. 이러한 관점의 차이를 인식하는 것도 중요하지만 다음 또한 명심해야 한다. 당신이 경찰력을 신뢰하고 높이 평가하는 동시에 유색인의 정의와 평등을 지향한다면, 경찰을 향한 유색인 사회의 신뢰 부족을 그저 관점 차이로만 보아서는 안 된다. 당신의 경찰이 당신이 받는 수준의 서비스를 유색인 사회에도 해주고 유색인들의 신뢰와 존경을 받게 되기를 기대하라. 유색인들은 우리 모두 경찰을 두려워하자고, 자신들의 경험을 믿어달라고 부탁하는 게 아니다. 백인들처럼 경찰을 믿을 수 있는 권리를 달라고, 그 운동에 백인들도 동참해달라고 부탁하는 것이다.

7

'소수집단우대정책'에 대해 어떻게 말해야 할까요?

"조마, 복도에 나갈 시간이야."

나는 연필과 공책을 쥐고 반 아이들의 시선을 의식하며 조용히 교실문 밖으로 나갔다.

복도에는 작은 책상과 의자가 두 개씩 있고 옆에 교탁이 있었다. 내 기억으로 복도는 매우 어두컴컴하고 으스스했지만, 지금 와서 생각해보면 텅 빈 학교 복도는 조명에 상관없이 어린아이에게는 언제나 어두컴컴하고 불길하고 으스스할 것 같다. 조금 떨어진 다른 반 교실 옆 복도에 있는 책상에 갈색 피부의 한 아이가 앉았다. 나도 책상에 앉았다. 그 시절의 나에게 보조 선생님은 선생님이라기보다는 나보다 좀 더 나이 많은 학생 정도로 보였다. 지금 생각해보니 아마도 대학생이었던 것 같다. 보조 선생님은 친절하고 명랑했지만 나는 선생님이 야속했다. 어두운 복도에 혼자 있는 것이 싫었다. 반 친구들과 멀어져서 더 싫었다.

"독후감 다 썼니, 조마?" 보조 선생님이 짓는 미소는 일곱 살짜리의 분노를 전혀 의식하지 않았다. 나는 재빨리 반감을 털어버리고 내가 가장 좋아하는 주제인 책에 대해 신나게 떠들기 시작했다.

우리 가족은 몇 달 선 새 동네로 이사 왔다. 우리가 살던 교외의 아파트 월세를 더 이상 감당할 수 없었고 전기와 전화 요금조차 내지 못해 둘 다 끊겼다. 우리는 라면을 끓여먹고 샤워를 할 뜨거운 물을 얻기 위해 밤에 '모델하우스'에 들어가야 했지만(우리를 불쌍히 여긴 건물 관리인이 엄마에게 열쇠를 주었다) 나는 우리 동네와 우리 학교를 사랑했다. 선생님들은 나의 수업 태도와 공부를 향한 열의를 높이 샀고 엄마에게 월반이나 영재반을 추천하기도 했다.

하지만 일곱 살짜리의 눈에도 엄마가 허리띠를 아무리 졸라매도 살기 힘들다는 것이 보였다. 우리 집은 잠시 동안 두 아이를 둔 싱글맘에게 방을 빌려주었다. 방 세 개짜리 아파트에서 모두 여섯 명이 사이좋게 살아갔다. 그러나 어느 날 엄마가 집에 들어왔다가 그 싱글맘이 자기의 다섯 살짜리 아들의 머리를 플라스틱 야구 방망이로 때리고 있는 걸 발견했다. 난리가 가라앉고 경찰이 왔다 간 후에 집에는 다시 우리 가족 셋만 남았다. 이후 우리는 더 이상 그 집에서 살아갈 형편이 안 되었다.

그때 엄마가 다니던 대학교 근처의 학생 가족 주택에 거주 신청을 할 수 있었고 엄마는 그 기회를 놓치지 않았다. 나는 도시 주둔 군인들이 사용했던 가건물을 개조한 주택으로 이사 왔다. 친구들과 선생님들에게 작별 인사를 하고 새로운 동네의 학교에 다니기 시작했지만 적응하지 못했다. 내가 전학 온 이 학교는 꽤나 다양한 인종과 매우 가난한 아이들이 다니는 학교였다. 우리 반 친구들은 대개 나처럼 정부 보조 음식과 지역 농장에서 키운 재료들로 연명했다. 다들 나보다 나이가 많아 보였는데 그것은 물리적인 나이라기보다는 생활에서 오는 나이였다. 그 아이들은 자유롭게, 우리 엄마라면 절대 용인하지 않을 방치 상태로 골목을 방황했다. 아이들은 손위 형제들과 어울리며 구경한, 때로는 직접 끼어들었던 패싸움 이야기를 하곤 했다. 나는 몇 달 전 우리 집에 살던 아이들 엄마와 우리 엄마의 대결 외에는 싸움이란 걸 직접 목격한 적이 한 번도 없었는데. 그때마저도 엄마가 우리에게 옆집에 가 있으면 데리러 가겠다고 했었다. 나는 친구들이 하는 농담, 그들의 놀이, 그들의 비속어들을 이해하지 못했다. 다른 도시가 아니라 다른 나라로 이사 온 것 같았다.

내가 기억하기로 우리 학교 아이들은 대부분 현관 열쇠를 갖고 다녔다. 입에 풀칠을 하기 위해 부모가 갖가지 일을 하느라 아이들은 홀로 빈 집에 들어가야 했다. 이 학교와 전에 다니던 학교를 비교할 수밖에 없었고, 교육에서의 부모 참여도가 하늘과 땅 차이임을 실감했다. 아니, 새 학교에서는 부모 참여라는 게 존재하지 않았다. 부모들은 식탁에 음식을 올려놓는 것만으로도 버거웠고, 극단적으로 예산이 부족한 학교에서는 필요든 선택이든 모든 교육적 요구가 무시되었다.

엄마는 우리 학교의 다른 부모들보다는 시간이 있었다. 엄마에게 돈이 있어서가 아니라 당시 학생 신분이라 수업 시간 사이에 한두 시간이 비면 우리 교실에 와서 자원봉사를 할 수 있었다. 엄마는 가난에서 탈출할 유일한 길이 교육이라 믿는 사람이었기에 12년 동안 돈이 모이는 대로, 또는 학자금 대출의 도움을 받고 없는 시간을 쥐어짜서 대학을 졸업하기 위해 노력해왔다. 엄마는 새 학교 선생님들에게 나의 재능을 키울 수 있는 것은 무엇이든 해달라고 부탁했다. 그렇게 해서 일주일에 몇 번씩 따로 복도에 나가서 '영재'로 분류된 다른 아이와 함께 읽고 쓰는 일을 하게 된 것이다. 그나마 이 정도가 그 학교 선생님들이 할 수 있는 최선이었던 걸로 기억한다.

내 남동생 아함은 나름대로 재능이 넘치는 아이였지만 일반적인 모범생이라 할 수는 없었다. 동생의 풍부한 감정과 넘치는 에너지는 많은 흑인 남학생이 그렇게 취급되듯 나쁘게 해석되었다. 즉 높은 공격성이나 지적 능력의 부족으로 여겨졌다. 한 선생님은 내 동생을 완전히 포기했다며 우리 엄마에게 "아함은 나사가 하나 빠졌다"고 말하기도 했다. 아들을 다른 선생님 반으로 옮겨주는 걸 학교 측이 거부하자, 엄마는 아들의 수업 시간에 정기적으로 들어가 교실 뒷자리에 앉아서 이 선생님이 적어도 아들에게 친절한 척이라도 하는지 눈을 부릅뜨고 지켜보기도 했다.

그렇게 월세가 오르고 경제적으로 감당할 수 없을 때마다 동네를 또 옮기고 학교를 또다시 바꾸었다. 내 성적표는 새 학교에 따라왔다. 나는 얌전한 태도와 독서량 덕분에 학교의 다른 흑인 학생들과는 '다른 부류'로 입력되었고, 선생님들은 나를 유니콘이라도 되는 양 바라보며 내게 있는 자질을 '매우 드문' 무언가로 이해하려 했다. 반면 동생은 전학 다닐 때마다 말썽쟁이 흑인 남자애라는 평판이 따라다녔다.

5학년 때 내 동생과 같은 반이었던 여자애 둘이 나를 졸졸 따라왔다.

"언니 동생 노숙자지?" 그들은 큰 소리로 외치고 키득거리더니 도망가버렸다.

애들이 무슨 소리를 하는 건지 도무지 알 수 없었지만 그 사건은 그 즉시 잊어버리려 했다.

며칠 후 전교생이 체육관에 모일 일이 있었고 우리 반과 동생의 반이 스쳐 지나갔다.

"누나!" 아함은 나를 보고 반가워서 인사를 했고 나도 손을 흔들었다.

"노숙자다, 노숙자!" 몇 명의 아이들이 동생을 큰 소리로 놀렸고 동생의 얼굴은 순간적으로 수치심으로 물들었다. 눈물을 흘리지 않으려고 눈을 감았다 뜨기도 했다. 내가 무슨 말인가 하려고 했지만 그 애들은 우리를 지나쳐 가버렸다.

며칠 후 나는 아함의 반 여자애 하나를 붙잡고 설명을 해달라고 했다. 알고 보니 그 반 담임 선생님한테는 독특한 칭찬·체벌 방식이 있었는데, 가짜 돈을 만들어서 아이들에게 몇 달러씩 나눠준다고 했다. 학생들은 수업 시간에 태도가 좋으면 돈을 더 받고, 숙제를 내면 돈을 또 받는다. 하지만 그 반대면 돈을 잃게 된다. 숙제를 해오지 않으면 돈을 내야 하고, 책상이 지저분해도 돈을 내야 한다. 금요일에 남은 돈이 있으면 과자나 스티커나 작은 선물을 살 수 있다. 하지만 여기에 반전이 하나 있다.

가장 먼저 집세를 지불해야 한다. 자기가 앉아 공부하는 책상 값을 내야 하는 것이다.

내 동생은 이미 다루기 힘든 아이라는 낙인이 찍혀 있었고 선생님은 동생이 돈을 모으기도 전에 가져갔다. 동생은 돈을 잃은 것에 화가 나서 더 비협조적으로 행동했고, 그럴수록 돈은 더 빨리 사라졌다. 그리하여 매주 금요일 학생들이 사탕과 초콜릿을 받으려고 줄을 서 있을 때 내 동생만 자리에 앉아 있어야 했다.

아니, 책상 의자가 아니라 바닥에 앉아 있어야 했다. 집세를 못 냈기 때문에 노숙자가 된 것이었다.

그런 날들은 몇 주간 이어졌다. 그 몇 주는 몇 달이 되었고 내 동생은 반에서 '노숙자'로 통했다. 그 악의적인 별칭은 동생을 어디나 따라다녔고 동생의 영혼을 갉아먹었다. 나는 동생의 담임 선생님이 우리가 실제로 한때 노숙자 비슷한 신세였다는 사실을 알았다고 생각하지는 않는다. 하지만 이 새로운 노숙자 정체성이 어린 소년에게 미칠 영향을 몰랐을까? 그해가 끝날 무렵 에너지 넘치고 감성이 풍부했던 남동생은 점점 더 주눅 들고 불안정한 아이가 되어 갔다. 그 후로 몇 년 동안 친구를 한 명도 사귀지 못했다.

동생과 나는 이후 다른 학창 시절을 보냈다. 나는 대학 수업 미리 듣기 과정을 신청했다. 아함은 고등학교를 중퇴했다. 거의 매일 찾아오는 공황 발작으로 사회생활이 불가능했지만 우리 집은 전문가에게 도움을 받을 형편이 아니었다. 내 동생을 살아 있게 한 건 딱 하나 음악이었다. 고등학교를 중퇴하면서 교사들의 편견과 판단은 사라졌고, 아함은 고졸 검정고시를 가뿐히 통과했다. 면접에서도 합격해 장학금을 받고 음악대학에 진학했다. 음악이 없었다면 동생의 인생이 어떻게 흘러갔을지 알 수 없다.

나는 스무 살에 결혼을 했고 얼마 안 있어 첫 아들 말콤을 낳았다. 하지만 결혼 생활은 학대와 폭력으로 불행했고 그 생활에서 빠져나와야만 했다. 스물두 살, 나는 싱글맘이 되어 있었다. 나는 엄마가 교육에 얼마나 목숨을 걸었는지를 절대 잊지 않았다. 몇 년 동안 서비스 직종에서 일하며 내가 가난에서 탈출할 방법은 오직 상사가 내 월급을 올려주는 기적밖에 없다는 것을 깨달았고, 아들과 140여 킬로미터 떨어진 곳으로 이사해 대학에 진학했다.

선생님들이 평가한 내 고교 성적은 입학하기에 충분했고 우리 집이 등록금을 내줄 형편은 안 되었지만 다행히 약간의 장학금을 받았으며, 언제 갚을지 요원할 만큼 학자금 대출을 받을 수도 있었다.

그 후로 몇 년 동안 나는 잠을 줄여가면서 공부, 일, 독박 육아라는 세 가지 공을 굴려 가까스로 대학을 졸업했다. 기억나는 건 그때 항상 피곤했고 항상 외로웠다는 것이다. 학자금 대출 명세서를 보면서 공포에 떨던 나, 일부라도 부모의 지원을 받던 동창들을 부러움과 억울함이 담긴 눈으로 보던 나를 기억한다. 기말고사가 끝난 다음 날 며칠만이라도 늦잠 자고 쉬길 간절히 바라던 나도 기억한다. 아침 일찍 일어나 아이를 통학버스 정류장까지 데려다주는 일 없이 말이다. 학교 수업에서 언제나 유일한 흑인이었고, 대학 몇 년 동안 만난 흑인 교수는 단 한 명이었다. 그들이 전혀 짐작 못하는 삶을 살아온 흑인 여성의 정치적 관점을 이해하지 못하는 같은 과 아이들에게 내 의견을 그저 전달하기를 넘어 이해하기 쉽게 다른 말로 옮겨 알리려고 애썼다. 친구도 없었다. 그러면서도 절대 실수하면 안 되고 망치면 끝장이라는 사실도 늘 명심하고 있었다. 단 한 번의 실수도 용납되지 않는다. 전공을 바꿀 수도 없었고 낙제는 나와서도 안 될 말이었다. 하지만 대학 생활을 사랑했고 그 모든 도전과 어려움에도 불구하고 나름대로 고독하고 독특한 방식으로, 초등학교 때 그랬던 것처럼 대학교 안에서도 꽃을 피웠다. 2007년에 학사 학위를 받았고 그다음 날 우리 아들은 유치원을 졸업했다.

졸업 후에 다시 결혼을 했고 둘째 아이를 임신했다. 대학 추천 프로그램 덕분에 통신 회사에 취직했다. 일은 전공인 정치학과는 관련이 없었지만 정식 직장이었다. 나에게 대학 졸업장이 있었고, 대학 추천 프로그램에서 전화로 면접을 잡아주어서 아무도 내 피부색과 임신한 배를 미리 볼 수 없었기에 취직을 했고 생활 임금을 받을 수 있었다.

그때 내 나이 스물다섯이었지만, 어린 시절 그랬던 것처럼 흑인

치고는 다르고 특별하다는 말을 항상 들었다. 흑인치고 괜찮다는 말을 넘어서기 위해 나는 내 직업 세계에 전투적으로 뛰어들었다. 회사 프로젝트에 자원했고 수당 없는 야근을 하면서 새로운 기술을 익혔다. 예산을 아낄 수 있는 방법도 찾아냈다. 그러고 나서 승진을 요구했고 승진 면접도 훌륭히 해냈다. 그러던 어느 날 매니저가 내 책상 옆으로 와서 말했다. "축하합니다. 오늘 회의에서 발표 났어요. 더 좋은 자리로 가게 될 겁니다." 첫 승진에 나는 환호했다. 또 다른 매니저가 내 책상에 와서 큰 소리로 축하한다는 말을 하고부터 회사에 소문이 빠르게 퍼졌고 몇몇 직원들의 축하도 받았다. 물론 직원 전부는 아니었다.

다음 날 나는 팀장 사무실로 불려갔다. 그의 얼굴이 하얗게 질려 있었다.

"사내에 당신이 지원한 자리로 승진했다는 소문이 퍼지고 있어요. 왜 그런 말이 당신에게 전해졌는지 모르겠지만 미안합니다. 사실이 아닙니다. 왜 잘못된 정보가 전달되었는지 모르겠네요. 미안합니다."

"상사 두 분이 제게 직접 말씀해주셨는데요." 나는 차오르는 눈물을 숨기지 못하고 대답했다.

"사실이 아닙니다." 상사는 거듭 말했다. "미안합니다. 당신은 유능하니까 곧 기회가 올 겁니다."

사실 그들은 거짓말을 하고 있었다. 내 승진에 무언가 문제가 생겼지만 내가 할 수 있는 일은 없었다. 며칠 동안 절망에 빠져 있었지만 다시 일어나서 일을 했다. 몇 달 후에 내가 전에 지원했던 부서에 다른 공석이 생겼다. 나는 다시 면접을 치렀고 정식으로 그 자리로 옮겼다.

새로운 부서로 가자 직장 동료들이 말하길, 전부터 나를 기다리고 있었지만 내 첫 승진 소문이 퍼지자 같은 자리에 지원했던 백인 여성이 불만을 토로했다고 했다. 그보다 근속 기간이 짧은데도 승진을 한 것은 내가 흑인이기 때문이라는 것이었다. 그는 회사를 고소하겠다고 협박했고 결국 그 자리는 그에게 돌아갔다.

피부색 때문에 내가 승진했다는 암시는 우리 부서에 흑인 직원이 다섯 명밖에 없었는데도 사람들 생각에 박혀버렸다. 나는 그중에서 가장 좋은 스펙을 지녔고 집에 두 아이들이 있는데도 매일 야근을 했으며 가능한 한 모든 프로젝트에 참여했다. 그런데도 그 헛소문과 불평의 소리들은 사라지지 않았다. 나는 어떤 포상을 받거나 승진을 할 자격이 없었다. 인종으로 인한 차별 외에도 거의 남성들만 있는 부서의 유일한 여성으로 성희롱까지 당해야 했다. 점심을 함께 먹자고 하여 나가보면, 어찌된 일인지 내가 데이트에 승낙한 것이 되어 있었다. 원치 않은 선물들이 내 책상에 놓여 있었다. 내 몸을 주제로 한 은밀한 '농담'도 오갔다. 한 선임 연구원은 내 책상에 기대서 지난 몇 년 동안 자신이 몇 명의 여자와 잤는지를 말하더니 내 임신한 배를 보고 물었다. "그래서 질로 출산할 거예요?"

이렇게 유쾌하지 않은 환경 속에서도 나는 부서의 다른 유색인 직원보다 더 많은 성과를 냈다. 내가 처음 진급해 이 팀으로 왔을 때 나에게 일을 가르쳐준 팀원 테렌스는 이 회사에 나보다 3년 더 다녔다. 그는 매우 성실한 흑인 남성으로 세 아이와 아내가 있는 가장이었다. 어느 날 출근해보니 그는 평소처럼 명랑한 표정이 아니었다. 거의 울기 직전의 얼굴이었다. 쉬는 시간에 그에게 자초지종을 물었다.

"너한테만 이야기하는데, 아무래도 나 이 회사 그만두어야 할 것 같아."

경쟁사에서 일자리를 제안받았다고 했다. 이 회사를 떠나고 싶지 않지만 가족들에겐 그 새 회사가 제안한 연봉이 필요했다. 그는 상사에게 고민을 이야기했고 팀장과 부장은 경쟁 회사가 제안한 시간당 임금으로 맞춰주기로 했다. 테렌스는 새 회사의 제안을 거절했고 이 정든 회사에 남기로 했다.

하지만 그날 아침 팀장과 부장이 그를 부르더니 제안한 만큼 연봉 인상을 할 수 없게 되었다고 말했다. 테렌스는 대학 졸업장이 없기 때문에 그 수준의 임금을 받을 자격이 안 돼 이사들이 동의해주지 않았다고 했다. 원래 시간당 5달러를 인상해주기로 했지만 1달러만 인상해주겠다고 제안했다.

테렌스가 현재 얼마를 받고 있고 얼마를 제안받았는지를 듣고 나는 경악을 금치 못했다. 인상분을 감안하더라도 그가 받는 임금은 내가 이 회사에 입사 후 받은 첫 월급보다도 적었고 당연히 다른 팀원들과는 비교도 되지 않았다. 딱 한 명, 다섯 아이의 엄마인 라틴계 여성만 테렌스보다 월급이 적었다. 복잡하고 전문적인 일을 하고 있는데도 거의 최저임금에 가까웠다.

나는 이후 얼마 되지 않아 그 회사를 떠났다. 유색인이 착취당하고 인정받지 못하는 회사를 신뢰할 수 없었고, 다행히 이직의 기회도 생겼다. 마지막 출근 날에 인사 담당자와 퇴사 면담을 했다. 그의 질문 중 하나는 이랬다. "당신은 스스로 진급할 자격이 있다고 생각해요?" 그 면담이 끝나고 옆 팀의 부장이 나에게 와서 아무 부끄러움도 없이 이렇게 물었다. "혹시 내가 그동안 성희롱한 것 때문에 퇴사하는 거예요?"

이직한 직장은 훨씬 더 진보적인 회사였지만 흑인 여성이라는 나의 정체성은 여전히 이슈가 되었다. 5년 동안 유색인 상사는 딱 한 명 만날 수 있었다. 그 팀에서 승진이 되었을 때 새 백인 상사의 첫 질문은 내 머리카락이 진짜냐는 것이었다. 업무에서만큼은 존중받았지만 직장 내 사회생활은 언제나 새로운 고통을 안겨주었다. '밝고 에너지 넘친다'는 나에 대한 평판은 언제나 '목소리 크고 자기주장 세다'라는 평가로 대치되곤 했다. 한 동료는 말했다. "내가 당신을 좋아하게 되다니 놀랐어요. 당신 굉장히 센 여자라고 들었거든요."

내가 그 사무실에서 지나치게 공격적이라는 평판을 얻은 유일한 흑인은 아니었고, 얼마 안 되는 우리 부서의 다른 유색인들과 있을 때도 몇 번은 그러한 느낌을 받은 적이 있었다. 이 회사는 1년에 한 번씩 직원 만족도 조사를 실시했는데, 선임 팀장은 매년 우리를 모두 모아놓고 결과를 발표했다. 그 만족도 조사는 이 회사에서 굉장히 중요한 일이었고 설문지가 100퍼센트 회수될 때까지 내지 않은 사람들은 날마다 재촉 메일을 받아야 했다. 몇 개의 질문은 이 회사의 다양성을 위한 노력과 관련되었다. 예를 들어, 유색인들이 동료들과 동등한 기회를 얻는다고 느끼는가? 설문 조사 결과, 상당히 선명한 어조로 메아리마저 길게 울리는 "아니요"가 나왔다.

이 만족도 조사를 의논하는 회의에서 다른 질문들이 나오면 언제나 긴 논의가 이어졌다. 성과가 부족한 이유를 지적하거나 더 성과를 올리는 다양한 방안이 나온다. 하지만 다양성 질문이 프로젝터에 띄워질 때는 그렇지 않다. 결과 발표 담당자는 질문을 읽고 잠시 말을 멈춘다. "제 생각엔 직원들이 이 질문을 이해 못했다고 생각합니다." 그는 어깨를 으쓱하고 덧붙인다. "내년엔 결과가 달라지겠죠." 이렇게 간단히 마무리하고 다음 슬라이드로 넘어간다.

내 옆에 있는 흑인 남성이 투덜거린다. "난 그 질문 아주 잘 이해했는데?"

승진을 위해 분투하기 시작하면서 나는 외로움을 느꼈다. 우리 부서에 흑인 여성은 나뿐이었다. 외로웠고 낙심했지만 가족을 부양하기 위해 돈을 벌어야 했으므로 열심히 일만 했다.

외로움에서 탈출하고 싶어서 글을 쓰기 시작했다. 사무실 바깥에 있는 사회와 연결되고 싶어서였다. 책과 글쓰기를 사랑하던 어린 소녀가 아직 내 안에 있다는 사실을 발견하고 안심이 되었다. 나는 글은 좀 쓰는 아이였으니까. 또한 내가 글을 쓰기 시작한 시기와 이 사회가 인종이라는 이슈에 좀 더 관심을 기울이기 시작한 시기가 우연히 겹친 것도 나에게는 행운이었다. 인종과 미국 사회에 대한 나의 의견은 회사에서는 따돌림받게 만드는 원인밖에 되지 않았지만, 인터넷 세상에서 내 글은 환영받았다. 독자들은 사회 이슈에 관해 생생한 목소리를 원하게 되었고 소셜미디어는 전통적인 출판계의 벽을 무너뜨렸다. 백인 남성에 의해 좌우되고 대체로 백인 남성 작가들의 책만 출판하던 출판계가 흑인, 라틴계, 여성, 퀴어 작가들의 목소리를 발굴하기 위해 인터넷을 뒤지기 시작했다. 하지만 나는 최근 책 출간의 기회는 늘어난다 해도 책으로 돈을 벌 기회는 점점 줄어든다는 사실을 발견했다. 저자의 배경은 다양해지고 있지만 출판사는 그렇지 못하기 때문이다. 유색인 작가가 쥐꼬리만 한 원고료를 받고 비욘세에 관해 700단어짜리 글을 쓴다 해도 전속작가나 편집자 같은 일자리(보험 혜택을 받는 정규직 일자리)는 여전히 거의 백인들로 채워져 있었다.

밥벌이를 위한 회사 생활과 사랑하는 글쓰기를 병행하던 시기, 전업 작가가 되면 어떨까 생각해본 적이 있다. 그러나 내가 아는 수많은 유색인 여성 작가들이 출판계에서 살아남으려고 애쓰다가 돈도 벌지 못할뿐더러 그들의 글에 불만을 느낀 백인들의 악의적인 댓글에 스트레스를 받다가 결국 떠나는 모습들을 보아왔기에 그 꿈이 이루어지리라고는 믿을 수 없었다.

그러니 내가 신생 출판사에서 파트타임 전속 작가 자리를 제안받았을 때 얼마나 놀랐는지 상상할 수 있을 것이다. 이전에 다른 잡지에서 이 신생 출판사를 설립한 이들의 의뢰로 글을 몇 편 쓴 적이 있었는데 그때 내 작업을 인정해주었고 내 목소리를 원했다. 그들은 나에게 주택 담보 대출을 겨우 갚을 수 있을 정도의 연봉에 의료보험을 포함한 조건을 제시했다. 나는 회사를 그만두고 그 기회를 잡았다. 이후 나는 매일매일 이 업계에서 살아남기 위해 노력하고 있다. 대체로 다양한 출판사의 백인 편집자 밑에서 일하면서 무언가 '흑인'에 관한 이슈가 있을 때 내가 참여하기를 원하면 뛰어들었고, 그 외에도 프리랜서 일을 닥치는 대로 하면서 매달 수입과 지출을 맞추려고 애썼다. 무척 힘들었지만 지금까지는 어찌어찌 버티고 있다. 앞으로 1년 후에 내가 어디에 서 있을지, 그때까지도 내가 나를 작가로 부를 수 있을지는 모르겠다. 하지만 나는 매일 내가 운 좋은 사람이었다는 사실을 인정한다.

나는 작가 경력을 쌓아가고 있는 서른여섯 살 여성이다. 내가 걸어온 길을 아는 이들에게는 내가 온갖 도전과 시련을 딛고 일어나 마침내 승리한 사람으로 보일 수도 있겠다. "굉장히 뿌듯하시겠어요." 사람들은 말한다.

그렇다. 나도 내가 자랑스럽긴 하다. 하지만 대체로 나는 화가 난다. 주위를 둘러보면 여전히 나 혼자밖에 없기 때문에 화가 난다. 나는 여전히 이 공간에서 유일한 흑인 여성이다. 내가 여기까지 오기 위해 싸워야만 했던 그 모든 싸움을 전혀 모를 옆 사람을 보며 궁금해진다. "얼마나 많은 사람들이 뒤처져 남아 있을까?" 초등학교 1학년 우리 반을 떠올리며 얼마나 많은 똑똑한 유색인 아이들이, 부모님이 낮에 일을 하느라 학교 선생님을 만나지 못해서 '영재반'에 들어갈 수 없었는지 생각한다. 물론 두 명은 들어갈 수 있었다. 매일 복도에 나와 따로 공부하던 나와 갈색 피부의 남자아이. 그리고 내 동생도 생각한다. 얼마나 많은 흑인 남학생들이 비슷한 방식으로 '문제아'로 통칭되는지. 내 동생은 몇 년에 걸쳐 가까스로 빠져나온 어두운 나날이 그 아이들에게는 계속될 수밖에 없을 것이다. 피부가 검다는 이유로 단순한 장난이나 놀이도 싸움으로 여겨져 교장실에 끌려가서 반성문을 써야 했던 남자애들과 여자애들을 떠올린다. 교사가 되어 대안학교에서 일하던 한 친구가 생각난다. 그는 사소한 학칙 위반 때문에 일반 학교에서 쫓겨나 대안학교로 올 수밖에 없었던 유색인 어린이들을 보고, 교사에 대한 환상을 완전히 버렸다고 했다. 이런 학생들은 그렇게 학교에서 퇴학당하든지 소년원으로 갈 수밖에 없다고 했다.

나와 함께 이 공간에 있을 수도 있었던, 그러나 한 명도 없는 그 수많은 흑인들, 갈색 피부의 사람들, 퀴어, 장애인들을 떠올린다. 그럴 때면 내가 자랑스럽지만은 않다. 가슴이 무너진다. 다른 사람들은 절대 모를, 넘기 불가능한 장애물을 넘어야만 소수자들의 가치가 인정되는 사회에서 살아서는 안 되지 않는가. 그때부터 지금까지 나는 예외적이라고 여겨져왔지만, 그저 백인과 같은 자리에 안착해 겨우 살아남아 있는 것만으로도 특별하고 예외적이라고 간주되어서는 안 된다. 하지만 이 사회에서 당신이 유색인이거나 장애인이거나 싱글맘이거나 LGBTQ라면 당신은 매우 특별하고 예외적이어야만 한다. 백인우월주의 가부장제 사회가 강요하는 기준

안에서 예외적으로 뛰어나다면 당신은 운이 좋은 편이고, 아마 당신은 앞으로도 그럭저럭 살아남을 수는 있을 것이다. 여기에는 아무런 영감도, 축복도 없다.

●○

'소수집단우대정책(Affirmative Action)'은 인종 토론이 나올 때 끊임없이 언급되는 단골 용어다. 이것은 보통 "인종차별은 없다. 역차별이 있을 뿐이다. 소수집단우대정책 때문에 백인들이 차별받는다"라고 말하는 사람들의 확신에 찬 주장 중에 등장한다. 논쟁 중에 나오지 않으면 모욕으로 사용되기도 한다. "아, 당신은 소수집단우대정책 덕분에 고용되었군요." 하지만 이에 관한 수많은 주장이 나오고, 이것을 어떻게든 없애려는 사람과 방어하려는 사람이 수없이 많음에도 불구하고 소수집단우대정책을 정확히 이해하고 있는 사람은 많지 않다.

우리는 그 개념 정도는 이해하고 있다. 소수집단우대정책은 취업과 대학 입학에서 받는 차별을 시정하기 위해 불리한 입지의 소수집단에 혜택 제공을 의무화한 정책이다. 좀 더 평평한 운동장을 인위적으로 만들기 위한 방편인 셈이다. 하지만 세부적인 것에 무지하기 때문에 전체 플롯을 보지 못하는 경우도 많다.

1960년대에 케네디 대통령이 처음 도입하고 존슨 대통령이 확대한 이 소수집단우대정책은 연방 정부와 고등교육 현장에서 드러나는 극단적인 인종 간 차이를 변화시켜보려는 의도에서 이루어졌다.

고용상의 인종차별을 좀 더 적극적으로 막고 당시에 채 5퍼센트가되지 않았던 아프리카계 미국인 대학생 인구를 늘리는 것이 목적이었다. 소수집단우대정책은 여성을 위한 기회로도 확대되었다.

소수집단우대정책은 미국에서 여러 방식으로 시행되었다. 대학교에서는 보통 입학 사정에 적용되는데, 입시 제도와 학업 지원 정책과 장학금 제도에서 인종과 젠더라는 요소를 더 고려한다. 정부 주도 사업 고용에도 비슷한 방식이 도입된다. 취업 시 인종과 젠더의 요소를 더 고려하고 다원화의 목표를 이룰 수 있는 제도를 추가한다. 의무화된 '할당제'는 없었고 대법원에서 할당제를 법제화하려고 시도한 적도 없다. 고용주와 교육자들은 다원화 증가를 위한목표를 세우는데, 그러한 목표가 합당하게 여겨질 수 있을 만큼 자격이 충분한 유색인과 여성이 있으리라는 가정하에서다. 유색인과 여성 비율이 실제 인구 비율보다 높은 경우는 거의 없다. 예를 들어, 대법원이 1980년대에 소수인종 사업체에 예산의 10퍼센트를지원했지만, 그것은 당시에 17퍼센트였던 소수집단 인구 비율보다훨씬 낮다.[12] 소수집단우대정책의 목표는 교육자들과 정부 사업 고용자들에게 수백 년 동안의 인종·성차별의 결과를 극복하기 위해좀 더 창의적이고 적극적으로 노력하라고 요구하는 것이다.

레이건이 집권하면서부터 보수 정치인들이 이 제도가 더 이상필요하지 않다고 주장하며 소수집단우대정책도 쇠퇴했다. 지난 30년간 조금씩, 하나씩 하나씩 소수집단우대정책은 깎여나갔고 이제사실 우대정책이라고 부르기도 무색할 정도만 남았다.

그나마 대학 입시에 남아 있는 소수집단우대정책은 이 정책이 부당하다고 주장하는 사람들의 표적이 되곤 한다. 미국 전역의 많은 대학에서 소수집단우대정책이 설 자리가 점점 없어지면서, 대학에 입학하고 졸업하는 유색인 인구 비율은 곤두박질쳤다. 우리 사회의 구조적 인종주의와 여성 혐오가 미치는 영향을 완화하고자 할 때 소수집단우대정책은 굉장히 중요한 도구다. 이렇게 점점 자취를 감춰서는 안 된다. 사실 나는 이 정책이 구조적 차별로 고통받는 다른 소수집단에까지 확대되어야 한다고 주장하고 싶다. 왜 그래야 할까? 효과가 있기 때문이다. 물론 마법을 부리지는 못하지만 필요한 사람들에게 혜택을 주고 평등과 다양성에 가치를 두려는 사회에도 이익이 된다.

믿든 안 믿든 소수집단우대정책에 관한 논의들은 인종에 관한 다른 논의에 비해서는 훨씬 다루기 쉬운 편이다. 왜 그럴까? 소수집단우대정책의 비용과 편익 대부분이 데이터로 쉽게 증명되고, 반대 입장도 이 데이터로 쉽게 반박할 수 있기 때문이다. 일단 소수집단우대정책 반대 의견을 들여다보자. 소수집단우대정책이 여전히 필요한지 이해하기 위한 방편이 될 수 있다.

주장 1. 과거에 비해 인종차별이나 성차별이 심하지 않은데도 소수집단우대정책이 필요한가? 인종차별이나 성차별 자체를 양적으로 조사하거나 비교하기는 어렵지만(사람들에게 "정확히 오늘날의 인종차별은 어떻습니까?"라고 물을 수 없다), 오늘날 우리 사회의 구조적 인종주의와 성차별의 억압의 결과는 쉽게 볼 수 있다. 특히 취업과 교육 분야가 그렇다. '흑인스러운' 이름을 갖고 있으면 구직 면접 기회가 네 배 줄어든다는 조사 결과가 있다. 백인 남성이 1달러를 벌 때 백인 여성은 82센트를 벌고, 흑인 여성이 65센트, 히스패닉 여성은 58센트를 번다. 백인 남성과 흑인 남성 사이의 임금 격차는 1980년대에 레이건이 소수집단우대정책 예산을 삭감한 이후로 변함없이 백인 1달러당 흑인 남성 73센트이고, 백인 남성과 히스패닉 남성 사이의 임금 격차는 1980년대 이후로 오히려 벌어져서 백인 남성 1달러당 71센트에서 69센트로 떨어졌다.[13]

교육 분야에서 유색인 학생들은 초중고 내내 불이익을 받는다. 흑인과 히스패닉 학생들은 빠르면 유치원 다닐 때 정학을 당할 확률이 높다. 매년 16퍼센트의 흑인 학생과 7퍼센트의 히스패닉 학생이 정학되지만, 백인 학생의 경우 5퍼센트다. 지난 30년 동안 백인 학생의 정학 비율은 변함이 없었지만 흑인 학생의 정학 비율은 거의 세 배 증가했다.[14] 어떻게 이런 일이 일어났을까? 여러 가지 복합적인 요인이 있지만 예일대학이 발표한 한 보고서에 따르면, 유치원 교사들은 흑인 어린이들에게서 문제 행동을 더 많이 찾는 경향이 있으며 그들이 문제 행동을 일으킬 것이라고 예상한다. 그리고 자신과 다른 인종의 어린이들에게 감정이입을 덜 하는 경향이 있다.[15] 또 다른 보고서에는 중등학교에서 학생이 문제를 일으켰을 때 교사가 흑인 부모에게 연락하는 비율이 백인 부모에게 연락하는 비율보다 높다고 나와 있다. 반면, 학생의 긍정적인 성과나 자질에 관해 흑인 부모에게 알리는 경우는 백인 부모에게 알리는 경우보다 낮았다.[16] 이에 더해 유색인 학생들은 식량을 안정적으로 확보하지 못하는 '식량불안(food insecurity)'에 노출될 확률이 높다. 유색인 학생들은 방과 후에 일을 해야 하는 경우가 더 많고, 인터넷이나 학습물, 과외교사와 접촉할 기회는 적다. 정부 지원이 부족한 학교에 다닐 확률도 높다. 이 요소들을 종합해보면, 유색인 학생들이 대학 진학 시에 엄청난 불이익을 안고 있다는 사실을 확인할 수 있다. 이 모든 사실은 숫자로 확연히 드러난다. 최근 대다수 전문대학과 종합대학에서 흑인과 히스패닉계 학생들은 실제 인구 비율에 비해 20퍼센트 정도 적다. 워싱턴대학의 보고서에 따르면, 소수집단우대정책을 철폐한 대학의 소수집단 학생 입학률은 23퍼센트까지 떨어졌다.[17] 미국 내에서 소수집단우대정책 반대를 표방한 대학 중 단 두 곳에서만 흑인 학생 입학률이 인구 비율과 비슷하고, 한 대학만 히스패닉 학생 입학률이 인구 비율과 비슷하다.[18]

주장 2. 인종주의자나 성차별주의자인 고용주를 고소하면 되는 것 아닌가? 상황은 이렇다. 고용주는 어떤 사람을 왜 고용하지 않았는지, 왜 승진을 시키지 않았고 왜 해고했는지에 대해 어떤 이유도 만들어낼 수 있다. 인종차별이나 성차별을 증명할 문서 자료가 있지 않은 한, 불이익을 증명하려고 할 때는 유리한 판결을 받는 것이 거의 불가능하다. '과실 책임자를 따지지 않는(no fault)' 주에서 고용주는 어떤 이유로든 직원을 해고할 수 있고, 그것이 차별임을 증명해야 하는 건 직원의 책임이다. 대다수 고용주가 임금을 비밀리에 협상하기 때문에 직원들은 자신이 임금 차별을 받고 있는지 아닌지도 모르는 경우가 많다. 또 유독 어떤 업계에서 여성들과 유색인들이 면접까지 가지 못하고 고용되지 않고 승진도 힘들다면, 그 안에는 짚고 넘어가야 할 문제가 있는 것이다.

주장 3. 소수집단우대정책은 유색인과 여성에게 백인 남성만큼 열심히 노력하지 않아도 된다고 가르친다. 일단 한숨부터 쉬고 기본 사실만 말해보자. 대부분의 소수집단우대정책의 목표는 유색인과 여성의 수를 전체 인구 수에 비례해 맞추는 것이다. 그 지역의 흑인 인구가 전체 인구의 10퍼센트라면 궁극적인 목표는(할당제가 아니라) 흑인 직원이나 학생도 약 10퍼센트가 되는 것이다. 여성과 유색인 지원자에게 동일한 기회를 주자는 것이다. 무슨 근거로 유색인이 백인보다 경쟁력이 낮다고 생각하는가? 여성과 유색인들더러 더 열심히 하라고 밀어붙이는 것만이 백인 남성과 하는 유일하고 직접적인 경쟁이 되는가?

주장 4. 소수집단우대정책은 자격이 없는 여성과 유색인들에게 더 많은 기회를 주기 때문에 백인 남성에게 불리하다. 3번에서 말했듯이, 인구 대비 비례 목표 수치는 한참 못 미친다. 당신이 여성과 유색인 수가 늘어나면 더 자격 있는 백인 남성 수가 줄어든다고 말한다면, 학교나 회사에 여성이나 유색인은 적어도 마땅하고 백인 남성이 그 자리의 대부분을 차지하고 인구 비율보다 넘쳐야 된다고 말하는 셈이다. 취업과 교육에서 보이는 인종과 성별에 따른 불공정한 격차에 대해 당신은 이렇게 믿을 것이다. 여성과 유색인이 백인 남성보다 덜 똑똑해서, 더 열심히 일하지 않아서, 능력이 없어서 차별이 존재한다고. 하지만 그게 아니라면 구조적인 문제인 것이고, 따라서 그 부조리한 구조를 개선하기 위해 우대정책이 필요한 것이다.

주장 5. 소수집단우대정책은 효과적이지 않다. 전혀 사실이 아니다. 소수집단우대정책이 인종 문제의 만병통치약은 아니지만, 그래도 교육과 취업 분야에서 인종차별의 결과와 싸우는 전쟁에서 우리를 이기게 도와준, 그간 해온 시도 중 가장 성공적인 정책이었다. 여러 연구 결과 소수집단우대정책은 공공 부문에서 유색인 직원 비율을 늘렸고, 유색인 대학생 수는 대폭 증가했다. 소수집단우대정책에 대한 반론들은 언제나 인종 문제가 전부인 것처럼 이야기하지만 이 정책의 가장 큰 수혜자들은 백인 여성들이기도 하다.

그렇다. 실행만 제대로 된다면, 소수집단우대정책은 혜택을 받을 수 있는 조건을 갖춘 여성과 유색인의 사회경제적 전망에 매우 긍정적인 영향을 미칠 수 있다. 그렇다면 이것이 우리가 오랫동안 기다려온, 이 땅에서 인종차별을 종식해줄 마지막 카드인가? 당연히 아니다. 사실 공공 부문과 민간 부문에 걸쳐 도입이 되어도, 적극적으로 의무화된다 해도, 이 정책이 구조적인 인종주의가 낳은 결과를 일부 수정하려는 노력에 그치면, 곪은 상처에 일회용 반창고를 붙이는 조치밖에는 안 된다. 내가 동의하는 소수집단우대정책 비판은 《새로운 짐크로법(The New Jim Crow)》의 저자인 마이클 알렉산더 같은 학자들이 주장하는 논지다. 내가 볼 때 가장 타당하다고 여겨지는 소수집단우대정책 반대 의견은, 이 정책이면 '충분하다'는 주장이다. 이런 정책은 사실 인종 정의를 위한 싸움에 오히려 해로울 수 있다. 구조적인 변화 없이는, 구조적 인종주의가 모든 계급, 배경, 능력의 유색인들에게 속속들이 영향을 미치는 방식과 싸우려는 의지 없이는, 구조적 인종주의를 종식시키려는 우리의 노력은 결국 실패하리라는 사실을 잊어서는 안 된다. 선택된 소수에게만 이익을 주면서 일부 사람들을 달래는 방식은 거부해야 한다. 사실 소수집단우대정책은 선택된 소수에게만 혜택이 돌아간다. 대학교를 가고 싶어하지 않는 유색인들, 대학교를 갈 형편이 안 되는 유색인들, 일을 할 수 없거나 일하고 싶지 않거나, 공공 부문에서 일하기 원하는 유색인들 모두가 인종적인 편견과 학대에서 자유로운 인간 존재로서 대접받을 자격이 있다는 걸 잊어서는 안 된다. 현재 유색인 커뮤니티에 지대한 영향을 미치는 절박한 울부짖음이 있음을 기억해야 한다(미국 내 흑인과 히스패닉 인구의 대량 투옥화를 생각해보자). 구조적인 인종주의를 완전히 끝내기 위해 우리가 할 일은 매우 많고 중대하지만, 그만큼 멀고 험한 길이기도 하다. 그 전쟁을 치름과 동시에 알아야 할 것이 있다. 많은 유색인이 인종차별적인 교육과 취업 구조의 벽에 여전히 가로막혀 있으며, 그들의 자녀들이 고등교육을 받거나 직장에 들어갈 때도 이 불이익을 그대로 물려받는다는 사실을 말이다. 적어도 소수집단우대정책은 그 일만큼은 도와줄 수 있다.

스위치 하나만 올려서 모든 인종차별과 억압을 간단히 끝내버릴 수는 없다. 수백만 명의 유색인들이 여전히 지난날의 인종 억압에 의해 피해를 받고 있다. 그런 문제들도 계속 언급해야 한다. 그와 함께 과거에는 부정되었던 기회를 제공하기 위해 마련된 소수집단 우대정책 같은 정책도 필요하다. 그렇지 않으면 우리는 우리 세대 전체를 먼지 속에 내동댕이친 다음 자녀들만큼은 그 잿더미에서 일어나 우뚝 설 수 있다는, 불가능한 희망만 가져야 할 것이다.

우리는 미래를 위해 싸워야 하고, 변화를 위해 노력해야 한다. 하지만 그 무엇보다 지금 당장 눈앞에 있는 사람들을 도와야 한다.

8
학교-교도소 파이프라인이란 무엇인가요?

ㅠ버

세이건의 엄마가 아이의 학교에서
왔다는 메일을 보내주었다. 메일에 따르면 그날 세이건의 하루는
이보다 더 나쁠 수 없었다. 세이건은 한 선생님을 밀쳤고 두 선생님
을 주먹으로 쳤다고 했다. 세이건은 선생님들의 지시를 따르지 않
고 교실에 얌전히 앉아 있지 않았다. 손가락 총으로 친구들을 쏘는
흉내를 냈다. 교사들을 폭행하고 친구들을 협박했으니 그에 따라
정학을 받게 될 예정이라고 했다. 교육위원회가 세이건의 징계 문
제를 논의했고 고소도 고려 중이라고 했다.

"그의 아들이 두 명의 교사를 폭행했다." 이메일에는 이렇게 쓰
여 있었다. 이 사건을 기록하여 메일을 보낸 교직원은 세이건의 엄
마 나타샤가 그 일이 벌어질 당시에 아이 문제를 이야기하는 데 관
심이 전혀 없었다고 지적했다. 아이의 엄마가 귀찮아했다는 말을

돌려 하는 듯했다.

처음 그 메일을 읽고 든 생각은 그랬다. 와, 세이건이 학교에서 정말 큰 문제를 일으켰구나. 하루에 몇 차례나 폭력을 쓰고 분란을 일으키다니. 정학 조치가 가벼워 보이기까지 했다. 모임에서 몇 번 마주친 적은 있지만 친하진 않았던 나타샤에게 학교 측에서 아들의 폭력적인 행동을 보고하기 전에 왜 그렇게 소극적으로 대처했냐고 묻고 싶었다.

교직원은 세이건에게 그날의 일을 그림으로 그리게 시켰다고 했고, 세이건이 자기 그림에 '5'자를 썼다고 했을 때 그제야 이 일이 얼마나 황당한 사건이고 누구의 잘못인지도 알게 되었다. 세이건이 아니라 학교의 문제였다.

왜 세이건이 자기 이름 앞에 '5'를 썼을까? 세이건의 나이가 고작 다섯 살이었기 때문이다.

며칠 후 나타샤에게 그 사건에 대해 묻자 그는 여전히 동요하고 있었다. 학교 측에서 보낸 이메일에서 폭력적이고 통제 불능의 아이처럼 그려졌던 그의 아들 세이건은 이전에는 학교에서 한 번도 말썽을 일으킨 적이 없었다고 한다. 하지만 그날 아침은 시작부터 좋지 않았고, 아이가 잘못을 할 때마다 교사들은 아이를 더 엄하게 다루었고 그럴수록 아이는 더 사납게 행동했다. 그날의 사건을 묘사한 짧지 않은 글 속에서 교사가 세이건을 달래 주의를 다른 곳으로 돌렸다거나 왜 화가 났냐고 물었다는 내용은 없었다. 그날 세이건을 상대한 네 명의 교사는 모두 세이건에게 지금 행동을 당장 멈추지 않으면 혼내겠다고만 했고 그가 교사들의 말에 복종하지 않자 벌을 주었다.

세이건의 엄마가 그날 오후에 하교 시간보다 조금 일찍 아이를 데리러 갔을 때 그는 아이가 돌출 행동을 한 바로 그 시간에는 교사와 이야기할 수 없는 상황이었다고 솔직히 털어놓았다. 교직원은 다짜고짜 그의 아들이 그날 하루 여러 명의 교사를 "폭행했다(assaulted)"고 말했고 나타샤는 충격에 빠져 간담이 서늘해졌다. 엄마로서, 교육자로서, 흑인 여성으로서 그는 흑인 소년들의 행동을 묘사할 때 쓰이는 "폭행했다"란 표현이 무엇을 의미하는지 충분히 인식하고 있었기 때문이었다.

나 또한 아들 둘을 키웠기에 다섯 살 사내아이가 어떤지 대략 안다. 내 경험상 다섯 살이란 이제 막 자제와 공감을 배우기 시작하는 단계로 약간의 스트레스 요인만 있어도, 즉 감기 기운이 있다거나 아침을 못 먹었거나 잠이 부족하기만 해도 순식간에 괴물로 변할 수 있다. 나도 다섯 살 애한테 맞은 적이 있다. 많은 부모와 육아 도우미들에게도 그런 경험이 있을 것이다. 물론 괜찮을 리 없고 아이에게 그에 따른 벌을 주어야 한다. 대체로 긴 훈계 후에 잠시 멈추는 시간을 갖는다. 하지만 그렇다고 해도 아이의 행동은 폭행은 아니다. 왜 그럴까? 서른여섯 살의 성인인 내가 이제 막 유아기를 벗어난 아이의 주먹에 회복할 수 없을 정도의 상해를 입을 리는 없기 때문이다. 나도 안다. 어린애들이 어떤지 나도 안다. 애들은 애들이다.

그날 어느 누구도 세이건의 컨디션이 어땠는지, 짜증이 났는지, 슬펐는지, 어디가 불편했는지 묻지 않았다. 아무도 자기 시간을 내서 어떻게 하면 이 소년(반에서 유일한 흑인 소년)을 도울 수 있는지 알아보려 하지 않았다. 세이건이 다시 교실에 들어와서 반 친구들과 조용히 공부하게 하려면 무엇을 해야 하는지 아무도 고민하지 않았다.

아이는 그렇게 정학을 당했다. 교육을 거부당했다. 유치원 생활 5개월 만에 세이건은 일찌감치 알게 되었다. 교사들은 자기가 이 교실에 있길 원치 않는다는 걸, 자기더러 공부하기엔 너무 '태도가 불량하다'고 말했다는 걸. 세이건과 그의 엄마에게 그나마 다행인 건 교육위원회는 다섯 살짜리 아이가 반 친구들을 손 권총으로 '협박'했다는 명목으로 고소하지는 않기로 했다는 것. 나타샤는 학교에 가서 손이 발이 되도록 빌고, 호소하고, 회유하고, 싸우고, 고소하겠다고 따진 끝에 겨우겨우 정학을 취소할 수 있었다고 한다. 하지만 세이건이 다시 학교를 사랑할 수 있을지는 확신하지 못하고 있다. 적어도 당분간 이 시스템이 그의 아들을 삼켜버리는 것을 막았다는 사실만 분명했다.

● ○

우리의 공립학교 시스템은 유색인 아이들을 폭력적이고, 불량하고, 언제 사고를 칠지 모를 잠재적 범죄자로 보고 있다. 성난 흑인 여성의 과장으로 보일 수도 있겠지만, 유색인 학생들이 학교에서 어떤 취급을 받는지 내 눈으로 똑똑히 보았기 때문에 나로서는 이런 결론을 내릴 수밖에 없다.

흑인 학생은 전체 학생의 16퍼센트이지만 정학당하는 학생의 30퍼센트, 퇴학당하는 학생의 40퍼센트는 흑인이다. 흑인 학생들은 백인 학생들에 비해 정학당할 확률이 3.5배에 이른다. 교내에서 체포되어 경찰서로 연행되는 학생의 70퍼센트가 흑인이다. 2011~2012년에만 9만 2000명의 학생이 교내에서 체포되었다.[19]

수치가 보여주는 이 현상은 두 가지로 설명할 수 있다. 하나는 유색인 아이들이 폭력적이고 막무가내고 통제 불가능한 잠재적 범죄자이기 때문에 백인들과는 같은 교육을 받을 자격이 없다고 보는 것. 이 아이들 인성에 근본적인 문제가 있고, 완전히 망가져 있기 때문에 학교를 졸업하거나 재학 중인 아이들은 바로 교도소로 보내야 한다는 것.

아니면, 이렇게 설명할 수 있다. 이 나라의 학교 시스템은 아주 많은 유색인 아이를 주변인으로 만들고, 범죄자로 만들고, 그것도 아니라면 포기하고 있다고.

흑인 여성이며, 한때 흑인 어린이였고, 갈색 피부의 아이들을 키우고 있고 다른 수많은 유색인 어린이들을 알고 사랑해온 나는 잘 안다. 피부색과 상관없이 모든 어린이는 아끼고 보호해야 하는 존재이고 상상도 못할 가능성을 품은 놀라운 선물이라는 사실을. 우리는 결코 망가진 사람들이 아니다.

따라서 내가 내릴 수 있는 유일한 결론은 수많은 학자, 사회운동가, 때로는 교육자들이 내리는 결론과 동일하다. 미국의 학교가 유색인 아이들을 교육하고 훈육하는 방식에는 심각한 결함이 있다. 그 문제를 "학교-교도소 파이프라인(school-to-prison pipeline)"이라 부른다.

학교-교도소 파이프라인이란 학교에서 기업화된 교도소로 직행하는, 또는 우회해도 결국 교도소로 가게 되는 유색인 아이들의 충격적인 수를 묘사할 때 자주 사용하는 용어다. 이는 역시 경악할 수준의 대량 투옥(mass incarceration)이라는 결과로 이어져, 흑인 남성 세 명 중 한 명, 라티노 여섯 명 중 한 명은 평생에 한 번 이상 교도소에 투옥되는 경험을 하게 된다. 근래 유색인 여성들의 투옥률도 점차 높아지는 추세다.

학교-교도소 파이프라인은 앞서 숫자로 증명된 높은 비율의 정학과 퇴학에서부터 시작된다. 유색인 학생들에게 가하는 불공정한 처벌은 그저 학령기에만 영향을 미치지 않는다. 심리학자들은 부당한 처벌을 받게 된 학생은 교사와 학교에 신뢰를 잃고 자존감마저 손상된다고 주장한다.[20] 한 번 정학당하면 그해 내내 같은 일이 반복될 가능성이 훨씬 높거나 아예 스스로 자퇴를 해버리기도 한다. 학교에서 체포되었던 학생은 성인이 되어 다시 체포될 확률이 높다. 복역 중인 아버지를 둔 소년들은 감정적으로 학교에 다닐 '준비가 안 되었다'고 여겨져, 사소한 규칙 위반이나 태도 불량에도 더 지나치게 관리를 받는 악순환이 반복되기도 한다.[21]

본인이 교육계에 있거나 교사들을 잘 알고 좋아하는 사람이라면, 평생을 교육에 바친 미국의 모든 스승이 유색인 아이들을 증오하는 악랄한 인종주의자이며 오늘도 아이들의 인생을 망치려고 애쓰고 있다는 말이냐고 내게 따질지도 모른다. 나는 존경스러운 교사들을 많이 만나왔고 그들에게 감사한다. 나와 내 아이들의 인생에 긍정적인 영향을 준 고마운 이들이 많다. 나는 교사들이 박봉에, 인정도 못 받고, 과로에 시달리고, 종종 감당 못할 것 같은 기분을 느낀다는 사실을 잘 알고 있다. 학교-교도소 파이프라인을 살펴보면 유색인 아이들이 겪는 문제에 일조한 교사들도 없지는 않지만, 청소년들의 권리를 박탈하고 범죄자 취급하는 데는 여러 다른 요소들도 동시에 원인임을 알 수 있다.

그렇다면 학교-교도소 파이프라인에 영향을 미치는 요소들은 무엇인가? 주요 요인은 다음과 같다.

- **학교 운영진의 인종적 편견** 학교 운영진과 교직원들은 우리 사회에 미치는 인종차별적 영향에서 자유롭지 않다. 폭력적인 흑인 청소년이라는 이미지는 우리 모두에게 영향을 미치고 결국 학교 정책에도 자리를 잡는다. 여러 보고서에서 어떤 학생이 어떤 처벌을 받는지 여부에 인종이 매우 결정적인 요소라고 밝히고 있다. 학교 규율과 징계 강도는, 즉 학생을 얼마나 가혹하게 처벌하는지는 사람들의 기대와는 달리 교내 마약 문제나 청소년 범죄 문제보다는 그 학교에 얼마나 많은 수의 흑인 학생들이 있는가와 더 관련이 깊다.[22]

- **교사들의 인종적 편견** 앞서 논의한 것처럼 교사들은 유색인 아이들에게서 더 문제를 찾는 경향이 있고 그 아이들의 행동을 공격적으로 해석하는 경우가 많다.

- **유색인 아이들에 대한 문화적 감수성 부족** 많은 교사가 유색인 아이들이 흔히 겪는 문제에 무지하고 다룰 준비가 안 되어 있다. 빈곤하고 불안정한 가정에서 자란 아이들은 이미 학교에 올 때부터 취약한 상태다. 교사 대다수가 백인 여성이기에 유색인 아이들, 특히 남학생들이 서로 소통하는 방식, 그들이 어른과 소통하는 방식을 모르고 이들을 다루는 방식도 교육받지 못했다. 교사의 소통 능력과 이해 부족, 자원 부족은 흑인 아이들이 주관적인 이유로 정학을 자주 당하는 결과로 이어진다. 백인 학생들은 마약이나 폭력 같은 명백한 학칙 위반으로 정학을 당하지만 흑인 학생들은 교사에게 "불손하다"는 이유로 정학당한다.[23]

- **흑인 아이들에게 병명 붙이기**(pathologizing) 많은 (대체로 예산이 적고 교사도 부족한) 학교가 흑인 학생들을 교육할 조건과 자원을 갖추지 못했음을 스스로 인정하면서, 교실에서 대인관계 문제를 겪는 흑인 학생들에게 백인 학생들에게는 잘 내리지 않는 학습장애 진단을 내린다. 흑인 학생을 일반 교육을 받는 백인 학생들과 분리시켜, 긴장감 팽배하고 성적이 저조한 문제아반이나 특수반에 넣어버린다. 이 특수반이란 이름으로 운영되는 학교 프로그램은 발달장애도 아니고 심각한 학습

장애가 아닌, 그저 약간의 학습 문제만 있는 아이들의 필요를 충족시키지 못한다. 흑인 어린이들이 다른 인종 어린이보다 발달장애나 학습장애를 더 많이 갖고 있지 않음에도 특수반에 더 많이 배치된다. '학습장애가 있다'는 꼬리표를 단 유색인 학생들은 정학당하기 더 쉽고(31퍼센트) 퇴학당할 확률도 높은데, 이는 장애인 차별에, 인종차별까지 가하는 아주 끔찍한 결합이다. 2011~2012학년도에 흑인, 아메리카 원주민, 태평양 주민, 혼혈인 남학생들 네 명 중 한 명이 학교로부터 학습장애가 있다는 진단을 받았다.[24]

- **무관용 원칙** 폭력적인 유색인 청소년에 대한 기존의 공포와 대부분 백인 청소년들이 저지르는 학교 총격 사건이 맞물리면서, 1990년대부터 학교 현장에서 사소한 규칙 위반에도 관용을 베풀지 않는다는 무관용 원칙이 실시되었다. 1994년에 제정된 '총기 없는 학교법(Gun-Free Schools Act)'은 학교에 무기를 소지하고 오는 학생은 무조건 1년간 정학에 처하도록 한다. 1년이라는 긴 정학 기간은 학생의 교육 전망에 치명적인 악영향을 미친다. 총뿐만 아니라 칼, 캠핑 포크, '손가락 총'마저도 무기의 범주에 넣었다. 이는 유색인 어린이 다수에게 불균형한 영향을 미쳤고, 이들이 정학당하는 수도 점점 늘었다.[25]

- **교내 상주 경찰 증가** 무관용 원칙이 적용되면서 교내에 학교 전담 경찰(School Resource Officer, SRO)이 증가했다. 학교는 학생 지도의 책임을, 이미 정량화된 인종적 편견을 따르는 사

법제도에 전가했다. 데이터에 따르면 빈곤율과 상관없이 SRO가 있는 학교는 없는 학교보다 교내 체포 수가 다섯 배 많았다.

●○

학교-교도소 파이프라인은 굉장히 복잡한 논란거리다. 그러므로 우리가 더 많이 이야기해야 한다. 그렇다면 대화 중에 학교-교도소 파이프라인에 대한 이야기는 어떻게 풀어가야 할까? 몇 가지 요령이 있다.

- **인종 불평등과 억압을 주제로 한 대화에 학교-교도소 파이프라인을 끼워넣는다.** 학교-교도소 파이프라인은 학계와 사회운동가 사이에서만 논의되는 경우가 많지만, 사실 이 문제는 유색인 학생들의 삶, 그리고 그들의 백인 친구들의 삶에 직접 영향을 미치는 무거운 이슈다. 또한 경찰의 과잉 진압, 대량 투옥, 임금 격차처럼 더 자주 이야기하는 문제와 깊이 연관되어 있다.
- **학교와 학교 위원회에 더 자주 말한다.** 유색인 자녀가 없더라도 학교 교칙과 처벌 기준, 흑인과 라틴계 학생들의 정학률과 퇴학률에 대해 따져야 한다. 이 학교의 인종 간 '학습 격차'는 어느 정도이고 그것을 줄이기 위해 무엇을 하는지도 물어야 한다. 이것은 모든 학교에서 선결 목표가 되어야 하지만, 우리가 나서서 학교가 무시하지 못하게 해야만 그렇게 된다. (나를 비롯해 유색인 부모들은 '기회 격차'라는 용어를 잘 쓰는데, 이는

성적, 졸업률, 시험 점수의 결과보다는 차이가 나는 원인에 집중하는 것이다. 유색인 학생들은 백인에 비해 학교에서 능력을 발휘할 기회가 더 적다. 이 현상의 원인을 분석해야, 교육 제도 개선에 대한 책임을 물을 수 있다.)

- **유색인 어린이들의 성과에 주목한다.** 나는 영리하고 성적 좋은 흑갈색 피부의 학생들을 예외적으로 바라보는 것이("여기 봐, 여기 모범생이 있네!") 득보다 해가 된다는 것을 알지만, 유색인 학생들의 성취는 훨씬 덜 주목받고 그들의 부족한 점만 더 거론된다는 사실도 안다. 유색인 아이들을 칭찬해야 한다. 백인 어린이들이 잘했을 때 "역경을 극복한 인간 승리"의 극히 드문 예로 간주하지 않듯이, 능력 있는 학생들의 성취도 예상 가능한 결과로 인식해야 한다.

- **유색인 어린이들을 일반적인 어린이로 생각한다.** 일반적으로 어린이들을 이야기할 때 머리에 떠오르는 이미지는 무엇인가. 유색인 아이들을 떠올리는가? 백인은 우리 사회의 자연스러움이고, '어린이'라고 하면, 텔레비전이나 책, 영화 또는 우리의 머릿속에서 백인으로 그려지는 경우가 더 흔하다. 온라인에서 공유되는 사진, 귀여운 카드에 그려진 어린이 그림, 천사, 어린이 배우, 가족 시트콤에서의 조숙한 아이들은 거의 모두 하나같이 백인 아이들이다. 우리는 착하고, 얄밉고, 귀엽고, 기운 빠지게 하는 백인 어린이들의 복잡다단한 인생 이야기를 환영한다. 우리는 이 아이들이 아이들의 전부인 것처럼

본다. 그에 반해 유색인 어린이들은 그들만의 환경 속에서 복잡한 개인으로 존재하는 어린이로 그려지지 않는다. 영화에서 흑인 어린이들이 노는 모습을 자주 볼 수 없고, 흑인 부모들이 자녀들을 어떻게 키우는지도 보지 못한다. 우리는 생물학적으로나 문화적으로나 우리 어린이들을 양육하도록 타고났지만, 사회가 특정 피부색을 가진 아이들만 '어린이'로 정의하면, 유색인 어린이들을 사랑받고 보호받아야 할 대상으로 보지 못한다. 나는 2014년 11월 22일, 열두 살의 어린이 타미르 라이스가 공원에서 장난감 총을 갖고 있었다는 이유로 경찰의 총에 맞아 사망한 사건을 절대 잊지 못한다. 클리블랜드 경찰국 국장인 스티브 루미스는 열두 살 소년의 죽음을 비통해하는 이들 앞에서 이렇게 발표했다. "굉장히 위협적이었습니다. 키는 170센티미터에 가까웠고 몸무게는 85킬로그램이었습니다. 사진에서 흔히 볼 수 있는 어린아이가 아니었습니다. 어른의 몸을 가진 열두 살 소년이었습니다." 나는 타미르 라이스의 엄마에게, 그의 가족에게, 그의 동네 이웃들에게 그는 어린아이였다고, 아주 소중한 어린이였다고 확신한다. 열두 살의 백인 어린이가 그렇듯이 말이다.

● **유색인 아이들을 고정관념에 가두는 언어를 거부한다.** '비행청소년(gangbangers)', '건달(thugs)', '폭력배(hoodlums)'라는 단어를 뱉음과 동시에 사람들이 유색인 아이들 이야기를 시작하는 경우가 얼마나 많은가? 우리 아이들은 일상 대화 속에서

매일매일 범죄자가 되고 있다. 이 아이들의 걸음걸이를 분석하고, 축 처진 바지가 문제의 원인인 양 이야기한다. 그저 있는 그대로 보지 않는다. 낯선 사람들뿐 아니라 교사들이, 경찰들이 우리 아이들을 이러한 편견으로 보고 있다. 유색인 청소년들을 고정관념화하는 언어를 거부해야 한다. 으스대며 걷는 건 남에게 해가 되지 않고 배기팬츠도 마찬가지며 반다나(굵은 헤어밴드)도 위협을 주지 않는다. 문화일 뿐인 것을 왜곡해 말하거나 연상하는 것도 인종차별이다.

- **유색인 아이들의 반항적이고 반사회적인 행동의 이유를 깊이 고찰한다.** '유색인 청소년 문제'가 토론 주제가 되면 피상적인 문제만 이야기하고 넘어가곤 한다. 백인 청소년들에게 문제가 생길 때 "백인 청소년들은 어디가 잘못되었나"라며 논의를 시작하지는 않는다. 대신 이런 질문을 한다. "이 아이에게 필요한 것은 무엇인가? 이 아이가 평범하게 살지 못하는 이유는 무엇인가?" 유색인 아이들의 행동을 그들이 학교에서 겪는 문제의 원인이자 증상으로 취급하려는 시도를 멈춰야 한다.

- **장애가 있는 유색인 청소년을 배제하지 않는다.** 유색인 청소년들이 학교에서 적응 문제나 관계 문제를 일으키면 너무 쉽게 장애 딱지를 붙이는데, 그런 유색인 청소년들은 학교-교도소 파이프라인 논의에서도 제외되어 가혹한 징계와 범죄자화의 희생양이 되기 쉽다. 우리의 특수 교육 프로그램은 장애 아동, 특히 유색인 장애 아동 대다수를 포기하거나 망치고 있다. 유색

인 청소년의 범죄자화를 막으려면 반드시 언급되어야 한다.

- **백인 중심 교육의 정당성에 도전한다.** 유색인 아이들이 백인 교
사들에게 교육받고, 백인 어린이의 필요에 초점을 맞춘 학교
를 다니고, 백인 문화를 가르치는 교과서로 배우고, 백인 학
생들에게 맞춘 시험을 치르는 한, 학교생활에 적응하고 우수
한 성적을 거두기는 어려울 수밖에 없다. 인종에 상관없이 무
조건 백인 지상주의 학교 시스템에서 성공하는 것만이 우리가
매달려야 하는 희망이라는 생각에 반기를 들어야 한다. 왜 모
든 아이를 위한, 다양성을 살린 포용적인 진정한 교육이 이루
어지고 있지 않은지 이야기해야 한다.

우리는 학교-교도소 파이프라인이라는 결과를 궁극적인 비극으
로만 여기는 데 집중하는 경우가 많다. 높은 퇴학률, 미래의 빈곤율
과 실업률, 반복되는 투옥만을 말한다. 그러나 내가 볼 때 학교-교
도소 파이프라인에서 가장 큰 비극은 어린 시절의 순수한 기쁨을
잃는 것이다. 아이들이 하루에 여덟 시간을 보내는 기관에서 이들
을 징벌할 이유, 눈에 안 보이게 할 이유, 범죄자로 만들 이유를 찾
고 있다면 우리 아이들은 어린이가 될 수 없다. 떠들고 장난치며 왁
자하게 놀지 못하고, 활발하게 움직이지 못하고, 반항할 수도 없고,
비뚤어질 수도 없다. 우리 아이들은 다른 아이들처럼 한두 번의 실
수조차 하지 못한다. 십대 시절의 반항과 소동을 즐겁게 추억하지
도 못한다. 왜냐하면 그런 행동 하나 때문에 퇴학당하거나 교도소

에 갈 수도 있었기 때문이다. 유색인 아이들이 상처 입고 냉담한 어른이 되어 "대체 우리에게 왜 그랬어? 우리가 지금은 뭘 해야 되는데?"라고 물어야 할 때까지 기다리지 말자. 우리는 그들의 잃어버린 어린 시절을 되돌려줄 수 없다. 이 아이들을 지금 구할 수 있도록 우리를 도와달라.

9

왜 'N' 단어를 쓰면 안 되나요?

처음으로 니거(nigger)란 말을 들은 건 열한 살 때였다. 싱글맘인 엄마가 일주일 동안 출장을 가게 되자 내 동생 아함과 나는 엄마 친구 리즈 아주머니 집에 머물기로 했다. 우리 아파트에서 두 시간 정도 차를 타고 가야 하는, 산 밑에 자리 잡은 작은 마을 골드바에 가게 되어 무척 들떴다. 단층 쇼핑몰로 둘러싸인 우리의 울적한 아파트 단지와는 완전히 다른 신세계였기 때문이다. 바위를 기어오르고 강에서 물장구를 칠 수도 있을 테니까. 리즈 아주머니 집은 커다란 목조 주택으로, 천장부터 바닥까지 난 통창으로는 키 큰 나무들이 눈에 가득 들어왔다. 우리 집 창문으로는 다른 아파트 벽만 보일 뿐인데.

아함과 내가 그 집에 도착하고 엄마와 작별 인사를 한 후 바닥에 짐을 내려놓자마자 리즈 아주머니의 아이들인 에이미, 닉과 함께 집 주변을 탐험하기 시작했다. 다른 사람 집에 손님으로 가게 되었을 때 생기는 평범한 불편함들이 없지 않았지만 처음 며칠은 황홀함의 연속이었다. 우리는 거대한 바위를 오르고(그때는 거대해 보였지만 지금 어른의 눈으로 보면 3미터 정도의 바위였을 것이다), 나뭇가지로 요새를 만들고, 술래잡기를 하고, 우리가 지구에 남은 마지막 인류인 척하기도 했다. 밤이 되면 에이미와 침실 바닥에 깐 침낭 안으로 들어가 남자애들 이야기를 하며 키득거렸다.

주말이 지나고 월요일 아침, 리즈 아주머니는 닉과 에이미가 스쿨버스 타러 가는 길까지 함께 걸어가 보라고 했다. 아함과 나는 굉장히 신이 났다. 어쩌면 다른 친구들을 사귀게 될지도 모르고, 학교 끝나면 그 애들과도 놀 수 있을지 몰라! 우리는 자갈 깔린 인도를 같이 걸어가 도로 옆에서 기다렸다. 버스가 도착하자 닉과 에이미에게 손을 흔들었고 둘이 버스 안에서 자리를 잡을 동안 눈을 크게 뜨고 버스 안에 있는 아이들을 한 명 한 명 바라보았다. 날씨가 따뜻해 창문 몇 개는 열려 있었다.

"저기 봐!" 한 아이가 소리쳤다. "저기 봐! 니거다!"

나는 방금 무슨 말을 들었는지 몇 초 후에야 알아차렸다. 그 전에는 그 단어를 영화 속 악랄한 남부인이나 노예 주인들에게서나 들었다. 그 단어를 직접 들었다는 사실을 소화하기도 전에 다른 아이가 크게 말했다.

"와! 진짜 니거들이네!"

몇 초 만에, 닉과 에이미가 자리에 채 앉기도 전에, 아이들은 웃고 떠들면서 우리를 구경했다.

"니거다! 니거다!"

차가운 얼음물 한 바가지를 뒤집어쓴 기분이었다. 몸을 덜덜 떨지 않으려고 안간힘을 썼다.

닉과 에이미를 바라보았다. 그들은 어찌해야 할지 알지 않았을까 싶었다. 그 애들은 학교 친구였으니까. 하지만 닉과 에이미는 아무 말도 하지 않았고 우리를 쳐다보지도 않았다. 그 둘도 웃고 있었다.

동생과 나는 공포 속에서 버스가 떠나가는 모습을 지켜보았다. 아이들의 웃음소리가 메아리처럼 울렸다. 우리는 돌아서서 집까지 천천히 걸어왔다. 우리가 그날 벌어진 일에 대해서 따로 이야기를 하지는 않은 것 않다. 난생 처음 당한 모욕과 증오를 묘사할 단어가 내게는 없었다.

다음 날 아침 닉과 에이미가 가방을 등에 멜 때 아함과 나는 자리에 그대로 앉아 있었다.

"버스까지 친구들 안 데려다줄 거니?" 우리가 꼼짝하지 않는다는 사실을 알아챈 리즈 아주머니가 물었다.

동생은 고개를 좌우로 흔들고 조용히 말했다. "아니요. 가고 싶지 않아요."

우리 둘이 이 문제를 상의한 적이 아직 없지만 아함도 내 감정을 눈치챈 것이다.

아주머니는 등교하는 아이들을 잠깐 본 후 우리를 바라보았다.

"왜?" 그는 대답을 요구했다.

아함은 그를 보고 닉과 에이미를 보았다. "그냥 가기 싫어서요." 동생은 어깨를 으쓱했다.

아주머니는 곧장 분노했다. "왜? 너희들이 뭐가 잘나서 우리 집 애들이랑 놀기 싫다는 거야?" 그는 비꼬기 시작했다.

동생과 나는 동시에 고개를 흔들었다. 더 할 말이 없었다. 닉과 에이미 앞에서 이렇게 말할 수 없었다. "쟤들 학교 친구들이 우리 보고 니거라고 불렀고 닉과 에이미도 따라 웃었어요." 우리는 그저 입 다물고 가만히 앉아서 울지 않으려고만 애를 썼다.

"너희 엄마가 너희들을 잘못 키운 것 같다." 그는 중얼거렸다. "이 버릇없고 쪼그만…" 그는 또다시 중얼거렸다. "애들아, 학교 가." 그는 톡 쏘더니 나가버렸다.

무엇을 어떻게 해야 할지 전혀 몰랐지만 지금 굉장히 나쁜 짓을 했다는 것만 알았다.

남은 한 주 동안 우리는 무서워서 집 밖으로 나가지 못했다. 이 마을은 안전하지 않았다. 길에서 그 아이들을 마주치기라도 하면 어떡하지? 우리를 그토록 싫어하고 비웃던 그 아이들을? 텔레비전에서 KKK단이 우리처럼 생긴 사람을 폭행할 때 썼던 그 단어로 우리를 불렀는데? 우리는 숲에 놀러가고 싶지도 않았고 강에 가서 물장구치고 싶지도 않았다. 그저 아무도 우리를 니거라고 부르지 않는, 아무도 우리의 피부색을 놀리지 않는 그 칙칙한 아파트 단지로 간절히 돌아가고 싶을 뿐이었다.

하지만 우리는 아직 집에 갈 수 없었고, 낯선 사람들에 대한 공포 때문에, 이제 우리를 격렬하게 싫어하는 여성과 한집에 하루 종일 함께 있을 수밖에 없었다. 그 주 내내 그는 마치 매처럼 우리를 노려보다가 우리가 접시를 잘못 놓거나 감사 인사를 빼먹을 때마다 큰소리로 나무랐다. 한 주 내내 "버릇없는"과 "게으른"이란 단어가 마치 우리 이름이라도 되는 양 시시때때로 날아왔다. 닉과 에이미도 분위기가 심상치 않음을 파악하고 냉랭하게 대하기 시작했고, 우리를 친구가 아닌 귀찮은 존재로 취급했다. 게임을 하자고 하지도 않고 친구 이야기도 하지 않았고 우리가 떠날 날만 기다렸다.

드디어 한 주가 지나고 엄마가 우리를 데리러 왔다. 우리는 조용히 짐을 싸서 자동차 안으로 들어가 리즈 아주머니와 아이들에게 손을 흔들며 인사했다. 집으로 오는 길에 엄마는 출장 이야기를 재잘재잘했다. 정말 멋진 여행이었고 일이 많고 힘들었지만 흥미진진했다고 했다. 엄마는 그 전에 한 번도 그렇게 멀리 출장을 가본 적이 없었다. 아함과 나는 엄마의 출장 이야기를 들으며 우리가 어떤 한 주를 보냈는지 말하지 않기로 조용히 합의했다. 엄마는 긴 여행을 가본 적이 별로 없었고, 친구도 많지 않은 사람이었다. 우리는 여기서 문제를 더 크게 만들고 싶지 않았다.

●○

말에는 힘이 있다. 말은 사전적 정의 이상이다. 말의 역사는 그 역사의 결과를 여전히 느낄 수 있는 사람들에게는 아주 중요한 문제다. 예를 들어 'nigger'라는 말의 역사를 살펴보자. 단순히 검은색이란 뜻의 라틴어 'niger'에서 온 이 단어는 미국에서 흑인 노예들을 비하하는 말이 되어갔다. 1700년대부터 '니거'는 거의 항상 증오를 표현할 때만 사용되었다. 니거는 노예 주인이 흑인 남성, 여성, 아동의 등을 채찍으로 때릴 때 입 밖에 내던 말이었다. 니거는 백인 남자들이 트럭을 타고 흑인 어린이들을 사냥하듯 쫓을 때 내지르는 말이었다. 니거는 흰 두건을 쓴 남자들이 흑인 가정집 마당에 십자가를 꽂고 불에 태우면서 반복해서 외치던 말이다. 니거는 나무에 매달린 흑인의 몸에 침을 뱉으면서 썼던 말이다. 니거는 매우 아픈 역사를 가진 강렬한 말이다.

인간이 말을 하기 시작하면서 타인을 억압하기 위해 가장 효율적으로 사용된 도구는 언어였다. 언어는 우리가 세상을 이해하고 소화하는 방식이고, 사회를 형성하는 방식이고 도덕을 체계화하는 방식이다. 불의와 차별을 마음껏 자행하고 싶지만 이 세상은 그것을 용인하지 않는다. 그럴 때는 타인에게 악행을 일삼고 죄를 짓는 현실에서 나를 구분해줄 새로운 언어가 필요하다. 그렇게 해서 피부가 검은 사람들을 사람이나 인간으로 부르지 않고 '니거'로 부르게 되었다. 인종, 계급, 젠더, 장애 유무, 종교 안의 모든 차별과 억압은 이렇게 언어에서부터 시작한다.

모든 말의 힘은 동일하지 않다. 역사가 같지 않기 때문이다. '크래커(cracker)'를 예로 들어보자. 크래커는 가끔 백인들을 비방하는 데 쓰는 말이다. 많은 백인이 이 단어가 '니거'만큼이나 유해한 단어라고 주장한다. 하지만 크래커는 그런 역사를 가지고 있지 않다.

크래커는 백인들이 당한 대량 학살의 기억을 떠올리지 않는다. "흑인만 입장 가능"이라는 식당, 백인들을 향해 짖는 경찰견을 떠올리지 않는다. 그런 일들이 역사에서 일어난 적이 없기 때문이다. 크래커는 백인을 억압하기 위한 도구 언어가 아니었다. 어느 누구도 인종적으로 백인을 억압하고 차별한 적이 없다. (만약 여기서 "아일랜드 사람들은요?"라고 묻는 사람이 있다면 '크래커'라는 단어는 아일랜드인들이 당한 핍박의 역사의 일부가 아니라는 사실을 기억하기 바란다. 또한 아일랜드 사람을 핍박한 건 같은 백인들이다.)

인종차별의 역사에서 언어는 유색인을 짐승 취급하는 데 독보적인 역할을 해왔다. '니거'뿐만이 아니다. 언어는 미국의 흑인 역사에서뿐만 아니라, 많은 인종의 탄압에 사용되어왔다. 나는 여기서 그 언어들을 일일이 언급하지 않으려 한다. 왜냐하면 나는 흑인 여성이고, 아메리카 원주민, 아시아계 미국인, 라티노 등등을 폭압하는 데 사용한 언어의 고통스러운 역사를 함부로 상기시키는 것이 불편하다. 우리 흑인 사회는 아시아계인이나 아메리카 원주민의 대량 학살, 포로수용소 등을 정당화하는 데 사용한 언어 때문에 고통받은 적은 없기 때문에 내가 그 단어를 꺼냈을 때는 무게가 다를 수 있다. 미국 역사를 조금만 들여다보면 언어는 언제나 인간을 분리하고, 비인간화하고, 탄압하는 데 사용되어왔고 그 힘은 여전하다. '유색인(colored)'이라는 표지판이 있는 급수대를 머릿속에 그려보자. '백인 전용(Whites Only)' 표지판을 당당하게 걸어놓은 식당들을 그려보자. 겁에 질린 흑인 소년을 둘러싼 화난 백인 남자들이 "백인의 힘(white power)"을 외치며 서 있는 모습을 상상해보자. 이 용어들이 어떻게 미묘하게 인종을 내포하고 있는지 생각해보자. 게토(ghetto, 소수인종이 모여 사는 빈민가를 지칭할 때 주로 쓰이나 원래는 중세 이후 유대인을 강제 격리하기 위한 거주 구역을 뜻했다), 곱슬머리(nappy, 흑인 여성의 곱슬머리를 비하하는 단어로 사용), 오만한(uppity, 흑인들이 다른 흑인보다 우월하다고 말할 때 사용하는 단어), 논리 정연한, 말을 잘하는(articulate, 흑인에게 사용될 때는 흑인 치고 고급 언어를 사용한다는 뜻), 건달(thug, 주로 흑인 청년을 범죄자처럼 가리키는 말) 같은 단어를 생각해보자. 이 모든 말은 강렬한 감정을 불러일으킨다. 이 단어들이 일조한 뼈아픈 과거와 여전히 차별적인 현재가 동시에 내포되어 있기 때문이다.

유색인들은 이런 말들이 주는 고통을 물려받았다. 오늘날 유색인이 당하는 탄압은 이 단어들이 쓰였던 과거의 직접적인 결과다. 흑인들은 여전히 게토화, 빈곤, 경찰의 과잉 진압과 일상적 차별로 고통받고 있고, 저 말들은 이와 같은 현실을 만드는 데 협조했다.

반대로, 백인들은 이런 말들이 만들어준 우월한 위치와 특권을 상속받았다. 그들은 오늘날까지 세대를 이어 이런 단어들이 유색인의 삶에 끼친 불이익 종합 세트를 갖지 않는 특권을 물려받았다. 그렇기 때문에 몇몇 사람들이 '단어 되찾기'(nigger 같은 인종차별적 언어나 bitch, slut 같은 성차별적 언어 등에 좀 더 긍정적인 의미를 입혀 사용한다는 의미) 운동을 한다고 해도, 백인이 사용하면 이 단어들은 여전히 폭력적이다. 백인들은 이 단어들이 사용된 똑같은 방식으로 여전히 이익을 얻고 유색인들은 고통받기 때문이다.

그렇다면 유색인을 억누를 의도가 없는 선한 백인들도, 다른 사람들이 악한 의도를 갖고 있었다는 이유만으로 이 단어들을 절대 사용해서는 안 된다는 뜻인지 묻고 싶은가? 아니다. 언론의 자유가 있는 국가에서 살고 있으니 원하는 대로 무슨 말이든 할 수 있다. 유색인은 누군가의 입을 막고 싶어도 그렇게 할 힘이 거의 없다. 여기서 중요한 질문을 해보자. 선한 의도를 가진 백인이라면 왜 굳이 이 말들을 사용해야 하는가? 왜 유색인들의 상처를 건드리려 하는가? 왜 이 단어가 기여한 인종적 착취라는 유산에 전혀 부정적인 영향을 받지 않을 만큼 특권을 누리고 있다는 사실을 굳이 확인하려 하는가?

많은 사람들이 중간 과정을 건너뛰고 인종 화합이라는 결승선까지 단숨에 도착하기를 바란다. 과거의 모든 불쾌한 기억은 잊고 모든 상처가 치유되고, 과거는 과거로 묻히는 그곳에 가닿길 바란다. 아마도 (유색인들을 일부러 불편하게 하려는 개차반 인종주의자들을 제외하고) 인종적으로 금기시되는 말을 일상적으로 사용하는 일부 백인들이 바라는 세상은 그런 세상일 것이다. 하지만 언어생활에서는 그 말의 최초의 영향력이 더 이상 감지되지 않을 때만 그 말이 힘을 잃는다. 그 반대 방향은 가능하지 않다. 우리는 오늘날 구조적인 인종차별이 여전히 수백만의 유색인들을 위협하는 세상에서 살고 있다.

그렇다. 백인들이 사용할 때는 비난을 감수해야만 하는 단어를 유색인들끼리는 자유롭게 말할 수 있다. 당신을 포함해 어떤 이들에게는 이것이 부당하다고 여겨질 수 있다.

하지만 정당하다.

당신들의 이득을 위해, 타인을 착취하고 차별하는 행동을 돕고 유지하기 위해 사용된 그 단어를 당신이 사용하면 그 차별을 상기하게 되지만, 이 단어를 무기처럼 사용하며 다른 사람을 억압할 권력이 없었던 유색인들은 같은 차별을 상기하지 않고도 이 단어를 사용할 수 있다.

진정한 부당함은 이 단어가 생성하고 유지시킨 착취와 불평등에 있다.

"이제 제발 극복해요." 어떤 사람들은 마치 인종 착취가 손으로 내리면 꺼지는 스위치라도 되는 양 말한다.

아직까지 자행되고 있는 일은 절대 '극복'할 수 없다. 그렇기 때문에 미국의 흑인들이 노예제나 짐크로법을 아직까지도 '극복'하지 못한 것이다. 어쩌면 백인들이 흑인들에게 상처를 주지 않고 '니거'라고 말할 수 있는 날이 오기까지는 꽤 많은 시간이 걸릴지도 모른다. 아니, 우리 생애에는 안 올 수도 있다.

유색인들이 자유롭게 할 수 있는 말을 백인들이 할 수 없다는 건 불평등의 예가 될 수도 있다. 그러나 이건 백인들이 당하는 불평등은 아니다.

10

문화 도용이란 무엇인가요?

여행을 자주 다니는 편이라면 공항 음식의 중요성을 잘 알 것이다. 긴 줄에 서 있느라 피곤하고 예민해져 있을 때, 금속 덩어리에 실려 공중으로 날아갈 앞으로의 시간이 불안할 때, 공항 음식은 다시 정신을 수습해 인간으로 느끼기 위해 반드시 필요한 휴식의 시간을 줄 수 있다. 또는 결국 울게 만들어버릴 마지막 한 방의 짜증이 될 수도 있다. 내 경우는 두 번째였다. 한 주에 출장이 세 번이나 있었던 미친 일정 중 세 번째로 간 공항에서 나는 한숨 돌리기만을 갈망했다.

그 주 내내 나는 마케팅 컨설턴트로서의 업무를 수행하기 위해 이 도시 저 도시 다니며 패스트푸드와 주유소에서 산 역겨운, 이른바 식용 카드보드(씹어 먹는 종이 같은 음식)를 먹었다. 그나마 다행히 공항에서는 전자레인지에 돌려도 흐물흐물해지지는 않는 냉동 포장 음식을 찾아 먹을 수 있고, 식당에서 프란지아 박스(마트에서 파는 저렴한 박스 와인)에서 막 따른 와인을 판다는 것만으로도 감지덕지했다. 그 주의 마지막 여행을 할 무렵에는 이런 인스턴트 음식은 쳐다보기도 싫었다. 하지만 오전 내내 회의를 하느라 동분서주했고 공항으로 가기까지 한 끼를 제대로 먹지 못했다. 집에서 출발 후 10분이 지나 노트북 충전기와 속옷을 놓고 왔다는 걸 깨달아 다시 돌아가야 했고, 교통지옥에 시달려야 했고, 끝나지 않을 것 같은 공항 검색대 줄에 서서 신발을 벗었다 신었다 했다. 드디어 내 가방과 한 줌의 제정신과 이루 말할 수 없는 허기와 함께 게이트 앞에 간신히 도착했다.

충분한 시간이 있음을 확인한 후 나는 간단하게 요기하고 와인 한 잔 정도 마실 수 있는 장소를 물색해보았다. 식당에서 잘 먹고 탑승하면 검색대에서부터 나를 따라온 불안과 긴장을 덜 수 있을 것 같았다. 식사하기에 좋은 곳이 있기만 하다면 말이다. 내가 있던 게이트는 자주 드나들던 게이트가 아니었다. 이 게이트는 터미널 끝에 있었는데 그곳에는 괜찮은 음식점이 자판기로 바뀌어 있기도 한다. 그래도 기대해봐야지. 마침내 몇 분 만에 내가 찾던 곳을 발견했다.

아니 내 기대보다 더 나은 곳이었다.

'아프리카 라운지'라는 이름의 식당이었다.

꿈인가 현실인가? 눅눅한 베이글의 바닷속에서 마침내 아프리카 음식 전문점을 찾았단 말인가? 어떤 음식을 파는 곳일까? 서아프리카 음식? 에티오피아 음식? 이 근방에 에티오피아 인구가 많다는 건 알고 있었다. 국제공항에 아프리카 음식점이 입점하다니 얼마나 근사한 아이디어인가. 이 공항에 처음 온 사람에게 이 지방의 민족적·문화적 다양성을 자랑할 기회가 되고, 다른 세계에서 온 사람들도 이 지역에서 자신의 다름이 환영받는다고 느낄 것이다. 아프리카 음식 먹어본 적이 있으신가? 아프리카 어떤 지역 음식을 맛보았을지 몰라도, 무조건 맛있다. 나는 만면에 미소를 띠고 거의 뛰다시피 식당으로 들어갔다.

하지만 가까이 갈수록, 경고 표시가 깜빡이기 시작했다. 저건 혹시 얼룩말 무늬 의자인가? 아니야, 벽에 그려진 건 동굴 벽화인가? 안 돼! 내 기대와 흥분은 순식간에 꺼져버렸다.

식당 문 앞에 메뉴판이 있었다. 나는 마지막 남은 희망을 붙잡고 들여다보았다.

"베이컨과 스위스 버거" … 아니야. 이건 아니야.

"그릴드 이탈리안 치킨" … 아니라고.

계속 읽어본 결과, 이 식당에서 아프리카 음식 같은 건 팔지 않는다는 결론에 이르렀다. 플랜틴(plantain, 바나나와 비슷하지만 구워 먹는 재료) 튀김, 키트포(kitpo, 다진 쇠고기에 양념을 혼합한, 에티오피아에서 인기 있는 음식), 에구시 수프(egusi soup, 호박씨 가루에 말린 생선과 소고기를 함께 끓인 수프) 같은 건 없었다. 이곳은 아프리카 음식점이 아니었다. '아프리카 느낌의 인테리어로 꾸민' 미국 음식점이었다. 그나마도 우울한 실패작이었다.

갑자기 울적해졌다. 자라면서 먹었던 끝내주게 맛있는 아프리카 음식을 떠올렸다. 미국 북서부에서 찾을 수 있었던 몇 안 되는 음식점을 떠올렸다. 백인들은 나만큼 즐기지 않는 음식들, 별 네 개짜리 식당 음식만큼이나 준비에 시간과 정성과 기술이 들어가지만 가격은 비교도 안 되게 저렴했던 그 음식들. 새로 들어온 백인 수석 요리사가 메뉴를 미국식으로 만들어버리고 '퓨전'이라 이름 붙여 음식 평론가들을 만족시키기 전까지는 싸구려 식당 정도로 취급받던 음식점들. 엄마의 친구가 운영하던 에티오피아 식당을 떠올렸다. 그분은 커다란 밀가루 반죽을 번철 위에 치대면서 발효 빵을 만들었고 빵 위에는 버터로 요리한 매콤한 렌틸콩을 얹었다. 친구들에게는 아프리카 음식이 얼마나 맛있는지 수없이 말했다. 물론 다음과 같은 뻔한 농담을 들을 것을 알면서도 여러 번 시도했었다. "에티오피아에도 음식이 있어?" 몇 년 전에 자주 갔던 나이지리아 식당도 떠올렸다. 그 식당은 그 지역에 식당을 유지하게 해줄 서아프리카 출신 손님들이 많지 않아서 결국 문을 닫아야 했다. 나는 첫째 아들을 데리고 전통적인 서아프리카식 인테리어로 꾸며진 그곳에 자주 갔었다. 아들에게 푸푸를 어떻게 동그랗게 말아서 스튜에 찍어 먹는지 가르쳐주었다. 그 식당에 가면 내 어린 시절이 떠올랐고, 흘러나오던 음악은 어린 시절 살던 집, 살짝 취해 춤추던 나이지리아 남자들에 대한 기억으로 데려다주었고, 졸로프 라이스와 행복으로 가득했던 거실로 인도해주었다. 하지만 나이지리아 음식은 미국에서 별로 인기를 누리지 못했고, 지난 몇 년 동안 조금씩 생기고 있다. 나는 그런 음식점이 국제공항에 들어와 있다면 얼마나 멋질까 생각했다. 미국의 도시가 얼마나 국제적일 수 있는지 보여주는 최고의 방법이 되지 않을까.

하지만 내가 서 있던 그 공항 식당은 내 문화의 캐리커처일 뿐이었다. 강렬한 색감의 장식과 어깨를 들썩거리게 하는 음악만 가져온 캐리커처. 내가 아프리카 음식에서 사랑한 모든 것은 알맹이가 사라진 채 위대한 맥도널드의 어깨에 얹어졌다. 이것이 여기서 내가 만날 수 있는 아프리카 음식에 가장 가까운 것이었다. 그리고 그음식은 백인 남자 웨이터가 가져다줄 것이다. 동굴 속에 사는 사람들을 그린 벽화 앞에서 말이다. 그가 가져온 접시 위에는 나초가 있겠지.

●○

미국의 인종에 관해 논의해야 하는 상황에서 가장 민감하고도 어려운 주제는 아마도 문화 도용(cultural appropriation)이 아닐까 싶다. '인종주의자'나 '특권 의식'처럼 자주 비난의 어조로 사용되지는 않아도 '문화 도용'은 모든 인종에게 다양한 감정과 혼란을 가져다주는 용어임은 확실하다.

핵심으로 들어가면 문화 도용은 어떤 사람의 문화의 소유권에 대한 이야기다. 문화는 집단적이기도 하지만 개인적으로 정의될 수 있기에, 문화 도용의 정의와 감성 또한 각자가 자신의 문화에 대해 느끼는 정체성과 감수성에 따라 달라질 수 있다.

이 말이 너무 어렵게 느껴진다면 문화 도용이라는 개념이 좀 난해한 문제이기 때문이다. 가능한 한 단순하게 만들어보자. 문화 도용에 대한 생각이 각자 다르겠지만 몇 가지 관점에는 동의할 수 있을 것이다.

문화 도용의 개념을 넓게 정의하자면, 지배적인 문화가 다른 문화를 점유하거나 부당 이용하는 것이다. 그리고 문화 전체를 온전히 적용하지 않고 매력적인 부분과 조각만 가져와서 지배 문화가 이용하는 것을 의미한다. 오늘날 가장 잘 알려진 서구 백인 사회의 문화 도용 사례를 들어보자면, 아메리카 원주민 두건을 패션으로 차용한 것, 액세서리가 되어버린 빈디(인도 여성이 이마에 찍는 작은 점), 피트니스 수업이 된 벨리댄스, 핼러윈 의상을 차지하는 거의 모든 '에스닉' 상품 정도다.

최근 몇 년간 유색인들은 문화 도용이라는 사안에 좀 더 관심을 가지고 그 해악에 대해 말하려 하지만, 이것은 여전히 많은 백인들을(그리고 약간의 유색인들을) 불쾌하게 하는 개념이다. 미국에서 성장한 많은 사람들은 미국이야말로 '멜팅 팟'(melting pot, 원 뜻은 금속을 녹이는 도가니로, 다양한 인종과 민족이 함께 사는 미국 사회를 비유) 이라는 말을 듣고 자랐다. 미국의 아름다움과 힘은 이민자의 나라로서 일어나는 다양한 문화의 융합과 동화에서 온다고 한다. 우리는 다른 문화를 존중할 수밖에 없지 않겠는가? 이것이 바로 인종차별에 반하는 개념 아닌가?

이러한 감성은 충분히 이해할 수 있지만 문화 도용을 문화 감상으로 착각하는 실수를 하게 된다. 감상이란 관련된 모든 문화에 혜택을 주는 일이다. 하지만 도용은 소수 문화를 빌려온 지배 문화에만 이득을 주고 정작 그 소수 문화에는 해를 끼치기도 한다.

당신이 존중하는 다른 문화에 참여하고자 하는 욕구가 문제 되는 건 아니다. 문화 도용이 문제가 되는 이유는 도용하는 문화와 도용당하는 문화 사이의 권력 격차가 있기 때문이다. 그 힘의 부조화 때문에 문화는 왜곡된 방식으로 감상되고, 지배 문화에 의해 새롭게 정의된다. 그 문화의 특징이 가져다준 어떤 물질적·금전적 이득을 지배 문화가 빼돌리는 반면, 소수 주변부 문화는 여전히 그 문화 안에 살면서 박해를 당한다. 문화적 힘의 불균형이 없다면 문화 도용은 그렇게까지 나쁜 일이 아니다.

문화를 도용하는 행위에 그 문화를 존경하는 의미가 담겨 있다 하더라도 과거와 현재, 그 문화와 지배 문화 사이의 상호 관계를 결정한 권력의 역학 관계까지 이해하고 존중하지 못하면, 그건 존경의 의미가 되지 못한다.

너무 지겹도록 되풀이되지만 랩 음악 이야기를 해보자. 랩 음악은 서아프리카의 리드미컬한 스토리텔링 전통에서 유래되었다. 노예들에 의해 서구 사회로 옮겨온 이 운율적인 언어는 블루스가 되고, 재즈가 되고, 콜 앤드 리스폰스(call and response, 노래나 악기가 리듬, 멜로디 등을 연속적으로 서로 주고받는 연주)가 되고 그러다 랩으로 탄생했다. 서아프리카에서 수입되어 노예제, 남북전쟁 직후 공포의 재건 시대, 짐크로법에 의한 흑백 분리 시대, 로널드 레이건 집권 이후 대량 투옥 시대를 지나면서 랩 음악은 흑인들에게 위로, 희망, 발산, 힘이 되었다. 흑인 음악이 미국의 흑인들에게는 준 것이 많았지만 미국의 백인들에게는 존중받지 못했다. 인기가 많아지고 예술적인 형식도 발전했지만, 흑인 음악가들은 마치 하인처럼 여겨지고, 백인 전용 클럽에서 뒷문으로 오가고, 오직 백인 청중 앞에서만 공연하고, 백인 연주자들의 몇 분의 일밖에 안 되는 연주비를 받았다. 인기는 상승했지만 이것이 곧 흑인 음악 존중으로 이어지지는 못했다. 백인 음악가들이 흑인 음악으로 명성을 얻을 때까지는 말이다. 대부분의 존경과 명성은 백인 음악가들에게 돌아갔다. 엘비스 프레슬리를 생각해보자. 그는 대다수 미국인은 앞으로도 영원히 모를 흑인 음악가들에게서 통째로 가져다 쓴 작품들로 음악 역사상 가장 뛰어나고 독창적인 음악가로 등극했다.

랩은 '점잖은' 미국 백인 사회의 많은 백인들에게 수시로 지탄을 받아왔다. 랩은 '불량배'들의 언어이며 이 음악이 '흑인 대 흑인 범죄'부터 한 부모 가정 문제에 이르기까지 온갖 사회적 현상에 대한 책임이 있는 것처럼 말했다. 당신의 십대가 갑자기 버릇없어진 이유? 랩 음악 때문이다. 당신 자녀들이 교회에 가지 않겠다고 하는가? 랩 음악 때문이다. 아내가 당신을 떠났는가? 아마도 랩 음악이 그렇게 하라고 시켰을 것이다.

사실 랩은 음악성과 각운(rhyme)을 만드는 재능뿐만 아니라 수학적인 정확함과 타이밍 감각이 필요한 어렵고 아름다운 예술 형식이다. 랩은 매우 다채로운 예술 형식으로 오락성도 갖췄고 정보,

공감과 위로와 영감을 주기도 한다. 다른 음악 장르와 마찬가지로 이 예술 하나를 위해 평생을 바쳐도 평균 이상의 능력을 갖기 힘들다. 독보적인 재능을 가진 몇 사람만 최고의 자리에 올라가고, 출중한 재능을 가진 수많은 사람이 무명으로 고생한다. 하지만 당신이 백인 래퍼이고 '들어줄 만'하면 멀티 플래티넘을 기록할 수 있다. 이도 저도 아닌 백인 래퍼들은 그저 그런 앨범을 수백만 장 팔아서 대다수 흑인 음악가는 꿈도 못 꿀 부와 명예를 누린다. 백인 래퍼는 '주류'로 받아들여지기가 쉽기 때문이다.

백인들에게 부여되는 '정통성'은 이미 미국 문화에서 랩의 정의를 바꾸어놓았다. 이 나라에서 가장 유명한 래퍼는 거의가 흑인 대가 래퍼들의 랩을 그럭저럭 모방하는 백인 래퍼들로, 아이들은 이 변화를 정통한 것으로 본다. 그들이 열광하는 것은 이 변화다. 그들이 기꺼이 돈을 내고자 하는 것도 이 변화 때문이다. 일부 백인 래퍼들이 어쭙잖은 시도만으로도 더 재능 있는 흑인 래퍼들을 제치고 그래미상을 타는 상황에서 흑인 음악가들이 하는 랩은 주류 문화로 받아들여지기 힘들다. 백인들이 '좋은 랩'이라고 알아온 종류와는 사뭇 다르니까.

이러한 맥락 때문에, 우리가 보통 텔레비전이나 라디오에서 접하는 랩은 아프리카에서 처음 영감을 받아 노예제를 거쳐 오늘날까지 이어진 흑인들의 투쟁과 승리 이야기를 담은 랩과는 점점 구분되었다. 미국의 흑인들이 몇 세대에 걸쳐 의지해오던 음악 장르는 이제 더 이상 그들의 소유가 아니다. 음악은 뺏기고 고통과 투쟁만 남아 있다.

그럼 당신이 백인이라면 절대 랩을 해서는 안 된다는 뜻인가? 그 길은 당신에게 절대 열려서는 안 되는 길이란 말인가? 이것은 문화 도용을 둘러싼 논의를 가장 뜨겁게 달구는 질문이기도 하다.

가장 먼저, 당신이 하고 싶은 건 무엇이든 할 수 있다. 랩도 할 수 있고 벨리댄스도 할 수 있고 법이 허락하는 건 뭐든 할 수 있다. 그 행동이 인종적으로 둔감하거나 해를 끼치는 것일 수 있다는 사실도 핵심이 아니다. 당신은 할 수 있다. 이 책을 읽고 있는 당신은 아마 다른 인종에게 해가 되거나 화나게는 하기 싫은 사람일 것이다. 그럼에도 다른 사람을 해치지 않으려 한다는 것이 당신이 이제까지 오래 잘 즐겨온 사회적·문화적 활동을 모두 포기하는 건 아니었으면 좋겠다고 희망할 것이다. 하지만 지금 나는 당신을 죄에서 면제해주려는 것도 아니고, 랩을 향한 당신의 열망에 유죄 판정을 내리려는 것도 아니다.

당신이 세계에서 가장 위대한 백인 래퍼가 될 수 있는지 아닌지는 결론이 나지 않았지만 그 또한 핵심이 아니다. 랩을 문화 도용 대 문화 감상의 한 예로 보는 시각을 견지하자. 당신이 정말 랩을 사랑한다면 그 리듬만 사랑하는 건 아닐 것이다. 당신은 래퍼들, 랩의 혁신가들, 랩의 과학, 랩의 역사를 모두 사랑한다. 당신은 랩의 의미와 중요성도 사랑한다. 랩이 당신에게 어떤 의미가 있는지뿐만 아니라 아티스트와 팬들에게 어떤 의미인지도 안다. 당신이 랩을 사랑한다면, 이것이 흑인들에게 제공했던 힘을 사랑하는 것이다. 당신이 랩을 사랑한다면, 랩이 적대적인 세상에서도 사랑받으며 성장하고 발전한 예술 형식임을 이해할 것이다. 랩의 역사, 랩의 유산, 랩의 분투, 랩의 승리를 보면서 당신 또한 랩을 하고 싶을 수 있다.

하지만 당신이 받아들이는 것이 그저 음악 하나뿐이라면, 당신이 받아들이려는 게 오락과 이익과 인정받음뿐이라면, 고통이나 역사나 투쟁은 전혀 받아들이지 못하겠다면, 그러면서 정직하게 그것을 랩이라고 부를 수 있고 사랑한다고 할 수 있을까?

짚고 넘어가야 할 더 중요한 지점이 있다. 사실 문화 도용은 백인다움으로 덮은 문화만을 존중하는 사회의 산물이다. 만약 모든 문화가 동등하게 갈망되고 존중받는다면, 다른 문화의 모방은 그저 모방으로만 보일 것이다. 만약 모든 문화가 평등하게 존중받는다면 코첼라 음악 페스티벌에서 아메리카 원주민 깃털 장식을 쓰는 건 그저 신성한 공예품을 쓰고 진탕 취하고자 하는 나쁜 취향 정도로만 보일 것이다. 모든 문화가 평등하게 존중받는다면, 레게 머리를 한 중산층 백인 대학생은 백인 식민지 개척자들이 가난한 흑인들에게 저지른 차별과 비하와 압제에 대한 대항을 하나의 개성 있는 스타일로 활용한 것이 된다. 하지만 우리가 모든 문화를 동등하게 존중하는 사회에 살고 있지 않기 때문에 문화 도용이 그저 공격적이고 무신경한 취향으로 보이기보다는 미국 백인들의 태생적 권리처럼 여겨지는 것이다. 우리가 모든 문화를 동등하게 존중하는 사회에 살고 있지 않기 때문에 소외된 소수 문화권 사람들은 똑같은 문화적 행동을 하고 일상에 적용해도 비난받고, 백인들은 같은 문화를 백인들의 이익을 위해 적용하고 마구 각색하는데도 상을 받는다. 우리가 모든 문화를 동등하게 존중하는 사회에 살지 않는 한, 주류 문화가 주변부 문화에서 무언가를 '빌려오려는' 시도는 앞으로도 계속 착취적이고 모욕적일 수밖에 없다.

이 얘기가 표면상 불공평하게 보일 수도 있고, 다른 문화에서 함부로 무언가 빌려와 바꾸려면 더 나은 세상이 올 때까지 기다려야만 한다는 것이 답답해 보일 수 있다. 또한 다른 문화들이 백인들 문화를 가져갈 때는 문화 도용이라고 비난하거나 낙인찍지 않는다고 느끼는 사람들에게도 불공평해 보일 수 있다. 하지만 진정으로 불공평한 것은, 차별받던 문화가 창조되기까지 겪어야 했던 그 모든 고난과 핍박의 역사는 쏙 빼놓고 오직 문화만 가져다 즐기고 그 예술성과 미학에서 이익만 취할 수 있다고 으레 기대하는 것이다.

그런데 한 문화에서 과연 무엇이 신성한지 누가 정의할 수 있을까? 투쟁에서 무엇이 태어났는지 누가 정의할 수 있을까? 어디까지 침범할 수 있는지 아닌지 누가 정할까? 바로 이때부터 문제가 복잡해지기 시작한다. 소수 문화권 안의 어떤 사람에게는 불쾌한 일이 그 안의 다른 사람에게는 그렇지 않을 수도 있다. 어떤 문화는 백인 문화와 너무 오랫동안 공유해와서 원조 문화와의 감정적인 유대감이 완전히 달라져, 도용 문제가 대다수에게 고려할 가치가 없을 수도 있다. 당신은 문화를 도용할 생각은 없지만 다양성이 존재하는 세상에서 살기를 원하기 때문에 도용과 다양성을 명확히 분리하기도, 누구한테는 불쾌하고 누구한테는 그렇지 않을지 판단하기도 무척 어렵다. 차별받는 문화 내부에서도 어려운 문제다. 당신이 당신 문화의 상업화를 거부하고 소유권을 지키고 싶더라도, 당신 문화권의 다른 사람이 당신의 생각에 동의하지 않고 그 문화들을 퍼뜨리고 변화시키고 싶을 수도 있다.

각자의 상황에 따라 이 논쟁은 다르게 펼쳐질 수도 있지만 가장 먼저 명심해야 할 것은 존중이다. 소수 문화권의 어떤 사람이 당신에게 "그것은 나에게 상처다"라고 말했다면 들어야 한다. 당신이 양심상 핼러윈 축제에서 게이샤 복장을 하지 못하더라도, 모든 것을 고려해 넓은 기준에서 볼 때, 당신은 피해자가 아니다.

11

왜 당신의 머리를 만지면 안 되나요?

나는 내 머리 스타일이 좋다. 곱슬 곱슬하고 풍성하다. 수년간 잘 길들여서 이렇게 멋진 스타일이 되었다. 온갖 정성과 각종 제품과 수백 시간의 유튜브 동영상 시청을 통해 내가 좋아하는 사탕이나 치즈 케이크보다 더 사랑하는 내 머리 모양을 만들었다. 머리가 마음에 드는 날 셀프 카메라 찍는 것도 좋아하고 내 머리 이야기를 하는 것도 좋아한다. 원하면 만져도 된다. 굉장히 보드랍고 곱다. 하지만 나는 새 일을 시작한 첫날부터 내 머리 이야기를 할 마음의 준비는 안 되었었다.

나는 승진하기 위해 몸이 부서져라 일했다. 그 자리는 우리 회사의 모든 직원이 탐내는 직급이었다. 그 자리를 차지하기 위해 사내에 수백 명의 경쟁자를 이겨야 했고(때로는 내 상사까지도) 몇 주간의 인터뷰와 며칠 동안의 수면 부족을 거쳐 그 자리를 차지했고,

마침내 새 팀원들을 만나는 날이 왔다. 첫 연수를 위해 전국에서 온 팀 동료들과 첫 회식을 하기로 했다.

스무 명이 넘는 팀원 중에서 나는 유일한 흑인이었다. 하지만 시애틀의 IT 회사에서 일했던 경험이 있어서 아무렇지도 않았다. 원래 늘 이래왔으니까.

우리는 자기 고향과 가족과 새로 맡은 업무가 주는 기대감에 대해 이야기했다. 동료들과 즐겁게 웃고 대화하고 있을 때 맞은편에 있던 우리 부서의 임원이 내게 물었다.

"당신 머리 진짜예요?"

그의 목소리를 듣긴 했지만 그때 동료와 고향에 대해 한참 이야기하던 중이라 처음에는 무슨 말인지 이해하지 못했다. 하지만 사람들이 갑자기 말을 멈추는 바람에 그가 나에게 말을 걸고 있다는 걸 알았다.

나는 고개를 돌리고 되물었다 "네?"

"아니, 당신 머리 진짜 당신 머리냐고요." 그가 같은 질문을 반복했다.

안 그래도 조용한 테이블이 더 쥐 죽은 듯 조용해질 수 있을까. 정말로 그랬다. 모두가 나를 호기심 가득한 눈으로 보았고 나는 가장 적절한 대답을 찾기 위해 머리를 굴렸다. 그냥 단순하게 가기로 했다.

"네, 맞아요." 이 대답으로 대화가 종결되길 희망하며 대답했다.

"흔한 땋은 머리가 아니라서 괜찮네요." 그가 나의 미적 취향에 동의한다는 뜻을 전하며 말을 이었다. "레게 머리 하는 거 너무 비싸고 두피에도 안 좋잖아요."

뭐라고요? 왜요? 나에게 왜 이런 일이? 내가 지금 몰래 카메라라도 찍히는 건가?

나는 희미하게 미소를 지었다. "그렇죠. 어떤 사람들에게는 머리 모양이 굉장히 신경 쓰이는 일이 될 수도 있죠." 나는 제발 이 화제가 끝나길 바랐다.

그때 내가 두려워하던 질문이 튀어나왔다.

"그 크리스 록의 머리 영화(〈굿 헤어(Good Hair)〉, 배우 크리스 록이 아프리카계 미국인들의 머리 스타일에 대해 인터뷰한 영화) 봤어요?"

아니. 난 크리스 록의 그 머리 영화 안 봤다. 나는 나만의 흑인 머리를 갖고 있으므로 그 흑인 머리 이야기 영화는 안 봐도 된다. 하지만 그 영화를 봤냐고 하면서 나의 망할 머리와 흑인 미용 산업 문제를 굳이 알려주려 하는 백인들에게 1달러씩만 받았어도 나는 평생 동안 인디언 레미(Indian Remy, 머리카락을 연장해 길고 찰랑찰랑하게 만든 머리) 스타일을 유지할 만큼 돈을 모았을 것이다.

동료가 끼어들었다. "나도 그 영화 봤어요. 머리에 그렇게나 많은 화학약품을 쓰다니 건강에 나쁠 것 같아요." 그는 걱정 반 흥미 반으로 나를 바라보았다.

나는 그저 침묵을 지키며, 나에게는 이 빌어먹을 직업이 꼭 필요하니 이 남자에게 그냥 미소만 지어주고 술잔을 기울이는 것으로 끝내자고 스스로를 설득했다.

"머리 때문에 한 달에 수백 달러를 써야 한다면서요. 그거 다 어떻게 감당하지? 우스워요." 그는 나의 불편함을 전혀 눈치채지 못한 채 계속 말을 이었다. 나는 할 말이 없었다. 여기서 입을 열었다가는 한바탕 난리를 피울지 모른다. 그래서 조용히 미소를 머금고 나의 새 술잔이 도착하는 걸 바라보았다. 임원은 지루해졌는지 옆에 있는 동료와 대화를 시작했다.

어린 시절, 엄마는 한 달에 한 번씩 내 머리카락과 두피에 타는 듯한 화학약품을 잔뜩 발랐다. 약품이 내 곱슬머리를 펴면서 두피의 겉 부분을 벗겨낼 때 나는 "아파!"라고 소리 지르지 않으려고 눈물을 참았다. 엄마에게 불평하면 엄마는 이렇게 대답하곤 했다. "네가 스트레이트 머리 하고 싶다며?"

그렇다. 나는 내 머리가 직모이기를 원했다. 엄마는 나의 자연스럽고 개성 만점인 곱슬머리가 더 좋다고 했지만 내가 찰랑찰랑한 생머리를 원한다고 했다. 내 머리 스타일이 샴푸 광고에 나오는 머리, 잡지에서 본 머리, 남자애들이 손가락으로 스르르 넘겨보고 싶어하는 머리가 되길 원했다. 굵고 뻣뻣하고 거칠어 바람에 흩날리지 않는 내 머릿결이 싫었다. 애들이 꼬불꼬불하고 괴상하다고 놀리는 내 머리가 싫었다. 나는 예쁜 소녀, 나 같은 머릿결을 갖지 않은 예쁜 소녀가 되고 싶었다. 그래서 나는 매달 내 머리에서 흑인다움을 태워버리려 했고, 그래서 뜨겁게 달군 빗으로 머리를 빗어댔다. 단백질 타는 냄새를 무시하고 그저 두피에 피가 나지 않기를 바랐다.

하지만 아무리 용을 써도 내 머리는 바람결에 날리지 않았고, 어깨 밑으로 찰랑거리지도 않았다.

최고의 해법은 어디에서 난지 모르는 털로 만든 길고 찰랑거리는 아름다운 가발로 내 머리를 덮어버리는 것이었지만 그것을 구할 돈이 없었다. 그래서 빳빳하고 말 안 듣는 머리카락을 뜨겁게 태우고, 스프레이를 뿌리고 핀을 꽂아서 잡지에서 본 스타일을 엉성하게 따라하는 데 만족해야 했다. 서른 살이 되자, 나는 내 자연스러운 머리가 원래 어떤 모양이었는지 기억나지 않았다. 내가 아는 건 거울을 볼 때마다 실망스러운 내 모습뿐이었다.

자연스러운 흑인 여성의 머리가 점점 인기를 얻기 시작하면서 나도 유행에 뛰어들어 화학약품 처리를 해야 하는 머리카락을 댕강 잘라버렸다. 짧은 머리에 익숙하지 않아서 그해 내내 내 머리를 의식하며 살았다. 하지만 프로젝트 수행을 즐기는 나는 이번에는 내 머리 사랑을 프로젝트 목표로 삼았다. 나는 실행에 착수했고 성공했다. 머리가 점점 자라 풍성한 솜털 같은 느낌으로 변하자 거울 속의 나에게 만족했다. 내 머리는 광고나 잡지에서 보는 머리는 아니지만, 더 이상 미국 백인들의 취향에 좌우되지 않는 머리였고 아름다웠다.

머리 때문에 겪어야 했던 수십 년의 고통이 지난 후, 비가 오면 '부풀어 오르는' 머리를 계속 만지고 두피에 화학약품을 발랐던 수십 년이 지난 후, 마침내 순응해야 한다는 압박에 저항하여 자유로워진 뒤에도 어찌하여 내 머리는 여전히 수치의 원천이 되는가. 그

임원이 굳이 가만히 있는 나를 지목해서 동료 직원들 앞에서 그 말을 한 건 나를 모욕하고 싶어서는 아니겠지만, 나와는 다른 선택을 하는 흑인 여성들을 모욕한 것이다. 이렇게 당황스러운 대화를 피하기 위해 머리에 많은 돈을 쓰는 다른 흑인 여성들 대신 내가 강제로 이 대화를 하게 된 것이다. 그는 자신이 내 머리를 긍정적으로 본다는 것을, 비록 자신의 미적 기준 밖에 있는 머리지만 내 머리를 용인한다는 걸 알리고 싶었을 것이다. 하지만 그는 내 두피에서, 내 몸에서 자라나는 내 머리카락이 자기의 판단 영역이라고 생각했다. 내 머리는 다른 여성들을 무시하는 방식으로 차별의 도구가 되었다. 내 머리는 여전히 그가 이용하기 위해 존재했다. 내 머리가 최대한 백인다움과 멀어진 상태가 되었어도, 내 머리는 온전히 내 것이 아니었다.

● ○

당신이 백인이라면, 당신의 머리에 대해서 나도 당신만큼 알 확률이 아주 높다. 어떻게 샴푸하고 가꾸는지 알고, 당신이 사용하는 다양한 스타일도 다 안다. 무스와 헤어스프레이와 지네머리 땋기(fishtail braid)도 알고, '헝클어진' 모양을 연출하기 위해 사용하는 바다소금 스프레이도 안다. 모든 브러시와 빗과 빗질 방식과 드라이 방법을 안다. 당신들의 머리는 어디에나 있기 때문이다. 온갖 영화와 텔레비전 쇼에서 볼 수 있다. 모든 패션 잡지에 아주 자세한 '하우 투(How to)'가 실려 있다. 유명한 백인 여성의 머리 스타일은 선풍적인 인기를 누린다. '더 레이철'(시트콤 〈프렌즈〉에 나오는 레이철의 층이 많이 난 긴 머리)이 기억난다. 당신들의 머리는 '예쁜' 머리로 여겨진다. 당신들의 머리는 마트의 헤어 제품 매대를 대표하는 머리다. 샴푸 광고에서 반짝거리고 찰랑거리는 머리는 건강의 상징이다.

하지만 당신이 흑인이 아니라면 당신이 내 머리에 대해 알 확률은 아주 낮다. 당신은 포마드와 코워시(conditioner-only washing, 머리카락을 부드럽게 하기 위해 린스만으로 머리 감는 것)와 뎀만(Denmans, 머리빗 상표)과 뜨거운 빗과 벤투 따기(bentu knots, 여러 갈래로 나누어 짧게 땋는 머리)와 브레이드아웃(braid-out, 작게 땋았다가 푼 머리)에 대해서 잘 모를 것이다. 내가 왜 이렇게 많은 실핀이 필요한지, 왜 머리에 오일을 붓는지, 왜 머리 감고 말리기에 거의 하루가 걸리는지 모를 것이다. 내 머리는 광고에 나오는 머리도 아니고 패션 판타지도 아니기 때문이다. 내 머리 모양은 당신이 닿을 수 없는, 내 머리에 얹어진 미스터리다.

나는 사람들이 내 곱슬머리를 신기하게 바라보고 손을 뻗어 만지길 간절히 원한다는 것을 눈치로 알 수 있다. 내가 그 사람을 좋아하거나, 내가 기분 좋을 때, 다른 사람의 손길을 견딜 수 있을 때, 가끔 호기심 가득한 친구에게 만져도 된다고 먼저 권하기도 한다. "괜찮아. 만져봐도 돼." 그리고 바로 덧붙인다. "하지만 의견은 사양할게." 하지만 대개는 못 만지게 한다. 물어보지도 않고 내 머리에 손대는 사람은 내게 그 사람이 얼마나 편한지에 따라 다양한 대답을 듣게 될 것이다. 나에게 미소를 기대해서는 안 된다. 상점 점원이 허락 없이 만진 적도 있었고, 식당 웨이터가 만지기도 하고, 회사 파티에서 상사가 만지기도 한다. 그건 정말이지 질색이다. 먼저 허락을 받지 않았기 때문이다.

원치 않는데 머리에 손 대는 것에 강한 거부감을 느끼는 흑인이 나뿐만은 아니다. 유색인 친구들에게 그들이 가장 싫어하는 마이크로어그레션이 뭔지 물으면 십중팔구는 머리 이야기를 꺼낸다. 그런데 너무 자주 당한다.

머리카락은 생물학적으로 당신 두피에서 자라는 순간 죽어 있다고 할 수 있다. 머리카락은 감정도 지각도 없다. 머리카락을 자르는 건 우리에게 어떤 육체적 고통도 안기지 않는다. 그런데도 우리는 머리카락 하나에 왜 그렇게 유난인가? 몇 가지 이유가 있다.

- **누군가의 머리를 아무 때나 허락 없이 만지면 당하는 사람은 당연히 기분 나쁘다.** 우리는 아이들에게 개인적인 공간이 중요하다고 가르친다. 길에서 모르는 사람의 등은 만지지 않으면서 왜 머리는 만지려 하는가?

- **이상하다.** 머리카락에는 다양한 미용 제품이 발라져 있고 많은 땀과 기름이 묻어 있을 수도 있다. 다른 사람의 머리카락을 만지는 건 이상하고 더럽기도 하다. 이 세상 수많은 곳, 즉 의자, 호텔 베개, 음식 등에서 발견된 머리카락에는 다들 질색하면서 왜 흑인의 머리카락은 만지려 하는가.

- **손은 더럽다.** 많은 걸 만지니까. 당신 손을 통해 내 머리에 지저분한 세균이 묻을 수 있다. 내 머리는 얼굴과 아주 가깝다.
- **컬은 소중하다.** 당신이 손을 대보고 싶어하는 그 스타일을 만들기까지 당신의 인생보다 더 오랜 시간이 걸렸다(아, 물론 그정도까지는 아니⋯지만 한번 해보시라). 낯선 사람의 손은 내 머리를 헝클어뜨리고 모양을 망가뜨린다. 나는 그걸 원치 않는다.
- **이것은 백인우월주의 사회에 만연한, 미국 흑인들의 기본적인 인권과 신체적 자율권에 대한 존중 부족을 여실히 드러내는 행동이다.** 이에 대해 더 이야기해보자.

최초의 흑인들이 노예로 미국 땅에 건너왔을 때부터 우리의 몸은 우리 몸이 아니었다. 우리는 물건이고 재산이었다. 우리의 몸은 점검하고 착취해야 할 신기한 대상이나 도구였다. 우리 몸은 비판과 굴욕의 원천이었다.

백인들의 사회에서 우리가 얼마나 존중받을 수 있느냐는 우리의 몸이 백인의 몸을 얼마나 닮았는지에 따라서 달라지곤 했다. 우리의 어머니들이 백인 남성들에게 강간당해 낳은 밝은 피부의 아이는 더 매력적인 사람으로 인정받았다. 머리카락을 뜨거운 다리미로 지져서 납작하게 펴거나, 때로 독한 화학약품 때문에 머리카락이 상한다 해도 우리는 좋은 평가를 받았다. 덜 흑인처럼 보인다는 거니까. 그 경기 규칙 안에서 우리를 표현했고 그 규칙 안에서 우리의 몸과 머리를 좋아하려고 했다. 하지만 대체로 우리의 몸과 머리가 "야수 같다", "못났다" 또는 "매혹적이다", "이국적이다"라는 남들의 평가 없이 하루를 보내길 원했을 뿐이다. 우리는 여전히 우리의 머리 모양이 "거칠고", "매력적이지 않고", "프로답지 않고", "게토스럽게" 여겨지는 나라에 살고 있다. 우리는 머리 때문에 일자리를 얻지 못하고 군대도 가지 못하는 나라에 살고 있다. 전문가처럼 보이는지, 얼마나 존경할 만한지 여부를 지성과 상관없이 머리 모양으로 평가받는 사회에 살고 있다.

당신이 흑인이 아니고, 내 머리 같은 머리를 신기해하고 싶지 않다면, 이렇게 해보라. 전형적인 흑인 머리 모양을 한 흑인들이 텔레비전과 영화에 왜 많이 나오지 않는지 묻는다. 왜 잡지에 우리 머리 손질법은 나오지 않는지 물을 수도 있다. 왜 우리 헤어 제품은 그렇게 넓고 긴 매대에 손바닥만 한 자리밖에 차지하지 않는지 물을 수도 있다. 왜 우리 머리는 예쁘다는 말을 듣지 못하는지, 왜 우리 머리 모양은 당신이 따라하고 싶은 머리가 아닌지 물을 수도 있다. 하지만 당신은 그렇게 하지 않고 멋대로 우리 머리를 만져도 된다고 생각한다. 왜냐하면 그건 평등이나 이해의 문제가 아니라고 생각하니까. 당신은 이 세상에 그 어떤 것에도 그 어떤 사람에게도 손을 뻗을 수 있다고 확신하니까.

어쩌면 그렇게까지 심각한 문제는 아닐 수도 있다. 그냥 내 머릿결이 상상했던 것처럼 보들보들하고 포슬포슬한지 알고 싶었을 수도 있다. 내가 미리 말해주겠다. 상상보다 훨씬 더 부드럽다. 그래도 내 허락 없이 머리를 만져서는 안 된다. 우리 흑인은 아직도 존중과 자율성을 보장받지 못하는 사회에 살고 있으며, 우리 삶에서 얼마나 주도권이 적은지 끊임없이 상기한다. 그러니 지금은 호기심을 잠시 접어두고, 그 사람 머리를 만져도 되는지 안 되는지는 그 사람이 허락할 수 있게 하자.

당신이 흑인 친구와 서로 신뢰 관계를 쌓았고, 머리카락을 만져도 되냐고 물었을 때 그들이 괜찮다고 할 거라는 확신이 있다면, 그때는 고려해볼 수 있겠다. 하지만 당신이 물어보려는 것이 무엇인지 다시 진지하게 생각해보길 바란다. 그저 죽은 케라틴 덩어리라 해도, 백인우월주의 사회에서 우리의 머리와 몸이 비난당하고 통제당하고 착취당하는 한 그건 언제나 머리카락 그 이상이다.

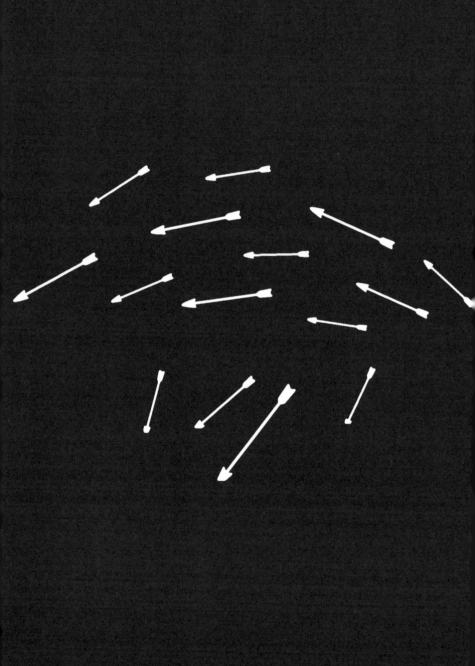

12

마이크로어그레션이란 무엇인가요?

"너는 빨강 립스틱은 안 바르는 게 좋을걸? 네 입술에 바르면 광대 같을 거야."

중학교 점심시간이 다 끝나갈 무렵 제니퍼가 내게 말했다. 제니퍼는 텔레비전에 나오는 예쁜 주인공 여자애처럼 벽에 기대 서 있었다. 그는 1990년대 초반에 선풍적인 인기를 끌었던 줄무늬 셔츠에 나중에 '엄마 청바지'라고 불리게 된, 그러나 당시에는 '신상'이었던 벙벙한 청바지를 입고 있었다. 그의 피부는 내가 읽은 로맨틱 소설에서 "복숭앗빛 크림색"이라고 묘사한 그런 색이었다. 적갈색 머리는 드라이로 정성껏 컬을 냈다. 입술에는 빨강 립스틱이 꼼꼼하고 예쁘게 발라져 있었다.

내가 7학년이 되면서 엄마는 화장을 허락했다. 하지만 엄마가 '자연스러운' 메이크업의 아름다움을 수없이 강조했기 때문에 입술에 밝은 빨강색을 바르고 집을 나서는 걸 엄마가 허락하지 않으리란 걸 알았다. 아니, 빨강 립스틱을 바를 생각 자체를 하지 못했다. 하지만 소위 잘나가는 우리 반 애들이 그 색을 즐겨 바른다는 걸 알고 나서 보니, 메이크업의 완성이자 필수품을 나만 모르고 있었다.

제니퍼의 미모에 홀려 나도 모르게 가까이 다가갔다. 내 배를 가리기 위해 입은 노란색 점퍼를 더욱 꽉 여몄다. 너무 딱 달라붙은 청바지 때문에 걸을 때 지퍼 소리와 통통한 허벅지들이 스치는 소리가 났다. 나는 머리카락이 뭉게뭉게 피어오른 정수리를 눌러 최대한 납작하게 했다.

제니퍼는 모든 면에서 나와는 정반대였지만 그 립스틱은 마음에 쏙 들었다. 마침내 우리에게도 공통점이 하나 생긴 것이다.

"립스틱 색깔 정말 예쁘다." 너무 긴장한 척하지 않으려고, 제니퍼와 내가 매일 대화를 나누는 사이인 것처럼 말하느라 애를 써야 했다. "우리 엄마도 그런 색깔 바르게 해주면 좋은데."

제니퍼는 나를 보고 슬쩍 웃더니 말했다. "흠… 너는 빨강 립스틱은 안 바르는 게 좋을걸? 네 입술에 바르면 광대 같을 거야."

바로 이마부터 식은땀이 흘렀다. "아! 아… 그렇지. 헤헤." 나는 웃으려고 했다. "하긴 네 말이 맞다. 내 입술이 너무 두꺼워서."

나는 입술을 오므려서 최대한 입안으로 넣으려고 해보았다. "그래, 안녕." 아무렇지 않은 척하며 돌아서서 걸었다. 머리를 누르고 내 재킷을 더욱 당겨 입었다.

이후 고등학교를 졸업할 때까지 나는 빨강 립스틱을 바르지 않았다. 엄마 때문은 아니었다.

머리를 자꾸 누르는 습관이 생긴 것은 학창시절 내 머리가 "부풀어 올라 있다"는 말을 들었기 때문이다. 나쁜 뉘앙스가 섞여 있지 않았고 일부러 상처 주기 위해 그 말을 한 사람도 없었을 것이다. 그저 말 그대로 머리카락을 가닥가닥 실리콘으로 범벅을 만들던 시대에 내 머리의 풍성한 볼륨은 그다지 좋지 않은 의미에서 튄다는 걸 확인받았을 뿐이다.

내 머리와 내 입술만 튄 건 아니었다. 초등학교 때 내 목소리는 아기처럼 가늘고 높았다. 내가 조금만 목소리를 높여도 '전형적인 흑인 여자애'처럼 들린다는 놀림은 늘 나를 따라다녔다. 우리 학교에 흑인 여자애는 나 하나뿐이었으므로 그 말이 정확히 무슨 의미인지는 몰랐지만 칭찬은 아니라고 짐작했다. 엉덩이도 너무 커서 커다란 엉덩이를 찬양하는 힙합 가사에 딱 맞는 예가 되었고 아이들은 웃으며 내 앞에서 그런 노래들을 부르곤 했다.

꽤 즐거운 하루를 보내다가도, 나만의 공상에 빠져 행복해하고 있다가도, 그렇게 마음 편히 지내면 안 된다는 사실을 상기해주는 말을 듣고 정신이 번쩍 들곤 했다. 나는 편하게 걷지 못했고, 편하게 말하지 못했고, 책상에 앉을 때는 항상 머리를 납작하게 눌렀고, 웃을 때면 내 두툼한 입술이 어떻게 보일지 걱정했다.

어쨌건 나는 학교가 좋았다. 나는 배우기를 좋아하는 총명한 아이였다. 중학교 때 영재반에 들어갔고 고등학교 마지막 2년 동안은 근처 전문대에서 수업을 들으며 남들보다 먼저 대학 학점도 땄다. 나는 명문대 입학에 집착했다. 9학년 때 책장 한 칸을 대학 안내 책자로 가득 채우기도 했다. 영재반에 있었던 다른 친구들도 나만큼이나 대학에 욕심을 냈다.

처음에 다른 친구들 입에서 대학교 이름들이 나오면 내 눈은 반짝반짝 빛났다. 드디어 공유할 화제가 생긴 것이다. 몇 주 정도 그 대화를 엿듣거나 한두 마디 덧붙이다가 대화에 적극 끼어들기로 했다. 가고 싶은 대학 이름을 줄줄이 나열하자 한 친구가 내 말을 끊었다. "그런데 넌 그 대학 가려고 그렇게까지 열심히 공부하지 않아도 될걸? 넌 흑인이니까 성적이 아주 좋지 않아도 대학 갈 수 있어. 사실 이 영재반에 들어와 있을 필요도 없지."

그 남학생은 무심한 어조로 전혀 악의라곤 없는 눈으로 나를 똑바로 보면서 말했다. 다른 아이들은 이 친구가 '지구는 둥글다' 같은 지당한 사실을 말한 것처럼 고개를 끄덕거렸다. 그들이 콕 집어 말한 건 아니지만 메시지는 확실했다. "너는 우리랑 달라." 나와 똑같은 범생이들만 가득한 집단에서도, 지루한 교과서와 갖가지 상식을 좋아하고, 선생님이 문제를 내면 가장 먼저 정답을 말하려고 손 드는 아이들 모임에서도 나는 그중에 한 명이 아니었다. 내가 흑인이기 때문이다.

그날 이후 다른 사람들이 나를 어떻게 생각하는지 신경 쓰지 않았다고, 날 세상에 끼워 맞추려 노력하지 않게 되었다고 말하고 싶다. 하지만 난 열다섯 살 소녀였고 외로웠다. 그래서 계속 노력했다. 친구를 사귀려고 애썼고 모임도 만들려고 했다. 그러나 그 노력이 드디어 빛을 본다고 생각할 무렵이면 누군가 내 꿈을 풍선처럼 빵 터뜨려 공기를 빼버렸다.

힘들고 괴롭긴 했지만 무엇이 잘못된 건지는 몰랐다. 내가 이런 대접을 받을 이유가 없다는 사실도 몰랐다. 대체로 나에게 문제가 있을 거라고 확신했다. 왜냐하면 내가 이런 말을 들을 때 어느 누구도 나를 방어해주지 않았고, 어느 누구도 눈 깜짝하지 않았기 때문이다. 별일 아니니까, 별생각 없이 한 말이고 가벼운 농담일 뿐이니까. 모든 일에 그렇게 예민하게 굴 필요 없다. 전부 다 내 착각이고 오해다. 실수하거나 욕먹을 구실만 만들지 않으면 나를 향한 기분 나쁜 말들도 곧 사라질 것이다. 그러면서 나는 덜 웃었고, 덜 먹었고, 미소도 덜 지었고, 목소리도 낮췄다.

고등학교 졸업반 때 유색인 우등생들을 대상으로 우리 지역 대학교가 주최한 장학금 설명회에 초대받은 적이 있었다. 너무 떨리고 긴장되었다. 그즈음 거의 모든 친목 모임이나 친구 관계는 날 불안과 우울에 빠지게 할 뿐이었고, 설명회에는 내가 아는 아이도 없었다. 학교에서보다 더 적응 못하면 어떡하지? 가지 말까 생각도 했지만 장학금이라는 유혹이 너무나 컸기에 겨우 용기를 냈다.

호텔의 컨퍼런스룸에 도착했다. 유색인 학생이 수백 명 있었다. 내가 이전에 본 모든 유색인을 합친 것보다도 더 많은 내 또래 유색인 학생이 있었다. 먼저 그 공간을 가득 채운 왁자지껄한 소리에 당황했다. 아이들은 목젖이 보일 정도로 고개를 젖히면서 웃고 있었다. 모두가 바깥에 있는 양 큰 소리로 떠들었다. 말하면서 서로 팔을 툭 치기도 했다. 오래전부터 친분이 있는 아이들 같았다. 학교 카페테리아와 비슷한 긴 탁자에 앉아 있는 그들을 바라보았다. 심장이 조여오는 것 같았다. 나는 학교 카페테리아가 싫었다. 카페테리아를 둘러보며 앉을 자리를 찾고 있을 때, 모두들 내가 걸어다니는 위장병이라도 되는 양 눈을 피하는 것만큼이나 외로운 일은 없다. 탁자 끄트머리에 다가가 빈자리를 찾았다. 되도록 아무와도 눈을 마주치지 않으려고 했다. 시선을 돌려 나를 거부할 기회를 주고 싶지 않아서였다.

몇 분 후 바로 옆에서 소리가 들려왔다. 처음에는 나한테 하는 말인지 몰랐다가 또다시 듣고 알았다.

"야! 너 뭐해? 여기 앉을 거야?"

그 여자애는 나에게 말을 걸고 있었다. 고마운 마음으로 조심스럽게 옆에 앉았다. 그 여자애는 자기를 소개하고 내 이름을 물었다. "이제오마." 나는 모기 같은 목소리로 대답했다.

"뭐라고?" 소음 때문에 못 들었는지 큰 소리로 물었다.

"이제오마." 이번에는 크게 대답했다. 여기선 내 진짜 목소리를 사용하기로 했다.

대학교 입학 담당 직원이 환영 인사를 했다. 몇 분 동안 입학 조건과 장학금 원칙 등을 설명하고 우리의 학교생활을 칭찬하고 미래를 기대한다고 말한 후 그곳에 앉은 300명의 유색인 아이들이 기다려왔던 말을 했다.

"여러분들을 위해 저희가 피자를 준비했습니다."

모두가 담당자 뒤의 탁자 위에 높게 쌓여 있는 상자 더미로 달려들었다. 피자 슬라이스 밑에 로또 티켓이라도 숨겨져 있는 양 앞다투어 뛰어갔다. 하지만 나는 그렇게 하지 못했다. 나는 뚱뚱했으니까. 그냥 뚱뚱한 게 아니라 뚱뚱한 흑인 여자애였으니까. 너무나 간절히 먹고 싶은 저 피자를 먹으려 달려가는 모습은 내가 그동안 수없이 들었던 말에 담긴 암시를 사실로 만들 것이다. "그래도 넌 흑인이잖아. 흑인들은 뚱뚱한 여자도 매력적이라고 하지 않나?" 이 말에 담긴 의미는 이렇다. "뚱뚱한 건 정말 별로지만 흑인 여자애들한테는 별 기대 안 하니까."

나는 배가 고팠다. 하루 종일 한 끼도 못 먹었다. 페퍼로니 피자 한 조각을 한입에 쑤셔넣는 저 아이들과 똑같이 배가 고팠다. 피자 냄새는 미치도록 유혹적이었다. 나는 할 수 있는 모든 선택을 생각해보았고 계획을 짰다. 베지테리언 피자를 먹자. 베지테리언 피자 한 조각을 손에 들 것이다. 그래도 여전히 피자를 손에 들고 있는 뚱뚱한 흑인 여자애란 사실은 변함없지만, 적어도 그렇지 않으려고 노력하는 애 정도로 보일 수는 있을 것이다. 베지테리언 피자 쪽에는 아이들이 많이 몰리지 않아 여유가 있었다. 상자를 열어서 적당한 크기의 피자 조각을 눈으로 찾았다. 한 시간 안에 저혈당으로 쓰러지지 않게 해줄 정도로 크되, 이 피자를 너무 즐기면 안 된다는 걸 내가 이해하고 있다는 사실을 알릴 수 있을 정도의 작은 피자 조각.

피자 조각에 손을 대자, 아까 옆에 앉으라고 했던 그 여자애도 옆에 있는 피자 한 조각을 집으려고 했다. 그러다가 마치 피자가 손가락을 물기라도 한 양 흠칫하며 손을 확 뺐다.

"뭐야, 샐러드 피자네?" 그는 주변에 있던 친구들을 보며 큰 소리로 말했다.

"하하! 애들아, 이것 좀 봐. 여기에 샐러드 피자도 있어. 이런 걸 왜 먹어!"

그는 페퍼로니 피자 쪽으로 걸어갔다. 한 남자애도 고개를 흔들더니 키득거렸다. "샐러드 피자라니."

나는 상자를 덮고 페퍼로니 피자 쪽으로 걸어가 커다란 피자 두 조각을 집었다. 그리고 사람들 앞에서, 놀림받을 두려움 없이 먹었다. 몇 년 만에 처음 있는 일이었다.

설명회에 참여했던 이틀 동안 어느 누구도 내 이름을 놀리지 않았다. 이틀 동안 아무도 내 머리를 두 번 이상 쳐다보지 않았다. 이틀 동안 단 한 번도 내 목소리와 내 엉덩이 크기를 의식하지 않았다. 이틀 동안 어느 누구도 서로의 성적에 대해 묻지 않았다. 그곳에 있었던 모두가 성적 우수자였으니까. 이틀 동안 함께한 친구들이 거의 매일 느끼는 그 기분을 나도 느꼈다. 완전한 인간으로 사는 그 느낌 말이다.

그 이틀을 어떻게 묘사해야 할지 모르겠다. 그저 내게 숨 쉴 수 있는 공기가 그렇게 많이 있는 줄 몰랐다고만 말해야겠다.

영화에서 잔소리 심하고 사사건건 트집 잡는 부모를 본 적이 있는가? 자녀가 행복해 보이거나 자부심을 갖거나 평온해 보이는 그 순간, 아이를 깎아내릴 방법을 기차게 찾아내는 아빠나 엄마 말이다. "이제야 공부 시작했어? 그나마 다행이구나." "드레스 잘 골랐네. 요즘 갑자기 찐 뱃살 가려주겠어." 언뜻 들으면 나쁜 말은 아닌 것 같다. 하지만 별것 아닌 척하는 아픈 그 말이 언제 어디서 튀어나올지 모르고 평생 반복해 듣고 살아야 한다면? 이것이 바로 인종적 마이크로어그레션이다. 다만 수동적 공격 성향의 부모와 다른 점은 나를 공격하는 주체가 세상 전체이고, 삶의 모든 면에 영향을 미치며, 비록 왜곡되었을지언정 사랑에서 나온 말은 거의 없다는 점이다.

마이크로어그레션은 소외받고 차별받는 집단에 속해 있다는 이유만으로 우리 같은 소수자들이 수시로 겪어야 하는 사소하고 일상적인 모욕과 수모를 말한다. 여기서 이야기할 인종적 마이크로어그레션이란 유색인에게 가하는 수모와 모독을 말한다. 이건 그저 귀찮고 거슬리는 일이 아니다. 당신이 '열등하다'라는 사실을 끊임없이 반복 주입시킴으로써 심리학적인 피해까지 입히는 현상을 말한다. 마이크로어그레션에 반복 노출되는 유색인은 고립감을 느끼고 자신이 틀렸거나 가치 없다고 생각한다. 어떤 돌발 상황에서 마이크로어그레션이 나타날지 모르기 때문에 경계심이 높아지고 불안장애나 우울증으로 이어지기도 한다. 강도 높은 마이크로어그레션을 겪어야 하는 사람들은 정신적·육체적으로 우울증 증상이

나타날 확률이 높다는 연구 결과도 있다.[26]

마이크로어그레션이 이렇게 악영향을 미치지만 대화나 생활 중에 일일이 언급하기는 어렵다. 왜 그럴까? 그것은 쉽게 눈에 보이지 않기 때문이다.

- **마이크로어그레션은 매우 사소하여(그래서 앞에 '마이크로'라는 단어가 붙었다) 핑계와 변명으로 쉽게 빠져나갈 수 있다.** 사소한 차별이나 공격은 오해나 단순 실수로 취급된다.
- **마이크로어그레션은 누적된다.** 마이크로어그레션 하나하나는 큰 문제로 보이지 않을 수도 있다. 딱 한 번 벌에 쏘이는 건 그다지 엄청난 일은 아니다. 하지만 언제 나타날지 모를 몇 마리의 벌에게 평생 매일 쏘일지도 모른 채 살아야 한다면, 삶의 질은 크게 악화되고 벌과의 관계도 달라질 수밖에 없다.
- **마이크로어그레션은 수많은 다른 사람들에 의해 저질러진다.** 마이크로어그레션을 저지르는 사람은 늘 다르다. 그들은 각자 한 번씩만 공격하는 것이지만, 당하는 개인은 하나하나 대응하기 너무 힘들다. 매번 지적하기도 지치고, 까탈스럽고 예민한 사람으로 찍히기 때문이다.
- **많은 사람이 상대방을 마이크로어그레션으로 공격하고 있는지조차 의식하지 못한다.** 우리의 공격적인 행동은 그 결과에 대한 완전한 무지에서 나올 수도 있고, 무의식에서 나올 수도 있다. 내가 다른 누군가를 공격하고 있다는 사실을 완전히 의식하지

못하는 상황에서 이루어진다. 대체로 마이크로어그레션이 그렇다. 어느 누구도 이렇게 생각하며 행동하지는 않는다. "오늘 작게라도 이 사람에게 상처 줄 방법을 찾고야 말겠어."

마이크로어그레션이 선명히 보이지 않는다는 사실을 알았으니 이제 유색인과의 일상 대화에서 마이크로어그레션이 어떻게 등장하는지 살펴보자.

"당신 집안에서 당신이 처음으로 대학을 졸업한 사람인가요?"

"소수집단우대정책 덕분에 취직되었나요?"

"와, 영어 굉장히 잘하시네요."

"당신은 다른 흑인들 같지 않아요."

"아시아 사람들은 쌀을 참 많이 먹는 것 같아요."

"왜 흑인들은 아이들에게 우스꽝스러운 이름을 지어주죠?"

"완전 게토스러워요."

"진짜 당신 머리인가요? 만져봐도 돼요?"

"오페라도 들어요? 당신이 흑인인 줄 알았는데."

"와, 말을 정말 조리 있게 하시네요."

"당신 이름은 나한테는 너무 어려워요. 별칭 없어요?"

"어디 출신이에요? 아니… 부모님이 어디 태생인가요? 아니… 이름이 어느 나라 이름인가요?"

"애 아빠가 아직 애들 곁에 있나요?"

"아시아인치고는 정말 눈이 크군요."

"난 중국 사람들은 학교 숙제를 좋아하는 줄 알았는데."

"미국에 온 걸 환영합니다."

"아이들 아버지가 한 아버지인가요?"

"말투가 흑인 같지 않아요."

"당신, 가정부인가요?"

"죄송합니다만, 여긴 1등석 고객 전용입니다."

"굉장히 이국적이네요."

"성격을 보니까 라틴계의 피가 흐르나 봐요."

"티피(teepee, 인디언들이 거주하던 삼각형 천막)에서 산 적 있어요?"

"이 동네는 어쩐 일이에요? 친구 만나러 왔어요?"

"영어 억양이 정말 귀여워요."

말로만 마이크로어그레션이 이루어지는 건 아니다. 수많은 사람이 행동으로 보여준다. 당신이 옆에 지나가면 자기 가방을 꼭 붙잡는 사람. 당신을 따라다니면서 '도움'이 필요한지 보는 점원. 당신이 영어를 이해하지 못한다고 생각해 크게 천천히 말하는 사람. 당신이 옆에 지나가면 자동차 안에서 문을 잠그는 사람. 매장에 들어온 당신을 쇼핑하러 온 게 아니라고 짐작하는 명품 매장 직원. 같은 손님인데 당신을 점원이라 생각하는 손님. 엘리베이터가 열렸을 때 당신을 보고 타지 않는 사람. 보고서 참고 자료를 확인하겠다고, 오직 당신 것만 '혹시 모르니까' 확인하겠다는 교수. 엄마 아빠가 당신 집에 가지 말고 당신 집 아이들과는 놀지 말라고 했다는 말을 해맑게 전하는 아이들. 공항에서 받는 무작위 아닌 무작위 보안 검사. 만원이지만 당신 옆자리는 비어 있는 버스. 당신을 보고 그냥 지나치는 택시.

유색인들에게 인종적인 마이크로어그레션은 어떻게든 그들의 일상 구석구석에 들어올 방법을 찾아내는 것으로 보인다.

마이크로어그레션은 당신이 이 사회에 속하지 않는다는 것, 당신은 열등한 사람이라는 것, 당신은 백인들과 동등한 존중을 받을 가치가 없다는 것을 끊임없이 알려주는 효과 좋은 도구다. 당신을 흔들리게 하고, 집중하지 못하게 하고, 방어적으로 만든다. 시내 나들이나 직장에서의 하루를 느긋하게 즐기지 못하게 한다.

마이크로어그레션은 당하는 사람에게 감정적이고 육체적인 상처만 주지는 않는다. 더 넓은 사회적 함의를 띤다. 인종차별을 일반화하고 정상화하는 것이다. 인종차별적인 편견을 생활의 일부로 만들어버린다. 흑인 아버지가 아이를 키우지 않을 것이라는 생각은 무책임한 흑인 남성이라는 편견을 강화해 취업을 어렵게 만든다. 라틴계 여성이 영어가 유창하지 않다는 편견은 승진을 막는다. 유색인 부모를 둔 아이가 대학에 진학하는 경우가 적다고 가정하는 진학 상담사는 학생의 기준을 필요 이상으로 낮게 잡는다. 흑인들은 늘 화가 나 있다는 가정 때문에 흑인들이 정당한 울분을 표현할 때도 진지하게 받아들이지 않는다. 이런 방식으로 마이크로어그레션은 백인우월주의 사회라는 구조를 공고히 한다. 차별적이고 비인간적인 이런 미묘한 장치들이 없다면, 사람들이 유색인에게 더 공감할 테고 그렇게 되면 유색인을 짓누르는 이 사회구조 자체에 눈을 돌려야 하기 때문이다.

누군가 당신에게 마이크로어그레션을 해올 때 그 즉시 받아치는 건 쉽지 않다. 그 사람이 자신이 무슨 일을 하고 있는지 깨닫고 바로 그만둘 수 있게 해주는 완벽한 방편은 없다. 그러나 여기 적어도 가끔은 효과를 보는 전략들을 소개한다.

- **돌리지 않고 있는 그대로 말한다.** 어떤 일은 있는 그대로 언급해야 할 필요가 있고 마이크로어그레션도 그런 것들 중 하나다. "내가 영어를 못할 거라 짐작했나 보네요." 이렇게 '돌직구'를 던진다. 당신에게 일어나는 일은 현실이고, 당신은 그것을 명확히 밝힐 권리가 있다.
- **약간은 불편한 질문을 한다.** 수많은 마이크로어그레션이 무의식적인 동기에서 저질러지므로, 행동에 문제를 제기하면 그 사람은 억지로라도 자신의 동기를 돌아볼 수 있다. 내가 가장 좋아하는 두 문장은 이것이다. "왜 그렇게 말하세요?" "무슨 말인지 모르겠네요. 조금 더 명확히 말해주세요."
- **더 불편한 질문을 한다.** 당신 앞에 있는 사람이 얼굴빛이 변하거나 아무 의미가 없었다고 주장하면 이렇게 묻는다. "백인에게도 그렇게 말한 적 있어요?" "당신이 방금 한 말을 내가 어떻게 받아들여야 하나요?"
- **의도는 중요하지 않다고 강조한다.** "날 일부러 화나게 하려는 게

아닌 거 알아요. 하지만 그렇게 했어요. 이런 일은 유색인에게 항상 일어나요. 내게 상처 주려는 의도가 없다면 그만하는 게 좋겠습니다."

- **명심하라. 당신은 예민하거나 미친 것이 아니고 얼마든지 이 문제를 꺼낼 권리가 있다.** "당신이 불편해한다는 것도 알겠지만 저한테는 너무나 중요해서 꼭 짚고 넘어가야 할 문제예요."

다른 사람이 인종적 마이크로어그레션을 당하는 것을 목격했을 때는 강력하게 나서는 것도 괜찮다. 더구나 당신이 백인이라면 더 그렇게 해야 한다. 위의 전략들은 다른 사람이 당하는 마이크로어그레션에 대처할 때도 효과적이고, 약간 변화를 주면 이 문제가 꼭 본인 문제라서 꺼낸 건 아니라고 말할 수 있다. 하지만 마이크로어그레션에 직접 피해를 받고 있는 당사자들이 주도하도록 해야 한다. 당사자들이 굳이 이 문제를 언급하고 싶어하지 않아 보이면 구원자를 자처해서는 안 된다. 유색인들이 말을 아낄 때는 이유가 있을 테니, 그들을 위한다는 명목으로 함부로 나서지 말자. 또한 다른 사람이 당하는 마이크로어그레션을 대신 따질 때도 당신이 보호하는 유색인이 더 위험해지거나 그들에게 더 큰 부담을 주는 방식으로 해서는 안 된다. 그들에게 적을 만들면 안 된다. 이성적으로 따져 확실히 도움 줄 자신이 있을 때만 도와라. 그 유색인이 이미 자신의 의견을 밝히고 지원을 받고 싶어하는 것처럼 보인다면 얼마든지 지원자가 되자! 백인들이 가득한 방에서 마이크로어그레션에 대해 한마디했다가 적대감이나 침묵만 지속된다면 굉장히 처참한 기분이 든다.

당신이 유색인이라면, 그 모든 마이크로어그레션을 일일이 나열할 필요까지는 없다. 하지만 말하기로 선택했다면 어느 누구 앞에서도 말할 권리가 있다. 까탈스럽다거나 편 가르기 한다거나 괜한 분란을 조장한다는 말을 들어도 넘어가면 안 된다. 진정 해롭고 분란을 조장하는 건, 결과는 아랑곳하지 않고 유색인들에게 끊임없이 가하는 공격적인 행동이다. 진정 해롭고 분란을 조장하는 건, 유색인들은 괴롭힘을 참고 받아들일 거라는 예상이다. 때로는 마이크로어그레션에 대한 대화가 건강하게 흘러 긍정적인 결단에 이를 수도 있다. 진심으로 귀를 기울이고 본인들의 잘못을 인정할 수도 있다. 그러나 상대가 당신의 말을 무조건 거부하고 방어적인 태도를 보일 수도 있다. 그래도 괜찮다. 그 또한 진전이다.

남에게 상처를 주고서도 계속 마음이 편안할 수는 없기 때문이다. 여러 차례 당신의 의사를 전한 후에는 평안한 하루를 위해 그쯤에서 그만둬도 좋다. 언젠가는 여러 사람에게 조금씩 스며들 것이다. 처음에도 안 되고, 다섯 번째에도 안 되더라도 언젠가는 그렇게 될 것이다. 유색인에게 인종차별적 행동을 하는 모든 사람을 가르칠 의무는 없지만, 원할 때 자신을 위해 나서는 건 권리라는 것을 잊지 말자.

반대로 만약 당신이 인종적 마이크로어그레션을 했다는 말을 상대에게서 들었고, 그 말을 이해하고 싶고, 유색인에게 상처를 주고 싶지 않다면 다음과 같이 행동하자.

- **멈춘다.** 비난을 들으면 감정적으로 대처하기 쉽다. 바로 대응하기 전에 일단 말을 멈추고 숨을 고르면서, 당신의 목표는 상대를 이해하고 더 나은 관계를 유지하는 것임을 명심하자.

- **스스로 질문한다. "내가 왜 그 말을 하거나 행동했는지 내가 알고 있나?"** 잠깐이라도 생각한다. 내가 왜 그 말을 하려고 했나? 왜 유색인이 지나갈 때 내 가방을 꽉 잡았을까? 적절한 이유를 못 찾을지도 모르지만, 그건 자기 자신을 더 돌아봐야 한다는 신호일 수 있다.

- **스스로 질문한다. "나와 같은 인종의 사람에게도 이 말을 했을까? 내 인종의 사람들에게 곧잘 하는 말인가?"** 어떤 문장에 특정 인종이 포함되었다면(이를테면 중국계 미국인은 '미국' 음식을 좋아하지 않으리라는 가정을 했다면) 다른 백인들과 일상적인 소통을 할 때도 비슷한 편견을 갖고 말하는지 스스로 돌아보라. 예컨대 백인이 중국 음식을 주문할 때 이렇게 말하는가? "미국인은 핫도그 같은 것만 먹는 줄 알았어요!"

- **위협받거나 불편하다는 감정이 생긴다면 왜 그런지 묻는다.** 사람들은 인종 문제와 관련해 긴장감을 느낄 때 방어기제로 마이크로어그레션을 사용하기도 한다. 예를 들어, 백인 친구들과만 어울리고 있는데 한 흑인 친구가 다가와 합류할 때 느끼는 일시적인 불편함 때문에 부적절하게 행동할 수도 있다. 물론

나와 '다른', 우리에게 온전히 속하지 않는 사람이 함께했을 때 분위기가 변할 수도 있다. 하지만 불편한 이유를 당신의 편견 탓으로 생각하지 않고, 합류한 사람에게 인종적으로 불쾌한 농담이나 비유를 하면서 서로의 차이를 그들 탓으로 돌린 것은 아닌가? 가끔은 유색인에게 도전을 받는다는 기분이 들어서 콧대를 꺾어주고 싶어 그들을 부정적이고 소외시키는 방식으로 언급했을지도 모른다. 그 행동을 할 때는 왜 그랬는지 몰랐을 것이다. 그러나 나중에 당신의 감정을 찬찬히 들여다보면, 위협받는 기분이 들어서 인종적이고 공격적으로 대응했다는 사실이 보일 것이다. 왜 그랬는지 검토해봐야 한다.

- **당신의 좋은 의도를 받아들이라고 강요하지 말라.** 중요한 점은 상대방이 상처를 받았다는 사실이다. 그것이 최우선이 되어야 한다. 당신이 누군가에게 상처를 주었다는 사실은 당신이 끔찍한 인간이라는 뜻은 아니지만, 의도가 좋았다고 해서 죄책감을 면제받을 수는 없다. 이 문제를 당신의 에고(ego)에 대한 것으로 만들지 말라. 정말 좋은 의도였다면 앞으로도 계속 좋은 의도를 갖고 방금 일어난 일을 이해하는 것을 우선순위로 놓으면 된다.

- **명심하라. 이것은 그저 단편적인 사건이 아니다.** 유색인들에게는 마이크로어그레션의 길고 긴 역사가 있다. 인종적인 트라우마는 누적된다. 당신은 처음 하는 행동일지 모르지만, 그렇다는 사실을 알아줄 거라고 기대해서는 안 된다. 과거에 일어난 일

때문에 당신이 비난받는 건 부당하게 생각되겠지만, 정말 부당한 것은 유색인들은 이런 일을 매일 견뎌야 한다는 사실이다. 당신은 지속적으로 수모를 당할 필요가 없다는 특권을 누려왔다. 그렇다면 당신 행동이 상처 주는 행동의 하나가 되어 그들의 괴로움을 가중시켰다는 것 정도는 인정하고 책임질 필요가 있다.

- **시간을 갖고 조금 더 알아보라.** 당신에게 제공되는 정보는 무엇이든 기꺼이 받아들여라. 하지만 그 사람에게 '마이크로어그레션 101 강의'를 해달라고 요구해서는 안 된다. 당신이 저지른 일이 무엇이건 아마 그 전에도 수차례 있었던 일이라는 데 내기를 걸어도 좋다. 인터넷으로 검색하면 더 쉽고 빨리 이해할 수 있다.

- **사과하라.** 당신은 한 인간에게 상처가 되는 어떤 일을 했다. 왜 어떻게 상처를 준 건지 전부 이해하지 못하더라도 사과부터 해야 한다. 이것은 인간 존중의 예의다. 모든 사실을 이해하지 못하더라도 사람에게 상처 주지 않아야 한다는 건 이해하지 않는가.

이렇듯 마이크로어그레션에 대해서 이야기하기는 쉽지 않다. 본인이 당하는 수모와 모욕을 계속해서 꺼내야만 하는 것도 굉장히 아픈 일이고, 자신이 뭔가를 계속 잘못하고 있다는 기분을 느끼는 것도 마찬가지로 괴롭다. 하지만 마이크로어그레션을 끝내고 싶다면, 유색인들이 당하는 작은 상처들을 멈추고 싶다면, 인종차별의 일상화를 멈추고 싶다면 이 대화를 해야만 한다. 인종차별이라는 문제에서는 이러한 작고 사소한 일들이 정말 크고 중요하다.

우리 학생들은 왜 이렇게 화가 나 있는 건가요?

우리 집 여덟 살짜리 아들은 뭔가 불안할 때면 내가 주로 글을 쓰는 침실 문 앞을 조심스럽게 서성인다. 내가 아이의 기척을 눈치채지 못하면 몇 초 후에 소심하게 문을 두드린다. 불안한 일이 없으면 아이는 아무 생각 없이 방 안으로 돌진한다. 우리 가족은 평소에 서로의 방문을 꼭 노크하는 편은 아니다. 하지만 아이는 뭔가 불안할 때 노크를 한다.

그날 밤 주저하는 듯한 작은 노크 소리를 들었다. 아들의 얼굴은 걱정으로 가득했다.

"엄마." 아이는 기어 들어가는 목소리로 날 불렀다.

나는 활짝 웃어 보였다. "왜 우리 아들, 이리 와서 무슨 일인지 이야기해봐."

아들은 침대 끝에 엉덩이를 걸치고 잠시 꼼지락거리더니 겁을 잔뜩 먹은 목소리로 말했다. "엄마, 내일 학교 행사가 있어요. 그런데 가기 싫은데 어떡하죠."

우리 아이는 학교를 정말 좋아한다. 매학기 마지막 날에는 울상을 짓고 여름이 끝나면 신나서 춤을 추는 아이다. 결석을 하지도 않고 학교 행사에는 절대 빠지고 싶어하지 않는다.

"왜?" 나는 걱정이 되었다.

"음악 선생님이 내가 국가 안 부르고 국기에 대한 맹세(pledge of allegiance)를 하지 않으면 참전 군인들한테 혼날 거래요." 눈에는 눈물이 글썽글썽했다.

잠시 동안 무슨 소리를 하는 건지 알 수 없었지만 얼마 후면 재향군인의 날(Veteran's Day, 11월 11일)이라는 것을 기억했다. "참전 군인들이 너희 학교를 방문하니?"

아이는 고개를 끄덕였다. "네. 그런데 선생님이 내가 국기에 대한 맹세를 하지 않으면 군인들이 다가와 소리를 지르면서 '네가 뭔데 국기에 대한 맹세를 안 하는 거냐' 하고 화낼 거래요. 그분들은 나를 위해서 전쟁에서 싸웠는데 내가 국기에 대한 맹세를 하지 않으면 상처받을 거래요."

내가 무슨 말을 하기도 전에 아이는 한숨 쉬더니 덧붙였다. "그런데 난 하기 싫어요."

우리 아들은 이미 어른들에게 왜 자신이 더 이상 국기에 대한 맹세를 하고 싶지 않은지 충분히 설명한 적이 있다. 몇 달 전 내 방문 앞에서 불안의 춤을 춘 다음 나에게 처음 말했었다.

"엄마, 왜 우리가 학교에서 국기에 대한 맹세를 해야 해요?"

나는 놀랐다. 최근에 미국 프로풋볼리그(NFL) 쿼터백인 콜린 캐퍼닉의 국가 제창 거부가 뉴스에 계속 보도되긴 했지만, 여덟 살짜리 아들과 그에 대해 따로 이야기를 나눈 적은 없었다. 내가 정치에 관심이 많고 적극적으로 활동하는 사람이긴 하지만, 아이는 아이답게 키워야 한다고 생각해서, 복잡한 사회 정치 사상을 주입하기보다는 모든 인종에게 친절해야 한다는 기본적인 태도만 가르치는 편이다.

그때 나는 아들에게 국기에 대한 맹세의 간략한 역사를 알려주었다. 아이가 질문하면 대답해주었다(스마트폰으로 구글 검색을 두어 번 하면서 말이다). 아이는 깊게 한숨을 쉬더니 말했다. "엄마, 난 앞으로 국기에 대한 맹세는 하지 않을래요. 그래도 돼요?"

모든 사회운동가들은 자신의 자녀들이 어느 날 마법처럼 사회에 눈을 뜨길 바라겠지만 나는 우리 아들이 깊이 생각한 후에, 그 결정을 뒷받침할 나름대로의 논리가 생긴 후에 결정을 내리기를 바랐다. 왜 국기에 대한 맹세를 하고 싶지 않은지 물었다.

"왜냐면 일단 나는 무신론자라서 하느님에게 맹세하는 건 하고 싶지 않고요. 또 국기에 대한 맹세는 전쟁을 조장하는 것 같아요. 그리고 이 나라가 나처럼 생긴 사람들을 잘 대해준다고 생각하지 않기 때문에 '모든 사람에게 자유와 평등을'이라는 부분은 거짓말이라고 생각해요. 매일 거짓말하는 걸 좋아할 수는 없다고 생각해요."

그래서 아들이 이 문제로 나에게 두 번째 상담을 요청했을 때 나는 이 국기에 대한 맹세 문제는 이미 해결했다고 생각했다. 아이의 선생님에게 이메일로 아이가 맹세를 하고 싶어하지 않는다는 뜻을 전달했고, 선생님은 아이와 대화를 나눈 후에 타협점을 찾았다. 그 반 친구들이 거의 매일 국기에 대한 맹세를 할 때 우리 아들은 조용히 듣긴 하지만 함께 따라하지는 않기로 했다. 아이 차례가 오면 (아이들에게 자신감과 리더십을 키워주기 위해 돌아가면서 맹세를 제창하기로 했다) 아이는 시를 한 편 읽기로 했다. 그런데 이번에도 아이가 선생님에게 왜 자신이 맹세를 하고 싶지 않은지 용기 내 설명했지만, 다른 선생님이 하라고 요구한 것이다. 나는 그 선생님이 여덟 살 아이에게 명령에 따르라며 그렇게 위협적으로 말했다는 사실에 충격을 받았지만, 아이 얼굴을 보니 아이는 이미 결심했음을 알 수 있었다.

나는 아이의 무릎을 토닥거리며 말했다. "선생님이 겁 줬다고 네가 학교 빠지는 거 엄마는 원치 않아. 그분은 네가 왜 맹세를 하고 싶지 않은지 이해를 못 한 것 같아. 하지만 그건 그 선생님 문제야. 너는 이미 다른 선생님들에겐 잘 설명했잖니. 행사 중간에 참전 군인들이 너에게 소리 지를 일은 없어. 만약 그런다면 정말 나쁜 사람들이지. 난 네가 맹세를 하지 않고 국가도 부르지 않아도 된다고, 그래도 너에게 아무도 소리 안 지를 거라고 확신해."

아들은 고개를 끄덕이고 학교에 갔고 결국 맹세를 하지 않았다. 나는 다시 한 번 이 작은 소년이 가진 힘과 도전 정신에 놀랐다.

유색인 아이의 부모로서 가능한 한 아이를 차갑고 잔인한 현실로부터 보호하고 싶지만 그 현실을 피할 수 있는 특권이 없는 한, 이 고달픈 세상으로 나갈 수 있게 준비도 시켜야 한다. 우리 집 맞은편에 사는 이웃이 우리 아들이 들고 있던 '흑인의 생명은 중요하다' 푯말을 보고 "백인 차별 인종주의자"라고 말했을 때 아이의 얼굴에 드리우던 절망을 기억한다.

언젠가는 아이 아빠가 아들에게 장난감 총은 밖에서 갖고 놀면 안 된다고 신신당부했다는 말을 들었다. 집에서는 갖고 놀아도 되지만 밖에선 안 된다고 했다.

"엄마, 아빠가 그러는데 어떤 애가 장난감 총 갖고 놀다가 경찰에게 총 맞아서 죽었대요." 아빠의 주장이 사실인지 확인하고 싶은 아이는 나를 똑바로 보며 말했다.

아이의 입에서 튀어나온 그 문장을 듣자 뒤통수를 맞은 것처럼 충격을 받았다. 지난 몇 달 동안 열두 살 소년 타미 라이스가 공원에서 경찰에게 총을 맞고 사망한 사건을 떠올리지 않으려고 애썼다. 경찰은 어린아이의 장난인 것도 파악하지 못하고 어린 소년의 인권을 무시한 채 총격을 했다. 아이는 총에 맞자마자 바닥에 쓰러졌고, 그때 오빠에게 뛰어온 동생의 손목에는 수갑이 채워졌다.

"응. 사실이야. 그런 일이 있었어." 나는 말해야만 했다.

아이는 물었다. "하지만 엄마, (배다른) 형은 항상 밖에서 총 갖고 놀잖아요. 왜 아빠는 형한테는 그러지 말라고 안 했어요?"

나는 이미 부서진 가슴이 더 조각조각 부서질 수 있을 거라고는 생각하지 못했는데 그런 일이 가능했다. 아빠(백인이다)는 갈색 피부의 자기 아이가 총을 갖고 노는 모습을 보기 전까지는 그 일이 가져올 수 있는 끔찍한 결과를 한 번도 고려하지 않았다가, 아이에게 현실을 일깨워줘야 했던 것이다. 나는 머리부터 발끝까지 예쁘고 소중한 아들을 바라보며 말했다. "그건 형이 백인이라서 그래. 경찰은 백인 아이가 놀 때는 그 총이 진짜가 아니라는 걸 바로 알거든. 미안하다, 아들. 모든 경찰이 네 총이 진짜라고 생각하는 건 아니지만 그래도 조심하는 게 낫잖아. 아빠는 널 보호하고 싶어서 그러시는 거야."

아들은 눈물이 그렁그렁한 채로 날 바라보다가 고개를 끄덕이고 조용히 방을 나갔다.

아들은 그 후 국기에 대한 맹세에 대해 생각했고, 이 국가의 모습을 보았다. 그러고 나서 자신은 더 이상 맹세를 하고 싶지 않다고 결정한 것이다.

"이 나라가 나처럼 생긴 사람들을 잘 대해준다고 생각하지 않기 때문에 '모든 사람에게 자유와 평등을'이라는 부분은 거짓말이라고 생각해요. 매일 거짓말하는 걸 좋아할 수는 없다고 생각해요."

나는 대답했다. "그래. 그 이유라면 엄마도 충분히 이해가 가는구나."

●○

나는 1980년대에 태어났다. 정확히 말하면 1980년생이다. 나는 '코스비 가족'의 약속과 함께 자랐다. 열심히 노력하면 무엇이든 될 수 있다. 공부만 잘하면 힐만대(〈코스비 쇼〉에서 딸인 드니즈가 다닌 가상의 아이비리그 대학)와 예일대 중에서 선택할 수 있다. 가끔 인종이라는 촌스러운 개념으로 당신 하루를 망치는 편협한 인간이 없는건 아니다. 그러나 인종차별은 딱 그 정도, 시대착오적인 어떤 것이고, 내가 이 세상의 규칙대로만 살면 대체로 피부색에 방해받지 않고 원하는 인생을 살 수 있다.

하지만 1980년대의 이 약속은 코카인 확산에 따른 마약과의전쟁과 1994년에 제정된 '폭력 범죄 규제 및 법 집행에 관한 법(Violent Crime Control and Law Enforcement Act)'을 막지 못했다.그 법에 따라 미국 경찰은 무장군대화되었고, 유색인들이 많이 저지르는 범죄에 최고 의무 형량을 도입했다. 이들에게 쉽게 유죄를내리는 사법 체계 때문에 수감자가 이례적으로 늘면서 이들을 유치하기 위해 교도소가 기하급수적으로 팽창했다. 1980년대의 약속은 2000년대에 가속화된 대량 투옥 현상도 막지 못했다. 1980년대의 약속은 흑인 가정들만 주택 담보 대출과 금융 위기에 차별적으로 타격을 받는 현상을 막지 못했다. 빌 코스비가 준 충격만으로도 산산이 깨져버린 약속이었다. 부모 세대와 우리 세대는 오바마대통령 당선과 함께 그 약속이 실현될 거라 희망했지만 결과는 기대에 못 미쳤다. 이제 그 유산을 물려받아야 하는 건 다음 세대다.

우리는 어린이는 무엇이든 성취할 수 있다는 1980년대의 약속을기억하고, 그때 얻은 자신감과 대담함으로 아이들을 키웠다. 우리부모님들은 중산층의 안정과 안전한 학교와 안정적인 직업을 위해 싸워왔고 그것들을 위해 더 노력하라고 가르쳤다. 부모 세대의 노력 덕분에 우리는 아이들에게 우리가 갖지 못했던 자유를 줄 수 있었다.

우리 아이들은 그 자유를 고등학교와 대학교까지 누리다가, 우리의 노력이 자신들의 전망을 밝게 해주지 않는다는 것을 깨달았다. 아이들은 성인이 되어서야 깨달았다. 흑인 남성 세 명 중 한 명은 교도소에 갈 확률이 높고, 흑인은 백인의 13분의 1만큼의 수입밖에 기대할 수 없다는 사실을. 수백 명의 유색인 남성과 여성이 매년 경찰에게 사살된다는 사실을 성인이 되고서야 알았다. 저항과 진보 세대 특유의 자신감과 희망을 갖고 아이들을 키웠지만, 이 세상은 아이들에게 현재의 한심한 상태에 안주하고 만족하라고 말한다.

하지만 우리 아이들은, 우리가 아무리 개인적으로 발전하고, 아무리 선한 사람이 되기 위해 애를 썼다 해도, 이 사회구조는 변함없다는 사실을 목격했다. 아이들은 우리가 지난 몇십 년간 이룬 협상과 타협이 어떻게 등을 돌렸는지를 목격했다. 존경할 만한 사람이 되고자 했지만 우리의 존엄을 인정받지 못했다. 예외적인 유색인이 되고자 노력했더니 덜 예외적인 유색인들이 당하는 억압을 정당화했다. 이 나라의 사법제도는 '좋은' 유색인은 '좋은' 백인 편에 포함시켜주는 척하면서, 자기들이 '나쁘다'고 생각하는 세대를 통째로 꿀꺽 삼켜버렸다.

아이들은 명문 대학에 입학하려면 명문 대학에 보낼 자원이 있는 공립학교가 있는 동네에 살아야만 가능하다는 걸 알게 되었다. 대학에 들어가서는 학교 교육 과정이 여전히 그들을 억압하고 차별하는 역사, 문화, 정치를 가르치고 권장한다는 것을 알게 되었다. 인종차별적인 은행의 대출 정책 때문에 개미처럼 일한 부모들이 하루아침에 집을 잃는 모습, 은행 고위 관계자들은 대가를 치르지 않고 유유히 빠져나가는 모습을 목격했다. 아무리 열심히 공부하고 일해도, 아무리 많은 것을 이루어도, 지하철 역사에서 경찰에게 총을 맞는 동영상의 주인공이 자신이 될 수도 있다는 사실을 알았다. 우리 아이들은 현실을 있는 그대로 보고 있고, 더 잃을 것도 없다는 것을 안다.

그러면서도 우리 아이들은 부모가 그들에게 무엇이든 할 수 있다고 얼마나 자주 말했는지 기억한다. 부모가 인권운동의 역사와 정의를 위한 투쟁을 얼마나 자주 가르쳤는지 기억한다. 그래서 그들도 투쟁하고 있다.

현재 우리 아이들은 인종차별과 식민지 제국주의 서사를 가르치는 학교에 맞서 싸운다. 학생 운동선수가 당하는 착취와 싸운다. 차별을 강화하는 언어와 싸운다. 전제조건 없이 인간으로 보이기 위해 싸운다. 자신만을 위해 싸우고 있는 것은 아니다. 우리 아이들은 장애인 차별 반대 운동가와 스톤월 항쟁(뉴욕 성소수자들의 아지트이자 불법 주류 업소 '스톤월 인'을 경찰이 무단 급습해 단속하는 과정에서 벌어진 인권 투쟁)의 비전과 성과를 물려받았다. 우리 아이들은 유색인을 위한 정의가 '모든' 유색인을 위한 정의여야 한다고 믿는다. 그 어떤 인간도 뒤로 밀려나길 원치 않는다.

우리 아이들은 우리가 감히 꿈꾸었던 것보다 더 정의롭고 더 올바른 세상을 위해 싸운다. 우리 세대가 논의했던 동성 결혼, 트랜스젠더 화장실 권리, 이민, "모든 생명은 중요하다", "흑인의 생명은 중요하다" 등은 이미 젊은이들의 사상에 기본 바탕으로 깔려 있다. 이제 그들은 우리를 실망의 눈으로 바라보며 왜 어른들은 이해하지 못하는지 의아해한다. 트럼프 대통령 당선 후 첫째 아들과 학교 친구 수백 명이 거리로 나가 시청까지 행진했다. 학생들은 충격을 받았고 분노했다. 더 나은 세상, 더 포용적인 세상을 위해 그렇게 노력해왔는데 우리 어른들이 아주 우아하게 망쳐버린 것이다. 아들은 나에게 시위 영상을 보내주었고 나는 영상을 인터넷에 올렸다. 몇몇 성인들이 이런 댓글을 남겼다. "학생이면 시위할 시간에 공부나 할 것이지." 하지만 아이들은 공부한다. 우리보다 훨씬 더 많이 한다. 공부해서 알기 때문에 밖으로 나가 행동하는 것이다.

행동하는 청소년들을 지켜보는 건 감동적이기도 하고 염려스럽기도 하다. 그들은 '요구하기엔 너무 지나치다'고 머리에 세뇌된 것들에 대해서도 의문을 제기한다. 새로운 세대는 우리에게 이렇게 생각하게 한다. 우리는 늙고… 틀렸을지 모른다고. 우리의 청소년들이 우리가 평생에 걸쳐 싸워왔던 원칙에 코웃음을 치고 그것들이 시대착오적일 뿐만 아니라 차별적이라고 할 때 과연 어떤 일이 일어날까?

우리 모두는 반드시 명심해야 한다. 우리의 의도가 무엇이건, 우리가 사회정의를 추구하며 하는 말과 행동은 언젠가는 시대착오적이 되어 비효율적이고 오류가 있는 것이 될 수 있다. 진보란 원래 이런 식으로 이동한다. 지금 하는 일이 지금 필요할 때만 우리의 지식과 생각은 중요하고 유용하다. 내가 대학에 다닐 때 했던 논쟁은 내가 아들을 대학에 보내기 위해 준비하는 지금 이 세상에서 필요한 주장과는 다르다. 내가 만약 그것을 인정하지 않고 적응하길 거부한다면 나는 앞으로 나아가고 싶어하는 세대들을 힘겹게 할 뿐이다.

부모로서 자식의 의견에 다 동의할 수도 그를 온전히 이해할 수도 없다는 걸 안다. 아이들이 자라면 자랄수록 더 그렇게 될 것이다. 하지만 우리 엄마와 내가 그랬던 것처럼, 다음 세대는 그들 나름대로의 방법을 찾아낼 것이다. 부모인 나는 그들이 길을 만들어 갈 때 필요한 플랫폼만 제공해주면 되고, 그들이 효과가 없다고 느끼면 그 플랫폼도 치워버릴 수 있다. 우리의 당면 과제는 그들을 안전하게 지켜주고 그들이 앞으로 택할 길을 지지해주고 할 수 있는 데까지는 자원을 제공하는 것이다.

이 사회에서 어른 세대의 역할도 마찬가지다. 미래를 설계하는 건 우리의 임무가 아니다. 미래를 향한 아이들의 걸음을 너무 망치지만 않는 것, 아이들이 과거를 수정하는 데 너무 힘을 쓰지 않아도 되게 하는 것이 우리 역할이다. 다음 세대들이 우리에게 실망하고 당황하더라도, 우리가 그들을 지배하려 하지 않고 지지하기만 하면, 결국에는 스스로 길을 찾을 것이다.

작가이자 사회운동가로서의 나의 목표는 미래 세대를 내 뜻대로 키우고 만들어내는 것이 아니다. 그들에게 오직 플랫폼만 제공하려 한다. 젊은이들이 그 토대 위에 무언가 지을 수도 있고 필요 없으면 걷어차거나 부숴버릴 수도 있을 것이다. 실은 우리 자녀들은 지금 이 순간 그 일을 하고 있다. 우리가 해온 모든 일, 우리가 그들에게 바친 그 모든 것 위에 무언가 짓기도 하고 허물기도 한다. 그 광경이 얼마나 경이로운지 모른다.

14

모범 소수민족 신화란 무엇인가요?

♍

나는 어린 시절 내내, 20대 시절 내내 가난했다. 일시적으로 통장 잔고가 빈약해져 가고 싶은 콘서트에 못 간다거나 한 주만 외식을 거른다는 식의 가난 말고, 가난의 의미 그대로의 가난 말이다. 전기가 끊기고, 전화도 없고, 무료 급식소에서 저녁을 먹는 가난이다. 나는 깨어 있는 시간에 너무 배가 고파 일부러 잠을 많이 자려고 한 기억이 있다. 온수가 끊겨 길고 어두운 복도를 몰래 걸어가 빈 아파트에서 샤워를 한 기억이 있다. 하지만 가난한 사람이 우리뿐만은 아니었다고 기억한다.

우리 집이 우리 동네의 여느 가정에 비해 약간 더 가난했을지는 몰라도 우리만 가난한 건 아니었다. 가난한 유색인 아이들, 그리고 가끔은 가난한 백인 아이들이 있었다. 나는 자연스럽게 유색인 아이들에게 더 끌렸는데, 그것은 우리가 같은 유색인종이라 서로에게 더 깊이 공감했기 때문이 아니라, 경제 사정이 더 비슷하다고 느꼈기 때문이다. 이것은 아이들에게는 그 무엇보다 중요할 수 있다. 나는 내 까만 피부와 곱슬머리 때문에 놀림받기도 했지만, 점심 도시락으로 가져온 머스터드 샌드위치 때문에, 밤이면 아파트에 켜놓은 기름 램프와 촛불 때문에, 혹은 아무도 우리 집에 전화할 수 없다는 사실 때문에 더 많이 놀림받았다.

만일 당신이 갈색 피부이고 우리 아파트 단지에 살고 있었다면 당신은 거의 나만큼 가난할 확률이 높을 것이다. 우리 집에서 하룻밤을 자게 된다면, 우리는 집 안을 탈탈 털어 1달러를 모아 라면 한 봉지를 살 테고, 전기가 들어오지 않는 밤에 생라면을 부숴 촛불 밑에서 과자처럼 먹었을 것이며, 그 사실을 아무도 이상하거나 부끄럽다고 생각하지 않았을 것이다.

나에게는 함께 푸드뱅크에 갈 친구가 있었다. 마트에서 푸드스탬프로 계산을 해도 놀라지 않을 친구들이 있었다. 나에게 예쁜 생일 선물을 기대하지 않는 친구들이 있었다. 보나마나 중고매장 굿윌(Goodwill) 딱지가 붙어 있을 게 뻔하기 때문에 옷의 라벨 같은 건 쳐다보지 않는 친구들이 있었다. 우리 엄마들은 다들 이 시간에 일하고 있는 게 당연했기에 너희 엄마 어디 갔냐고 묻지 않는 친구들이었다. 모두가 가난해서 물건 때문에 질투하고 시기할 일도 없었다. 우리는 그저 꼬마 애들이라서 대부분의 시간이 행복했다.

가난하게 사는 것이 괜찮다는 의미가 아니다. 절대 아니다. 우리 또한 바깥세상이 어떻게든 알리려 하는 부끄러움을 조금씩 느끼고 있었다. 부모님이 20달러로 열흘을 어떻게 버틸지 고심할 때 이마에 패는 깊은 주름을 보았다. 선생님들이 우리에게 얼마나 기대를 안 하는지 알았다. 하지만 우리가 함께 모여 있으면 잠시라도 평범한 애들인 척할 수 있었다. 망가지지 않은 척할 수 있었다.

나는 어른이 된 후에야 어린 시절 우리 동네 가난했던 친구들 중 상당수가 아시아계나 태평양 섬 출신이라는 것을 깨달았다. 아시아계 미국인들에 대한 나의 생각도 그들은 '부지런하다'는 당시 널리 퍼진 통념과 딱 맞아 떨어졌다. 근면 성실하고, 학업에서도 경제적으로도 성공하고, 내성적이고 진지한, 대체로 동아시아 출신(한국, 중국, 일본)의 2, 3세대들 말이다. 그때 내 친구들의 부모님은 대체로 괌, 필리핀, 베트남, 캄보디아, 라오스, 인도 출신이었다. 그들의 부모님은 내전, 갈등, 국가 부도를 피해 도망쳐 온 경우가 많았다. 모두 가난했고 모두 고생했고 모두 갈색 피부와 강한 억양 때문에 차별을 받았다. 그런데 이상하게도 그 친구들에게서 아시아계인이라는 인종적·민족적 정체성은 그 당시에도, 성인이 된 후에도 보이지 않았다.

인종 불평등에 대항하기 시작할 때도 그들은 내 머릿속에 들어오지 않았다. 경제적 평등을 위해 싸울 때도 그들을 딱히 고려하지 않았다. 인종 정의라는 주제에 몇 년을 천착했지만 아시아계 미국인은 글을 쓴 다음에야 가끔 생각나는 정도였다.

부끄러운 일이지만 사실은 사실이다. 내가 그들을 잘 모르거나 그들을 사랑하지 않아서가 아니다. 하지만 그러한 변명은 다른 사람이 해도 안 통하듯, 내가 해도 통하지 않을 것이다. 그저 나는 이 국가의 산물이고 아시아계 미국인들을 페티시(fetish)하거나 지워 버리는 서사에 나 또한 다른 사람처럼 동참했을 뿐이다. 우리 대다 수가 그런 것처럼 나도 지금보다 나아져야 한다.

미국의 인종 구성을 생각할 때 많은 사람들은(성공한 많은 아시 아계 미국인들조차) 흑인과 백인을 떠올릴 테고, 어쩌면 갈색 피부 의 라티노와 백인을 떠올릴지 모르고, 어쩌면, 정말 어쩌면 아메리 카 원주민과 백인을 떠올릴 것이다. 하지만 우리는 '모범 소수민족 신화(model minority myth)'와 그것이 아시아계 미국인에게 어떤 영향을 미쳤는지에 대해서는 좀처럼 말하지 않는다. 하나의 문제 로 보지도 않는다.

모범 소수민족 신화란 아시아계 미국인에게 페티시를 갖는 것, 전 세계 인구의 큰 부분을 차지하는 민족을 단순한 고정관념에 묶 어 축소하는 것이다. 모범 소수민족 신화는 아시아계 미국인에게 지나치게 큰 부담과 기대를 안기고 그 기준에 맞추지 못하는 사람 들은 지워버린다. 모범 소수민족 신화는 종교적 소수도 지우고, 난민도 지우고, 퀴어 아시아계 미국인도 지운다. 이는 아시아계 미국인을 향한 미국 사회의 인종차별을 덮는 예쁜 담요가 되어, 이들을 같은 백인우월주의 사회구조에서 고통받는 다른 유색인들 과 분리해낸다. 모범 소수민족 신화는 아시아계 미국인을 해치는 매우 적극적인 인종차별이다. 우리는 이제 이것에 대해서 이야기 해야 한다.

●○

'모범 소수민족'이라 불리는 것이 대단히 문제가 될 거라는 느낌은 들지 않는다. 어떤 집단의 '모범'이라니, 우리도 그런 사람이 되기를 열망한다. 아시아계 미국인과 태평양 제도계 미국인 지역사회 안에서도 모범 소수민족 신화에 대해 불만을 나타내는 사람이 있지만 모범 소수민족이 되는 건 불평할 일이 아니라는 주장이 그들을 침묵시키곤 한다. 모범 소수민족 신화 개념을 지나치게 단순화하면서 불평을 하지 못하게 한다. 하지만 문제는 이 사회가 아시아계 미국인을 그저 '너무 훌륭하다'고 보는 것이 아니다. '너무 성공했다'고 보는 것이 진짜 문제가 아니다. 모범 소수민족 신화는 그보다 훨씬 더 복잡하고 해롭다.

1966년 사회학자 윌리엄 피터슨이 일본계 미국인의 사회경제적 성공을 설명하기 위해 만든 용어인 '모범 소수민족'의 신화는 아시아계 미국인들을 보는 고정관념이 되었고 이들은 백인우월주의자들의 눈에 '이상적인 소수집단'을 대표했다. 이 고정관념에는 높은 학력과 경제적 성공, 정치적 온건함, 근면 성실함, 수학과 과학 성적의 우수함, 엄한 양육 방식 등이 포함된다. 피터슨은 아시아계 미국인들의 성공을 연구하기 위해 '모범 소수민족'이라는 용어를 사용했으며 이 집단과 비교하기 위해 '문제적 소수민족'이라는 용어를 만들기도 했다.

일부 아시아 사회에서는 이 고정관념을 기꺼이 받아들이기도 했지만 많은 이들이 거부하려고도 했다. 아시아계 미국인 학자인 밥

스즈키의 논문 〈아시아계 미국인의 교육과 사회화: '모범 소수민족' 이론의 수정주의적 분석〉과 전기택의 〈아시아계 미국인들의 성공 신화와 그 교육적 파장〉은 모든 아시아계 미국인이 성공할 것이라는 편견을 거부하려 한 초창기의 목소리였다.

표면상 모범 소수민족 신화는 신화처럼 보이지 않는다. 실제로 아시아계 미국인들은 대학 졸업률이 가장 높은 편에 속하고, 연봉도 높고, 미국에서 투옥률이 가장 낮은 소수집단이다. 하지만 아시아계 미국인 사회학자, 심리학자, 교육자, 사회운동가 들은 모범 소수민족 신화가 숨기려는 아시아계 미국인의 현실을 조명하고 이 신화가 끼치는 더 큰 해악도 직시했다.

'아시아계 미국인'이라고 말할 때는 이 지구의 굉장히 큰 부분을 대표하는 굉장히 크고 넓고 다양한 문화와 역사에 대해 이야기하는 것이다. '아시아계 미국인'이라고 할 때는 일본, 한국, 중국계만을 이야기하는 것이 아니라, 남아시아, 동남아시아, 태평양 제도계, 인도계, 몽족, 베트남계, 사모아인, 하와이 원주민 등도 포함한다. '아시아계 미국인'이라고 할 때 우리는 전쟁 난민, 취업 비자(H-1B visa)로 오게 된 개발자와 공학자를 포함해 이야기하는 것이다. 즉 '아시아계 미국인'이라고 할 때 우리는 단 하나의 고정관념에 들어맞는 민족만 이야기하지 않는다.

미국 내 모든 인종적 소수집단이 해로운 선입견에 갇힐 수밖에 없지만, 모범 소수민족 신화는 일견 해로워 보이지 않기 때문에 대처하기가 더 힘들다. 이것 때문에 피해를 입는 사람들조차 이것 때문에 자신의 피해를 보지 못한다. 그렇다면 '모범 소수민족'을 언급할 때 우리가 보지 못하는 사람과 우리가 보지 못하는 현상은 무엇인가? 굉장히 많다.

- **태평양 제도계** 하와이, 괌, 통가, 피지, 사모아, 마셜 제도계 후손들의 문화, 역사, 목소리는 미국 사회와 문화 안에서 대체로 보이지 않는 존재로, 태평양 제도계의 요구는 아시아계 미국인에 대한 논의에서 제외되곤 한다.

- **극단적인 경제적 차이** 전체적으로 보면 아시아계 미국인의 부와 빈곤율은 미국의 백인과 비슷하다. 이런 통계는 아시아계 미국인 안에서 출신 국가별 빈부의 엄청난 간극을 가려버린다. 필리핀계 미국인은 평균 6.8퍼센트의 빈곤율을 보이는데, 이는 백인들보다 3퍼센트 낮다. 반면 캄보디아, 라오스, 파키스탄, 태국계 미국인들은 18퍼센트의 빈곤율을 보인다. 몽족과 방글라데시계의 빈곤율은 26~28퍼센트로 흑인이나 히스패닉과 비슷하거나 약간 넘는 수준이다.[27] 태평양 제도계는 미국에서 그 어떤 인종이나 민족 집단보다 실업률이 높다.[28] 로널드 타카키가 《다른 거울: 미국 다문화 사회의 역사 (A Different Mirror: A History of Multicultural America)》에서 지적한 것처럼, 이러한 경제적 격차는 아시아계 미국인들이 처음 어떻게 미국으로 이민 오게 되었는지와 관계 있다. 초창기 아시아계 미국인은 '미숙련 노동자'로 무시받는 편이었다. 그

러다 1965년 이민법이 개정되면서 미국 정부는 교육 수준이 높고 경제적 기반을 갖춘 아시아인들을 우선적으로 받아들였다. 이들이 미국 사회에 조금 더 '기여'할 수 있다고 믿었기 때문이다. 그때부터 중국과 일본에서 특권 계층의 능력 있는 이민자들이 미국으로 들어왔고 그 후 아시아계 미국인에게 고학력, 고소득이라는 이미지가 서서히 자리 잡아갔다. 사실 애초에 저학력 저소득 중국인과 일본인은 이민 올 수가 없었다. 신화가 공고해지면서 이와는 현저히 다른, 베트남이나 캄보디아 같은 국가에서 피난 온 아시아계 난민의 사회·교육·경제적 조건은 고려되지 않았다. 또한 이 신화는 다른 난민 인구와 마찬가지로, 아시아계 난민들이 미국에 도착했을 때 겪게 되는 사회·경제적 장벽을 설명하지 못한다.

● **극단적인 교육 격차** 2013년 아시아계 미국인의 대학 졸업률은 53퍼센트로 미국의 어떤 인종 집단보다 높다. 전체적인 경제적 수준도 높은 편이다. 이 숫자는 출신 국가에 따른 광범위한 격차를 숨긴다. 캄보디아와 라오스계 미국인 2세대의 46퍼센트가 고졸 이하인데, 이는 6퍼센트인 중국계 미국인 2세대와 매우 대조적이다. 모범 소수민족 신화는 수업을 따라가기 어려워하는 아시아계 학생들의 발달을 어렵게 하기도 한다. K-12(유치원부터 고등학교를 졸업할 때까지의 교육 기간) 아시아계 미국인 학생들에게는 학습 지원이 그다지 필요 없다는 연구 결과가 있다. 하지만 사실 아시아계 미국인 중 3분의 1이 쓰기,

읽기, 말하기 능력에 어려움을 겪는다(특히 가정에서 영어를 쓰지 않는 아이들).[29] 많은 아시아계 미국인들이 이러한 불이익과 지원 부족으로 힘들어하는 한편, 아시아계인들이 미국의 고등 교육 혜택을 너무 많이 누린다는 편견 때문에 대학 진학에도 어려움을 겪곤 한다. 중국이나 인도 같은 나라 엘리트들의 '두뇌 유출(brain drain)'을 환영하는 미국 이민 절차를 생각해보자. 우리가 아시아계 미국인 하면 떠올리는 '고학력자' 대다수는 실은 그 나라에서도 이미 높은 교육 수준을 가진 부유한 고급 인력들로 자녀들도 부를 세습받는다. 반면 태평양 제도계는 17퍼센트, 몽족과 라오스계의 경우 13퍼센트만 4년제 대학 학위를 갖고 있는데,[30] 이는 흑인의 22퍼센트, 히스패닉의 19퍼센트보다 낮다.[31] 아시아계 미국인들이 수학과 과학에 뛰어나다는 편견 또한 예술과 인문학 분야에 종사하려는 아시아계 미국인 학생들이 그 분야에서 진지하게 받아들여지는 것을 힘들게 한다. 2009년 조사에 따르면, 예술과 인문학을 전공한 아시아계 미국인들은 15퍼센트 이하로, 미국에서 어떤 인종적 민족 그룹보다 낮다.[32]

- **직업적 성공의 한계** 아시아계 미국인들은 성공한 전문직 종사자로 비춰진다. 하지만 그들에게 학력과 자격이 있다고 알려져 있음에도 불구하고 그 분야의 최고 위치까지 올라가는 일은 거의 없다. 2011년 조사에서 《포춘》이 선정한 500대 기업 CEO 중 아시아계 미국인은 1.4퍼센트밖에 되지 않았고, 모

든 대기업에서 간부 위치까지 올라간 아시아계는 1.9퍼센트
에 불과했다. 아시아계 미국인 남성들은 본인의 경력에서 '정
체되어 있다'고 느낀다.[33] 구글이나 페이스북 같은 업계 1, 2위
회사에서 아시아계 미국인 직원은 35~60퍼센트에 이르지만,
그들이 경영진으로 승진할 확률은 백인 동료의 반도 되지 않
는다.[34]

- **아시아계 미국인들을 향한 증오 범죄** 미국에서 아시아계를 향
한 증오 범죄는 큰 주목을 받지 못한다. 이는 모범 소수민족 신
화가 아시아계인의 정의를 동아시아에만 한정하고 있어, 빠르
게 증가하는 남아시아계인들에게 벌어지는 증오 범죄가 간과
되기 때문이다. 남아시아계인들에 대한 문화적 무지 때문에
그들이 모두 무슬림이 아닌데도 반이슬람 정서의 표적이 되곤
한다. 2001년 9·11 테러 사건 이후 많은 시크교와 힌두교 신
자들이 증오 범죄의 희생자가 되었다. 그들을 무슬림으로 오
인한 사람들에 의해 저질러진 범죄였다. 시크교단은 테러 이
후 한 달 동안 시크교 미국인들에게 약 300건의 증오 범죄가
일어났다고 발표했다. 2008년 조사에서 샌프란시스코만(灣)
주변에서는 터번을 두른 시크교 학생 중 69퍼센트가 희롱이
나 괴롭힘을 당한 적이 있다고 대답했다.[35] 2012년에 한 백인
우월주의자는 위스콘신의 시크교 사원에 불을 질러 여섯 명이
사망하고 네 명이 중상을 입었다.

- **아시아계 미국인 여성의 건강과 안전** '순종적이고 고분고분한

아시아 여성'이라는 고정관념은 파트너가 아시아계 여성에게 저지르는 폭력을 방관하거나 숨기는 데 사용된다. 아시아계 여성 41~61퍼센트가 평생에 한 번 이상 파트너에게 육체적·성적 학대를 당한 경험이 있다고 대답했는데 이는 미국 내 여성 평균의 두 배에 이른다.[36] 아시아계 여성의 우울증과 자살 충동이 무척 높다는 연구 결과도 있다. 그러나 아시아계 여성들은 가정 폭력 인식, 피해자 변호, 정신 건강 치료 지원 분야가 주목하는 대상이 아니라서 수혜자가 되지 못한다.

● **정치 권력 결핍** '온순한' 아시아계 사람들이라는 통념과 과학이나 IT 분야에서만 일해야 한다는 사회적 압박이 더해지면서 많은 아시아계인들이 정치적 리더십을 발휘하거나 사회운동가로 나서지 못하고 있다. 이 방면으로 진출하려는 이들이 리더가 되기엔 '강하지 않다'는 평가를 받기 때문이다. 2017년 미 상원에는 아시아계 미국인이 단 한 명도 없었고 하원에는 열한 명뿐이었다. 미국에서 아시아계 대통령이나 부통령은 단 한 번도 나온 적 없고, 지금까지 미국 역사상 아시아계 미국인 주지사는 단 일곱 명뿐이었다.

● **아시아계 미국인이 당하는 일상적인 차별과 마이크로어그레션** 모범 소수민족 신화는 아시아계 미국인들에게 미국에서의 '대단한 성공'에 만족하라고 압박하고, 성실하고 근면하며 순종적인 이미지를 고수하라고 강요한다. 이렇게 아시아계 미국인들은 인종적 마이크로어그레션에 불만을 나타내지 못하게 되어

버렸고, 목소리를 내더라도 심각하게 받아들여지기 어렵다.

- **다른 유색인들과의 잦은 갈등** "너도 아시아인들처럼 되면 되잖아. 그 사람들은 무일푼으로 미국 와서도 열심히 일해서 저렇게 성공했는데. 너는 차별받는 게 아니야. 그저 게으른 거야." 이것은 비(非)아시아계 유색인들이 미국의 구조적 인종차별을 언급하려 할 때 백인들에게 가장 자주 듣는 후렴구다. 모범 소수민족 신화는 아시아계 미국인들의 사회적·경제적·학문적 성취와 순종적인 성격을 흑인, 히스패닉, 아메리카 원주민과 비교하고 대조하여 아시아계를 다른 소수인종과 분리한다. 분할과 정복(divide and conquer) 전략으로, 대(對)백인우월주의 투쟁을 아시아계와 다른 유색인종 간의 경쟁으로 돌리는 것이다. 모범 소수민족 신화가 조장하는 아시아계와 다른 유색인들 간의 반감 때문에 아시아계와 비아시아계는 노동력 착취, 정부 대표자 부족, 대중문화 부재, 문화 도용 등 공유할 수 있는 경험을 함께하지 못한다.

위에서 언급한 것들은 인종적 모범 소수민족 신화가 아시아계에 미치는 악영향의 극히 일부에 지나지 않는다. 모범 소수민족 신화는 아시아계 미국인에게 도움을 주는 것이 아니라 백인우월주의에 이득을 가져다주는 것에 불과하다. 아시아계인들의 노동력을 착취하고, 빈곤층과 소외 계층의 아시아계인을 등한시하고, 아시아 문화를 이국적이고 신비로운 것으로만 여기고, 아시아계인을 정치에서 소외시키고, 아시아계 여성들을 성적으로 착취하고, 아시아계 미국인의 모범 소수민족 신화를 다른 소수인종과 비교하면서 흑인과 히스패닉들의 주장을 억누르려 한다.

미국에서 인종차별과 싸우고 싶다면 모범 소수민족 신화와도 싸워야 한다. 인종에 대한 차별과 억압이라는 당면한 문제에서 이렇게 더 광범위한 형태의 인종차별은 빠지곤 한다. 우리의 아시아계 미국인 친구와 이웃들은 평등과 반인종차별 논의의 자리에서 한 자리도 얻지 못하고, 아시아계 인종차별과 싸우려는 그들의 노력 또한 더 큰 사회적 정의를 주장하는 집단에게 묵살당한다. 비아시아계인들도 아시아계 미국인의 문제 제기를 다른 소수인종의 목소리처럼 주목해야 한다. 단지 사회정의운동에서뿐만 아니라 우리 정부, 우리의 회의실, 영화와 텔레비전 화면에서도 그들이 삭제되고 있음을 알아야 한다. 반아시아적인 마이크로어그레션에 대해서 듣거나 모범 소수민족 신화의 문제점이 화제가 되면 듣고 배울 준비가 되어 있어야 한다. 아시아계와 다른 인종적·민족적 소수집단의 분리를 위해 계획된 백인우월주의의 서사에 맞서 싸워야 한다. 아시아계의 자유와 평등을 위해 싸워야 한다. 마지막으로, 아시아계와 비아시아계 유색인 모두 잘못된 선전을 그만 믿어야 한다. 우리는 백인우월주의 사회라는 파이의 가장 큰 조각을 가지려고 싸우는 게 아니다.

우리는 우리만의 독특한 문화, 역사, 재능, 도전을 드러내고 가치를 인정받기 전까지는 자유롭지 못할 것이다. 인종차별과의 전쟁에서 이기려면 일련의 인종적·민족적 고정관념은 우리를 자유롭게 해주지 않는다는 것을 깨달아야만 한다. 설령 그 고정관념이 겉으로 볼 때 아무리 매력적이어도 말이다.

15

너무 거친 운동가들 때문에 불쾌한데 어떡하죠?

어렸을 때 나는 마틴 루서 킹은 좋아하고 말콤 엑스는 좋아하지 않았다. 이 두 사람의 성향은 언제나 내 안에서 연결되어 있었다. 인종적 정의를 위한 투쟁의 두 얼굴이라고도 할 수 있다. 마틴 루서 킹 쪽이 있고 말콤 엑스 쪽이 있다. 말콤과 마틴은 언제나 미국인들에게 이분법처럼 소개되었다. 마틴은 사랑과 평등, 말콤은 분노와 분리.

학교에서도, 대중문화에서도, 집에서도 그렇게 배웠다. "마틴 루서 킹은 피부색이라는 게 존재하지 않는 세상을 원했어." "말콤 엑스는 백인들을 미워했지." 마틴 루서 킹은 미국을 너무나 사랑하여 인종 간의 조화를 이루고자 했던 평화주의자라고 배웠다. 우리는 그의 연설 중에서 달콤하게 들리는 것만 쏙쏙 뽑아냈고, 흑인과 백인 아이들이 평화롭게 사는 그림만 강조했다. 인종차별 사회가 끝난 미국에서 킹 목사와 백인들이 나란히 손잡고 걸을 것이라고 예상했다.

말콤은 반면교사처럼 이야기되곤 했다. 만약 인종차별적 사회에 원한과 분노만 품으면 어떻게 되는가. 우리는 말콤을, 증오 때문에 자신을 억압한 이들과 다를 바 없이 변한 부패한 사람으로 보았다. 마틴의 죽음은 전설적인 순교로 칭송하고, 말콤의 죽음은 분노와 앙심만 품고 있던 흑인에 걸맞는 자연스러운 결말로 보았다.

이와 같은 마틴/말콤 이분법은 모든 유색인에게, 특히 인종차별에 대항해 싸우는 모든 흑인에게 적용된다. 우리 중 일부는 선하고 현명하고 지지를 받을 가치가 있다. 그들은 "모든 백인이 그런 건 아니지"란 말을 자주 하고, 틈틈이 '플리즈(please)'를 넣고, 절대 분노를 표출하지 않으며, '정의' 같은 단어를 쓰지 않고, 구체적이지 않고 모호한 주장을 하는 사람들이다. 그런 우리는 마틴이다. 그리고 소리 지르는 사람, 당신의 하루를 불편하게 하는 사람, 당신의 행동을 지적하는 사람, '블랙'이라는 단어를 크고 자랑스럽게 외치는 사람, 그런 우리는 말콤이다.

말콤 엑스의 이미지는 알 샤프턴 또는 제시 잭슨의 이미지로 교체되었다. 같은 꼬리표를 붙여 같은 이미지를 주입하려 했다. 당신은 지지를 받을 자격이 없고, 당신의 대의는 타락했고, 그래서 사람들이 당신과 함께 싸우려 하지 않는 거라고 했다.

내가 잊을 만하면 받는 메시지이기도 하다. 사람들은 내게 페이스북 댓글로, 트위터 DM으로, 이메일로 "나 같은 사람들 때문에"

인종 간의 관계가 악화된다고 말한다. 때로 곱게만 말하지 않겠다는 나의 고집, 백인우월주의 사회나 인종주의자를 정의하기 위해 사용하는 '백인우월주의 사회'나 '인종주의자' 같은 단어들, 흑인임을 드러내고 흑인으로서 인정받고자 하는 나의 의지가 문제가 된다고 말한다. 백인들 또한 자유와 평등을 위한 싸움에 동참하고 싶지만 내가 이 문제를 너무 불쾌하게 만들어 꺼려진다고 말한다.

이러한 말은 나에게 상처가 되었고 예전에는 깜짝 놀라 한발 물러나게도 했다. 나나 다른 많은 흑인들이 남기는 메시지가 그들의 삶 전체를 흔들고 있다고 말한다. 평등을 얻을 가치가 있는 흑인이 있고 그렇지 못한 흑인이 있다. 당신이 그렇지 못하다면 자아 비판을 해보라고 한다. 그때마다 나는 나 자신을 또다시 돌아보고, 내 언어를 확인하고, 내 목소리를 죽이곤 했다. 하지만 조용하고 부드러운 목소리는 조용하고 부드러운 세상을 불러오지 않는다. 그저 내가 지금 2등급 시민으로 사는 것에 만족한다는 인상을 줄 뿐이다. 그저 내 어깨만 더 무겁게 할 뿐이다.

여기서 한 가지 사실 확인을 해보자. 마틴 루서 킹은 당대에 "밀크(MLK)"가 아니었다(마틴 루서 킹의 이니셜 MLK가 밀크와 발음이 비슷한 데서 마틴 루서 킹이 부드럽기만 한 사람으로 여겨지는 것). 전설의 "밀크"가 전혀 아니었다. 마틴은 당시 공공의 적 1호였다. 그는 사회 전반에 걸쳐 정부의 위협을 말콤 엑스보다 더 심하게 받았다. 마틴도 말콤도 같은 것을 위해, 압제로부터의 자유를 위해 싸웠다. 물론 두 사람은 다른 단어를 사용하고 다른 전략을 활용하긴 했지만, 그들의 목표 자체는 미국 사회에 위협이 되었다. 인종차별로부터의 자유라는 목표는 그때나 지금이나 백인우월주의 체제를 향한 직접적인 위협이다. 마틴은 평화와 사랑의 행동을 보여주었지만, 폭행 당하고 공격받고 체포당하고 협박당하고 FBI에게 미행당하고 결국 암살되었다. 지금은 밀크의 동상이 세워지고 평범한 흑인들은 따라가지도 못할 위인이 되어 있지만, 당대에 마틴은 미국에서 가장 위험한 사내였다. 마틴은 너무 많은 걸 요구하는, 그것도 너무 시끄럽게 떠드는 흑인 남성이었다. 마틴이야말로 백인들로 하여금 평등을 지지할 수 없다고 말하게 하는 사람이었다. 우리가 무엇을 요구하든 그것이 백인우월주의를 위협한다면 너무 지나친 것으로 보일 것이다.

백인들의 아기를 키우던 노예였을 때, 우리는 그렇게까지 착하지 않았다. 그들의 집을 청소하는 하녀였을 때 우리는 그렇게까지 부지런하지 않았다. 그들의 신발을 닦아주는 짐꾼이었을 때 우리는 그렇게까지 공손하지 않았다. 그들의 오락을 위해 춤추고 노래할 때도 우리는 그렇게까지 매력은 없었다.

수백 년 동안 우리가 인종 억압으로부터 해방되는 길은 우리의 미덕에 달려 있다고, 우리의 인류애부터 회복해야 한다는 말을 들었다. 우리에겐 평등을 쟁취할 자격이 없다고 했다.

그래서 사람들이 내 말투를 좋아하지 않는다고 하거나, '흑인의 생명은 중요하다' 운동의 '호전성'을 지지할 수 없다고 하거나, 인종차별에 대해서 그런 식으로 격하게 말하지 않는 편이 나을 거라고 말하면 나는 딱 한 가지 질문을 한다.

"당신은 정의와 평등을 지향하나요?"

당신이 정의와 평등을 지향한다면, 어떤 경우에도, 어떤 사람을 위해서라도 지향해야 한다. 아이의 안전을 지향하면 싱글맘의 처우 개선도 지향해야 하고, 거리의 아이들의 안전도 지향해야 한다. 당신이 좋아하는 사람이건 아니건 그들의 정의와 평등을 지향해야 한다. 항상 공손하게 "플리즈"라는 말을 덧붙이지 않는 사람의 정의와 평등도 지향해야 한다.

만약 나의 말이나 행동 때문에 나 같은 사람은 정의나 평등을 누릴 자격이 없다고 생각한다면 애초에 정의와 평등을 지향하지 않는 것이다.

그렇다. 나는 말콤이다. 그리고 마틴이다. 안젤라이고, 마커스(Marcus Garvey, 자메이카 출신 흑인 지도자)이고, 로자(Rosa Parks)이고, 비코(Steve Biko, 남아프리카공화국의 흑인 민권 운동가)이고, 볼드윈(James Baldwin, 미국의 흑인 소설가)이고, 아사타(Assata Shakur, 전투적 저항 운동가. FBI 지명수배 명단에 올랐다)이고, 해리엇(Harriet Tubman, 아프리카 출신 노예의 삶을 살았던 흑인해방 운동가)이며, 니나(Nina Simone, 흑인 저항 운동을 노래한 미국의 재즈 가수)다. 나는 해방을 위해 싸우고 있다. 나는 정당한 분노와 사랑으로 가득한 사람이다. 나보다 먼저 이 길을 걸었던 사람처럼 나 또한 소리친다. 나는 태어날 때부터 정의와 평등을 누릴 자격이 있는 인간이고 당신이 내 편에 서기 위해 알아야 할 것은 그뿐이다.

"당신이 그렇게 모욕과 막말을 일삼으면 발전이 없을걸요?"

"바로 그래서 아무도 당신을 도우려 하지 않는 겁니다."

"백인들의 도움을 받고 싶으면 그들에게 먼저 잘해야죠."

"왜 그렇게 화가 나 있어요? 그럴수록 사람들은 당신 편을 들기 힘들어요."

이제 톤 폴리싱(tone policing, 어조 검열, 태도 논쟁 등의 뜻으로, 메시지 자체보다 메시지를 전달하는 어조와 태도를 공격하는 행동)에 대해서 이야기해보자. 인터넷에서 벌어지는 정치·사회 논쟁을 보았다면 이 용어를 한두 번쯤 접해보았을 것이다. 그러나 온라인에서나 오프라인에서나 톤 폴리싱에 대해 이야기하다 보면, 이 용어의 뜻을 이해하지는 못하면서도 그저 이것 때문에 비난받고 싶지 않은 것으로만 알고 있는 경우가 많았다.

어쩌면 톤 폴리싱은 당신이 스스로를 비난하려고 사용했을지도 모른다. 인종에 대해서 논의하고 있는데 갑자기 언성이 높아진다. 당신은 차분하고 교양 있는 대화를 이어가고 싶다. 그래서 한 마디 한다. 앗, 그런데 내가 '톤 폴리싱'을 하고 있는 것 같다.

뭔가 잘못한 것 같지만 어떻게 잘못한 건지는 모르고 갑자기 당신에게 '문제'가 있다고 한다. 어떻게 하라는 거지?

톤 폴리싱은 생산적인 인종 토론을 원한다면 반드시 알아야 할 중요한 용어다. 당신이 누군가에게 톤 폴리싱을 하고 있었다면 의도가 좋든 나쁘든 무언가 크게 잘못하고 있는 것이다.

그렇다면 톤 폴리싱이란 무엇인가? 차별에 관한 대화 중이거나 차별적인 상황에서 누군가(보통은 기득권을 가진 사람)가 토론의 주제가 아니라 토론 방식으로 초점을 바꾸는 것을 말한다. 톤 폴리싱이란 차별받는 사람의 상황보다는 특권층의 마음의 안정만을 우선시하는 것이다. 모든 대화에서 생길 수 있는 일이지만 인권운동과 인권운동 조직을 비판하는 사람들에게 적용되기도 한다.

가장 해로운 종류의 톤 폴리싱은 누군가에게 말하고 싶고 도움받고 싶다면 그 전에 조건을 따르라고 말하는 것이다.

위의 내용을 읽고 이렇게 생각할 수도 있다. '스트레스를 유발하고 서로 악감정만 커지는 대화를 피하는 건강한 방법 아닌가? 나를 존중하지 않는 사람에게 따끔하게 한마디해야 한다고 배우지 않았나? 까칠하거나 무례한 사람에게서 나 자신을 지켜야 하는 것 아닌가?' 하지만 상처받은 감정이나 무례함은 억압 자체가 아니고, 지금 논의되고 있는 억압 다음에 와야 하는 문제다. 지금 쓰레기를 버리는 문제 때문에 싸우고 있다면 상대에게 소리 지르지 말라고 할 수도 있겠지만, 인종과 구조적 억압과 차별에 관한 논의는 그렇게 단순하지 않다.

인종차별에 관한 대화는 유색인에게는 그저 단 한 번 일어난 사건이 아니다. 우리는 과거 구조적 인종차별로 인해 받은 고통과 미래에도 여전히 계속될 학대에서 우리를 분리할 수 없다. 유색인이 구조적 인종차별을 이야기할 때는 단순히 상처받은 감정만을 이야기하는 것도 아니고, 지금 위험한 것은 그들의 감정도 아니다. 유색인이 인종차별을 이야기할 때는 주제가 무엇이든 언제나 이 사회에서 평생 당한 폭력과 학대에 대해 이야기하는 것이다.

경찰의 과잉 진압에 관해서 이야기할 때 나는 흑인 남녀가 마치 개처럼 거리에 쓰러져 있는 장면을 볼 때 느낀 고통을 이야기하는 것이며, 나와 내 형제와 내 아들의 공포에 대해 이야기하는 것이고, 정의로운 사법 판결을 보지 못해서 느끼는 울분까지 포함해 이야기하는 것이다. 당신이 차별받는 사람과 마주 앉아 차별에 관해 이야기할 때, 당신은 상처받고 두려움에 떨고 마음에 한이 남아 비통해하는 사람들과 이야기하는 것이다.

당신에게는 누적된 구조적 인종주의로 인해 고통받지 않을 특권이 있었기에 인종 문제와 관련된 사건과 상황을 단지 이번에 일어난 한 번의 사건으로만 볼 수 있다. 그럴 수 있다. 그러나 그와 같은 자유가 없는 유색인들이 당신과 같은 평화로운 자세로 토론할 수는 없다는 것만큼은 명심해야 한다.

유색인이 구조적 차별을 말할 때는 내면에 응집된 모든 고통과 공포와 분노를 당신에게 열어 보이는 것이다. 좋아서 하는 일이 절대 아니다. 이루 말할 수 없을 만큼 아프고 상처 난 곳을 또다시 헤집는 경험이다. 그래도 하는 이유는 해야 하기 때문이다. 이 구조적 인종차별이 우리를 죽이고 있기 때문이다. 그렇다. 상처와 고통과 분노가 가끔 우리 언어와 행동에 반영될 수도 있다. 하지만 그 모든 고통을 보고 싶다고 말하고, 우리가 평생에 걸친 고통과 어떻게 싸우고 있는지 알고 싶다고 말하면서 먼저 예의부터 지키라고 하는 건 너무나 잔인한 일이다.

누군가 정의와 평등을 위해 울부짖었을 때 그 울부짖음의 언어를 당신이 편안하게 느끼는 수준으로 조절해주기까지는 듣지 않겠다고 하는 건, 당신이 그 상황에서 여전히 우위에 있음을 반증한다. 억압받는 사람이 당신에게 손을 뻗었을 때는 이미 그들이 말하고자 하는 그 억압과 차별에 충분히 불이익을 당한 상태다. 그들이 견디고 있는 그 모든 아픔보다 당신을 편안하게 해주는 노력이 더 중요하다는 것. 의식하든 안 하든 당신이 유색인에게 톤 폴리싱을 하면 겨우 이러한 의사나 전달할 뿐이다.

사회운동을 하는 사람들 중 당신 마음에 들지 않는 사람은 얼마든지 있을 수 있다. 당신이 절대 동의하지 않을 행동을 하는 사람은 언제나 있게 마련이다. 당신이 대의를 지향하고 따른다고 해도 어떤 운동을 맹목적으로 따르지 않을 권리도 있다. 당신은 언제나 눈을 똑바로 뜨고 자신의 원칙과 도덕에 충실해야 한다.

하지만 운동 내 어떤 사람에 대한 악감정이 인종차별 반대 운동의 중심이 되어서는 안 된다. 인종적 정의를 위해 싸우는 사람의 특정 행동에 도저히 동의할 수 없다고 해도 그들이 정말 정의를 위해 싸우고 있다는 것을, 당신과 같은 목표를 갖고 있다는 사실을 인정하자. 하지만 만일 당신의 목표가 유색인들의 인종차별 싸움의 방식을 당신이 동의하는 방향으로 바꾸는 거라면, 목표는 더 이상 인종적 정의가 아니다. 당신의 승인을 받는 게 목표가 되어버린다. 평등을 위한 운동을 하려거든 당신의 목표가 평등이라는 점을 확신할 수 있고, 그 안에서 당신이 원칙을 어기지 않는다고 느낄 수 있는 영역을 찾아라. 그곳에서 행동하고 그곳에서 당신의 작업과 다른 사람의 작업을 만나게 하고 협력하라. 명심하자. 이건 당신에 관한 일이 아니다. 당신이 거부감을 느끼는 사람에 관한 일이 아니다.

지금도 앞으로도 모든 일은 사회운동 내에서 해야 더 효과적이다. 비판은 이미 운동 내에서 나오고 있으니 당신은 쉬어도 된다. 운동은 성장하고 변화한다. 이런 운동을 하는 동안 당신이 싫어하는 그 사람과 관련된 논쟁이 전혀 없을 거라고 넘겨짚지 말라. 하지만 기득권자인 당신이 사회정의운동을 자기 입맛에 맞게 뜯어 고치려 한다면, 그것은 우리를 당신이 상상한 이미지에 맞게 만들어보겠다는 의미다. 이것은 이 사회정의운동이 정확히 반대하는 바다.

인종차별과 싸우는 데 관심이 있는 백인이라면, 톤 폴리싱 같은 태도 논쟁을 하는 대신, 인종차별에 대항하는 싸움에서 진정한 협력자가 되는 데 집중해야 한다. 다음 몇 가지만 명심하자.

- **당신의 공감력 한계를 인식하라.** 당신의 특권 때문에 구조적 인종주의로 고통받는 유색인을 온전히 이해하지 못할 수 있다. 하지만 이해하지 못한다고 해서 실재하지 않은 것은 아니다.
- **화제의 방향을 바꾸지 말라.** 인종주의와 구조적 억압의 핵심 이슈는 언제나 인종주의와 구조적 억압이다.
- **목표를 기억하라.** 스스로를 협력자라고 생각한다면 당신의 목

표는 언제나 구조적 인종주의를 해체하는 것이다.

- **전제조건을 걷어내라.** 목표에 어떤 전제조건이 있어서는 안 된다. 당신이 구조적인 인종주의와 싸우는 이유는 이것이 윤리적 의무이기 때문이다. 그 의무는 구조적 인종주의가 존재하는 한 계속되어야 한다. 순수하고 단순하다.

- **떠나도 좋다. 하지만 포기하진 말자.** 차별받는 사람이나 그 집단의 언어나 방식을 도저히 견디지 못하겠다면 한발 물러나서 당신이 도울 수 있는 다른 곳을 찾아도 좋다.

- **불편함에 대한 인내심을 기르자.** 불편함을 느끼는 데 익숙해져야 하고 이것이 당신의 감정에 관한 문제가 아니라는 데 익숙해져야 한다. 그래야 유색인들의 인종 정의를 향한 노력을 도울 수 있고 방해하지 않을 수 있다.

- **당신은 호의를 베푸는 것이 아니라 옳은 일을 하는 것이다.** 당신이 백인이라면, 백인우월주의는 당신이 이익을 얻었던 체제이고 당신의 특권이 그것을 유지하게 했다는 것을 명심해야 한다. 백인우월주의를 해체하려는 노력은 정의를 추구한다면 당연히 해야 하는 일이다. 당신이 노력했다고 해서 유색인들이 당신에게 감사나 우정의 빚을 지지는 않는다. 내가 사는 집을 청소했다는 이유로 고맙다는 인사를 받지 않듯이.

특권이 있는 사람에게 어조 때문에 비판이나 모욕을 당한 적이 있는 유색인이라면 다음을 명심하라.

- **화, 슬픔, 두려움을 느낄 자격이 있다.** 이것은 이 인종주의라는 비인권적이고 부자연스러운 체제에 대한 자연스러운 반응이다.

- **누구에게나 평등과 정의는 생득권이다.** 어떤 사람도 당신에게서 빼앗을 수 없다. 당신의 존엄은 힘겹게 얻어내야 하는 것이 아니다.

- **당신은 중요하다.** 당신의 존엄에 전제조건을 달려고 하는 사람보다 당신의 존엄이 중요하다.

- **누구도 당신의 인종 정의에 대항하는 싸움에 당신보다 권위를 갖지 않는다.** 당신의 어조와 태도를 걸고넘어지는 사람은 당신의 인종 정의에 대한 요구가 적절하려면 그들의 승인을 받아야 한다고 세뇌하는 것이다. 모욕적인 행동이다.

- **당신은 당신의 진실을 말할 자격이 있고, 당신의 말을 듣게 할 자격이 있다.**

인종과 인종차별에 관한 토론은 꽤 거칠어질 수 있다. 하지만 인종차별의 고통과는 비교할 수 없다. 우리의 존엄은 불편함을 감수할 가치가 있다. 사실 아주 많은 불편함을 감수해도 괜찮다. 당신이 백인우월주의 체제 안에서 살고 있다면 이 체제와 싸우거나, 그렇지 않으면 연루된 것이다. 불의한 구조와 제도에 중립이란 없다. 쉽게 손을 뺄 수 있는 것이 아니다. 당신이 정의와 평등을 믿는 사람이라면 우리는 한배에 탄 것이다. 당신이 날 좋아하든 말든.

16

인종주의자라는 말을 들었는데,
어떻게 해야 할까요?

"나의 대통령 임기 중 가장 치욕 스러운 순간 중 하나였습니다." 조지 W. 부시 대통령은 NBC 간판 앵커 매트 라우어에게 진지하게 이렇게 말하고 있었다.[37] 대통령 임기 2년이 지났을 때, 두 차례의 전쟁으로 수천 명의 국민 목숨을 잃게 하고 전 세계를 불안에 떨게 했던 이 전임 대통령은 가장 잊을 수 없는 순간들에 대해 이야기하고 있었다. 그에게 '가장 치욕스러 웠던 순간들' 목록에는 카니예 웨스트가 "부시 대통령이 흑인은 신경 쓰지도 않는다"고 말한 그 순간이 들어 있었다.

부시는 자서전 《결정의 순간들(Decision Points)》에서 자신이 카니예의 비난에 얼마나 상처를 받았는지 더욱 구구절절 이야기한다. 그는 그때 가장 밑바닥에 내동댕이쳐진 기분이었다고 한다. "대통령으로서 수많은 비판을 받아왔다. 내가 이라크의 대량 살상 무기에 대해서 거짓말한다고 하고, 부자 감세 정책을 편다고 비난할 때도 괴로웠다. 하지만 허리케인 카트리나에 대한 나의 대처 방식을 비난하며 내가 인종차별을 한다는 말을 들었을 때 가장 기분이 처참했다."

당시에 이 말을 듣고 약간 어안이 벙벙하면서 살짝 우스웠던 기억이 난다. 임기 시절 그 모든 비극적이고 참혹한 일들(테러, 수만 명의 목숨을 빼앗은 명목 없는 전쟁, 대공황 이후 가장 심각한 경제 불황 등)을 겪게 해놓고도, 누군가 자신을 인종주의자라고 암시했던 일이 가장 처참한 기억이라니. 나는 당시, 그것이 부시가 대통령 될 자격이 전혀 없는 이상하고 감정적인 어린애에 불과하다는 사실을 보여주는 증거라고 생각했다. (물론 도널드 트럼프가 '대통령 될 자격이 없는 이상하고 감정적인 어린애'의 진면목을 보여주기 전이다.) 하지만 나는 이 사건을 대체로 우스꽝스러운 일탈 행동 정도로 생각하고 있었다.

인종에 관한 글을 쓰기 전까지는 그랬다.

인종 관련 글을 쓰거나 말을 하기 시작하면서, 이 세상에는 인종주의자라는 비난을 조금만 받아도 부시처럼 반응하는 사람이 허다하다는 것을 발견하게 되었다. 인종주의자라 불리는 것, 누군가 당신이 인종주의자일지도 모른다고 암시하는 것, 누군가 당신이 한 행동이 인종차별적이라고 말하는 것, 누군가 당신과 동일시하는 사람을 인종주의자라고 부르는 것이 수많은 백인에게는 세상에서 가장 끔찍한 건가 보다. 인종주의자라는 꼬리표가 자기를 툭 건드리기만 해도 그 일은 그에게 일어날 수 있는 사상 최악의 일이 되나 보다.

트위터에 미국의 인종차별에 대한 글을 공유한 후에 한 백인 캐나다인에게서 댓글을 받았다. "캐나다로 이사 오세요. 우리나라엔 인종차별 없습니다." 나는 최근 캐나다 정부가 수십 명의 원주민 여성 피살 사건을 적극적으로 수사하지 않는다는 뉴스와 캐나다 경찰의 흑인 '카딩(carding, 신분증 확인)' 논란과 내 캐나다 친구들의 증언을 바탕으로, 캐나다도 상당히 인종차별적이라고 답했다. 이 날 나에게 처음 말을 건 이 백인 캐나다인은 절대 아니라고, 캐나다에는 인종차별 같은 건 없다고, 자기는 한 번도 못 느꼈다고 끝까지 최선을 다해 우겼다. 내 캐나다 친구들이 대화에 끼어들어서 상당히 심각한 수준의 캐나다 내 인종차별 사건 기사와 캐나다의 구조적 인종주의에 대한 통계들을 링크했다. 이 백인 캐나다인은 그래도 그들이 틀렸다고, 캐나다에 인종차별은 존재하지 않는다고 강변했다.

나는 캐나다에는 인종차별이 존재하지 않는다고 하면서 캐나다 국민인 유색인들의 말을 막고, 무시하고, 부정하는 것이야말로 인종차별의 단면이 아니냐고 꼬집었다.

그는 바로 답했다. "날 지금 인종주의자라고 한 거냐? 이 쌍년이."

처음엔 참으로 친절하셨던 백인 캐나다인은 이후 몇 주 동안 SNS에서, 자신의 계정이 정지될 때까지 나를 괴롭혔다. 매일 몇 시간

동안이나 내 트윗에 댓글을 단 사람들을 일일이 찾아가서 나더러 "역차별 인종주의자", "백인을 증오하는 여자"이고 "순수한 사람들을 인종주의자라고 욕하는 데 쾌감을 느낀다" 등등의 말을 하고 다녔다. 차단하자 다른 계정을 만들어 나를 공격했다. 그 전의 인터넷 활동을 살펴보면 고질적인 악플러나 연쇄 스토커는 아닌 듯했다. 그의 행동이 인종차별적일 수도 있다는 내 암시 하나 때문에 그의 안에 있던 분노가 폭발했고, 나는 그 분노 유발의 대가를 치러야 한다고 말하고 있었다.

극단적인 예처럼 보일지 모르지만 반복되는 패턴이다. 백인이 인종적으로 둔감하고 해로운 무언가를 한다. 그 행동을 지적하면 갑자기 핵폭발하듯 폭발한다. 사람들은 나를 공연에 참여하지 못하게 했고, 내가 참여하는 행사를 반대하는 모임을 조직하려 했고, 협박 이메일을 보내기도 했다. 그들의 행동이 다른 사람에게 상처가 된다고 내가 지적해서다.

나 혼자만 외롭게 당하는 일은 아니다. 유색인 동료들에게 인종차별을 이야기할 때 가장 두려운 것이 무엇인지 물었더니 답은 한결같았다. 보복이다. 한 친구는 한 백인 여성의 언어가 인종차별적이라고 지적한 이후 자신을 비방하는 웹사이트가 적어도 두 개 만들어졌다고 이야기했다. 한 친구는 페이스북 댓글 싸움에서 동료가 인종차별적으로 행동한다고 했다가 직장에서 해고당했다. 한 친구는 누군가의 행동이 유색인에게 불쾌한 행동이라고 발언했다가 몇 달 동안 반대 시위에 시달린 적도 있다. 수많은 친구들이, 인종차별적이라는 말을 듣고 격노한 백인 상사나 교사에게 이메일을 받은 적이 있었다.

'인종주의자', '인종주의'란 단어가 전혀 나오지 않고 아주 살짝만 내포되어도 "방금 나한테 인종주의자라고 한 거예요? 아니에요. 난 좋은 사람이라고요. 당신이 뭔데 감히 그딴 말을?" 같은 반응이 돌아온다.

유색인들이 인종차별이나 인종주의자라는 말을 내뱉는 것은 결코 쉬운 일이 아니다. 이런 말을 할 때 우리의 상처, 실망, 억울함을 직면하게 될 뿐 아니라 위와 같은 반응 혹은 그 이상이 나올 수 있음도 알고 있다. 인종차별에 대해 발언하기로 결심했을 때 우리는 이것이 우정을, 우리의 평판을, 경력을, 때로는 인생까지 망가뜨릴 수 있다는 사실을 잘 안다. 인종차별이나 인종적인 무심함에 불만을 표출했을 때 상대의 반응이 언제나 저렇게 폭력적이고 강한 건 아니지만, 그렇지 않다 해도 유색인들에게 유쾌한 대화가 될 리 없다. 이 힘든 이야기를 꺼낸 내 유색인 친구 중에서 더 무거운 마음으로 돌아올 수밖에 없었다는 이야기를 하지 않은 친구는 없다.

그런데도 왜 굳이 이렇게 위험하고 아픈 이야기를 하는 걸까? 당신이 백인이라면, 이 대화가 그토록 어렵고 힘들다면서 왜 굳이 하려는지 궁금할 것이다. 그 대답은 이렇다. 다른 선택권이 없기 때문이다. 말을 하지 않으면 죽을 것 같기 때문이다. 너무나 오랫동안 인종차별이라는 짐을 우리만 지고 있었기 때문이다. 인종차별은 너무나 지속적이고 통제되지 않고 너무나 나쁘기에 그토록 큰 위험을 감수하는 거라고 생각해보길 바란다. 그렇다면 유색인의 현실을 조금은 짐작하게 될지도 모른다.

●○

이 장은 백인을 위해 썼다. 물론 유색인도 읽을 것이고 더 많은 사람에게도 좋은 정보가 되고 효과가 있기를 바란다. 그렇다 해도 이 장은 당신, 인종주의자라는 말에 경기를 일으키는 백인인 당신의 눈을 똑바로 쳐다보면서 썼다. 어쩌다 한번 실수해 백인우월주의자 꼬리표가 붙은 다음부터 정의로운 운동에 동참하는 것을 피하게 되었을 수도 있다. 조금이라도 이런 경우에 속한다면 계속 읽어주기 바란다. 전혀 해당하지 않는다고 확신해도 계속 읽어주기 바란다. 사실 인간의 방어 본능이란 마음속 깊이 내재되어 있기 때문에 당신이 스스로 인종과 관련하여 유발하는 모든 불편함을 감당할 수 있는 사람이라고 생각했던 바로 그 순간, 밖으로 튀어나올 수도 있다.

당신은 어떤 사람인가? 착할 때도 있고 야비할 때도 있고, 이타적이기도 하고 이기적이기도 하며, 예민하기도 둔감하기도 하다. 가끔 당신은 이 모든 것을 한꺼번에 보여주기도 한다.

당신이 백인우월주의 사회의 백인이라면 당신은 인종주의자다. 당신이 가부장적 사회의 남성이라면 당신은 성차별주의자다. 당신이 비장애인이라면 장애인 차별주의자다. 당신이 자본주의 사회에서 평균 이상이라면 계급차별주의자다. 한꺼번에 이 모든 것이 다

되기도 한다.

위의 몇 문장을 읽자마자 이 책을 내던져 버리고 싶은 사람이 있을 것이다. 나도 안다. 그들은 이렇게 말하리라. "지겹군. 모든 백인은 인종주의자라고 부르짖는 전사가 또 납셨어." 하지만 당신은 여기까지 따라왔고 이미 시간을 적지 않게 투자했으니 제발, 불편함을 조금만 더 참아주시고 이 장에서 무슨 말을 하려는지 보아주셨으면 좋겠다.

우리는 자신의 캐릭터를 한 편의 짧은 묘비명처럼 생각하고 싶어한다. 우리는 강하고 용감하고 신뢰할 수 있는 사람이다. 유머 감각이 풍부하고 창의적이다. 우리는 우리가 되고 싶어하는 바로 그 사람이다. 가만히 앉아서 나를 성찰하면 조금 더 다층적으로 묘사할 수 있겠지만 일상생활에서 우리의 자존감은 이러한 시놉시스를 원한다. "메리는 자상하고 따뜻한 엄마였다. 그리고 부지런한 정원사였다."

하지만 인생은 순간들로 이루어져 있다. 현실 속에서 우리는 그러한 수많은 순간이 축적되어 완성되고 각각의 순간은 개별적이다.

당신이 술에 취해 그날 처음 만난 사람의 얼굴을 때려서 하룻밤 동안 유치장에 갇혔다고 치자. 당신은 그날 당신 인생이 어긋나고 있음을 깨닫고 개과천선하여 치료를 받고 술을 끊고 평생 폭력 반대 운동을 할지도 모른다. 그러나 그날 얼굴을 맞은 사람에게 당신은 영원히 자신을 폭행한 인간일 뿐이다. 그 후 얼마 동안 술집에 가는 걸 무서워하게 만든 사람일 수도 있다. 억울함과 울분만 안겨준 사람일 수 있다. 하지만 당신이 그날 누군가를 도와줬다면 그 사람에게 당신은 영웅일 수 있다. 이 세상을 더 안전하게 만들어준 사람일 수 있다.

이 모두 당신이라는 사람이고, 양쪽 다 유효하며 서로 무효화할 수 없다. 몇 년 전 당신에게 얼굴을 맞은 사람이 거리에서 당신을 마주치면 여전히 당신을 무서워하거나 화를 낼 수도 있다. 그는 당신을 자기 얼굴을 가격한 사람으로 대할 것이다. 왜냐하면 당신은 그 사람이 맞으니까. 그리고 당신이 현재는 폭력이라면 기겁하는 사람이 되었다고 해도, 그 또한 당신의 진정한 모습이라 해도 그렇게 보아달라고 요구할 수 없다.

우리가 학대자이자 치유자일 수 있다는 말을 왜 이렇게 길게 하냐고? 왜냐하면 당신은 인종주의자이기도 하고 반인종주의자이기도 하기 때문이다. 그렇다. 현재 당신에게 인종주의자의 피가 한 방울도 흐르지 않는다고 스스로 생각한다면 그건 사실이 아니다. 당신은 인종주의자였고 미래에는 덜할지 몰라도 여전히 인종주의자일 것이다.

당신이 인종주의자인 이유는 백인우월주의 사회에서 인종주의자에게서 태어나 그들의 손에 길러졌기 때문이다. 앞서 말했듯이, 백인우월주의는 굉장히 음험하게 기획되었다. 백인우월주의를 지탱하기 위해 필요한 인종차별은 우리 삶의 모든 분야에 속속들이 퍼져 있다. 태생부터 백인이라는 특권을 갖고 태어나 학교에서 인종차별적인 백인우월주의의 역사를 배우고, 인종차별적이고 백인우월주의적인 영화를 보고, 인종차별적이고 백인우월주의적인 직장에서 일하고, 인종차별적 백인우월주의 정부에 표를 주고서도 인종주의자가 되지 않을 수는 없다.

당신이 가슴에 증오를 품고 있다는 뜻은 아니다. 당신은 아마 모든 사람을 평등하게 대하려는 사람일 것이다. 하지만 당신은 인종에 관해서 이 모든 망할 것들을 흡수해왔고, 그것은 여러 망할 방식으로 나타나게 마련이라는 뜻이다. 흑인 남자가 당신 옆을 지나가면 왜 당신이 가방을 꽉 움켜쥐게 되는지 스스로도 모를 것이다. 하지만 그렇게 행동한 순간 당신은 인종주의자다. 도로에서 운전 못하는 사람이 아시아계인이라는 걸 확인하고 속으로 '그럼 그렇지'라고 왜 생각하게 되는지 모를 수도 있다. 하지만 그 순간 당신은 인종주의자다. 라티노가 영어를 '너무 유창하게' 잘해서 기분 좋게 놀랐는지 모르지만 그 순간 당신은 인종주의자다.

그 인종주의는 당신이 인식하지 못하는 여러 방식으로 당신의 결정을 유도한다. 어떻게 투표할지, 어떻게 소비할지, 누구를 고용할지, 어떤 책을 읽을지, 누구와 어울릴지, 어떤 사회문제에 관심을 가질지를 알려준다. 그 인종주의는 즉각적이고 구조적으로 실제 살아 있는 사람들에게 피해를 입힌다. 이렇게 당신이 인종차별을 하는 순간 상처 입은 사람에게 당신은 영원히 가해자가 된다. 당신이 그랬기 때문이다. 다른 이들에게 당신은 다른 존재일 수 있다. 친구이고 동료이고 이웃일 수 있다. 어느 누구에게도 인종주의자가 되고 싶지 않다고 생각하고 그 목표를 향해 노력할 수 있지만, 그렇다고 누군가에게 당신이 끼친 해를 부정하라고 강요할 수는 없다. 좋은 사람이 되고자 너무나 애써왔고 의도가 나쁘지 않았다고 해서 당신의 행동이 유발한 피해까지 지우지는 못한다.

물론 화딱지 나는 일이다. 어떤 사람에게 당신이 영원히 해 끼친 사람밖에 될 수 없다니 정말 원통하다. 과거에 딱 한 번 당신에게 상처받은 사람이 "존은 만나는 모든 사람에게 관대하고 신중한 사람이었습니다"라는 묘비명에 동의하지 않는다니 정말 열 받는다.

하지만 그들이 당한 피해는 진짜다. 그들의 생생한 경험을 부정하고 당신의 책임을 부정하는 방식으로 계속 피해를 주고 싶지 않다면 그 사실을 받아들여야만 한다. 그렇다고 앞으로 영원히 매를 맞아야 한다는 뜻은 아니다. 당신이 일으킨 고통은 진짜다. 물론 스스로 그것을 인정하고 나면 앞으로 생각날 때마다 바늘에 콕콕 찔리는 것처럼 아픈 일이 될 것이다. 하지만 당신이 해온 다른 모든 행동, 당신이 더 나은 사람이 되고자 했던 모든 노력 또한 당신의 궤도 안에서는 똑같이 유효하며 마땅한 결과로 다가올 것이다. 실수나 성취는 그것 자체로 당신을 정의하지는 않을 것이다. 하지만 자기 자신을 있는 그대로 다시 보려는 의지가 있을 때에만 당신은 더 나아질 수 있다.

내가 이 말을 이렇게 길게 하는 이유는, 유색인에게서 인종주의자라는 말을 듣거나 당신의 어떤 행동이 인종차별적이었다는 비난을 받을 때 그 자리에서 무작정 화부터 내지 않기를 바라서다. 그 모든 비난이 당신이 되고자 하는 사람의 반대 방향을 가리키고 있다고 해도 그렇다. 인종적 정의에 진정으로 관심 있다면 말이다.

지금은 자신에 대해 더 많이 배울 수 있는 기회, 본인의 행동을 스스로 정확히 바라보고 진정 원하는 사람 쪽으로 변화할 수 있는 기회다. 이때 해야 하는 질문은 이것이다. 당신은 더 훌륭한 인간으로 '보이고' 싶은가, 아니면 훌륭한 인간이 '되고' 싶은가? 훌륭한 인간으로 보이고 싶은 사람은 실제로 그런 사람이 되기 위해서 필요한 성찰 과정을 무척 힘들어한다. 더 나아지기 위해서 나의 어두움을 밝은 곳으로 끌고 나와 자의식에 의해 포장된 '선함'이라는 가면을 벗을 의지가 있어야 한다.

자기 자신의 인종주의와 대면한 적이 있고 더 나은 방향으로 변화하고 싶은 사람들은 다음과 같이 해보기 바란다.

- **들으라.** 기본 중에 기본이다. 누군가 당신이나 당신 행동에 대해 무슨 말을 했는데 머리카락이 쭈뼛할 때는 잠시 멈춰서 들어야 하는 신호로 받아들이자. 순간 혈압이 빨리 뛰어 방금 들은 말이 잘 들리지 않을 때도 숨을 한번 깊게 쉬고, 필요하면 다시 한 번 말해달라고 한 다음 다시 듣는다. 말을 덧붙이지 말고 결론을 내려고 하지 말고 '지금 날 괴물로 보는구나'라고 생각하지도 말고 그저 상대가 당신에게 전하려는 말을 진심으로 듣는다.
- **의도는 한쪽에 놓아두자.** 당신의 의도는 당신의 행동이 화를 불

러일으키는 방식에는 영향이 거의 없거나 아예 없다. 좋은 의도를 무기로 책임을 회피하지 않는다.

- **당신이 한 일의 결과를 들으라.** 그저 사건 하나에만 집중하지 않는다. 누군가 "회의 시간에 계속 내 말을 막거나 끼어드는데 백인들에겐 그러지 않잖아요"라고 말했을 때 "당신 의견에 동의하지 않아서 그랬어요" 혹은 "일부러 그런 건 아니에요. 내가 지적하고 싶은 부분이 있어서 그랬어요. 별일 아닌 걸로 오해하지 말아주세요"라면서 상대의 말을 흐릴 수 있다. 그러나 그러지 말고, 그 일이 미친 결과까지 들어야 한다. "당신의 편견은 나의 전문성을 지우고, 소외감과 무력감을 느끼게 하는데, 이런 일이 반복되면 유색인 여성으로서 앞으로도 계속 이런 식으로 느끼게 됩니다."

- **당신이 모든 조각을 갖고 있지 않다는 것을 명심하라.** 당신은 유색인의 삶을 살고 있지 않다. 당신은 구조적 인종주의가 유색인에게 미치는 지속적인 영향력을 온전히 이해하지는 못할 것이다. 당신의 행동이 유발한 고통에 온전히 공감하지는 못할 것이다. 아무리 해도 그 경지까지 이르지는 못할 것이다. 다른 사람의 감정이 낯설다고 해서 그들의 불만을 깎아내리지 말아야 한다. 당신은 그 사람이 모래알을 산처럼 여긴다고 생각할지 모르지만 인종이라는 문제는 수많은 모래알이 쌓이고 쌓여서 실제로 산만큼 커진 것과 같다. 각각의 모래알들이 더해져 산 같은 인종차별이 되었다.

- **누구도 당신과 논쟁을 기꺼이 해줘야 하는 건 아니다.** 유색인들에게는 인종 문제를 입에 올리는 게 무척 어렵다. 가끔은 하는 데까지 하다가 그만 접기도 한다. 반면 당신은 지금 당장 하고 싶은 말을 다 쏟아내고 결론을 내고 싶을지도 모른다. 그렇지만 그들에게 "속마음 다 털어놓으라"고 요구하는 건, 상처받은 사람에게 감정 노동을 요구하는 행위라는 사실을 알아야 한다. 서로 허심탄회한 대화를 나누는 건 좋은 일이고 고마워해야 하는 일이지만, 마땅히 그렇게 되어야 하는 것은 아니다. 당신 혼자 있을 때 깊이 생각해보아야 한다. 스스로를 깊이 들여다보고 인터넷 검색도 해보라(당신의 행동이 인류 최초의 행동일 리는 거의 없다). 이 문제를 제기한 사람이 처음부터 끝까지 친절히 설명해주길 바라지 말라.
- **당신과 친구가 될 의무는 없다.** 어떤 지점에서 인종주의적이었는지 인정하고 보상하려 노력하고 실수에서 배운다 해도, 당신이 상처 준 그 사람이 어떤 식으로든 당신과 관계를 이어나가야 할 의무는 없다. 적대적인 세상이고 유색인들은 상처 준 사람에게 선을 그을 권리가 있다. 그가 당신 곁에 붙어서 당신이 얼마나 나아지고 있는지 보고 격려해줄 의무는 없다.
- **당신 혼자만 상처받은 건 아니다.** 인종주의자로 취급되는 건 속상한 일이다. 하지만 상처받은 사람은 당신 혼자가 아니다. 상대가 당신에게 어렵게 말을 꺼내야 했을 때는 이미 깊은 상처를 받았다. 당신의 상처만 드러난 것처럼 만들지 말라.

16 인종주의자라는 말을 들었는데, 어떻게 해야 할까요?   **285**

- **당신이 어떤 면에서 인종차별적이었는지, 당신의 행동이 어떤 피해를 주었는지 이해했다면 사과하라.** 진심이어야 한다. 어떻게 보상할지, 앞으로 같은 실수를 반복하지 않으려면 어떻게 해야 할지 생각한다. 어떤 지점에서 인종차별적이었는지 알 수 없다면 자신의 행동이 "절대 인종차별적이지 않다"고 선언하기 전에 이 문제를 조금 더 진지하게 생각해볼 시간을 가져라. 나에게도 끝까지 자신의 행동을 부정하다가 떠나버린 백인들이 있었지만, 그들은 몇 달 후에 나에게 와서 자신들의 행동이 인종차별적이었고 그때 상처 주어 진심으로 미안하다고 사과했다. 당시 나의 경험을 끝까지 부정했던 점에 대해서도 사과했다.

- **진지하게 생각해본 후에도 당신의 행동이 인종차별적이라는 생각이 들지 않고, 상대방의 오해일 뿐이라는 느낌이 강하게 든다 해도 상대방 상처까지 폄하하지는 말자.** 당신의 의도가 전혀 인종차별적이지 않기 때문에 오해가 생기는 건 아니다. 진짜 오해는 당신의 행동이 누군가의 생각에는 인종차별적이지만 인종차별적인 해를 끼치지는 않았을 때 벌어진다. 내가 때릴 의도가 없었음에도 당신을 때렸다면, 때렸는지 안 때렸는지의 여부에는 오해가 생길 수 없다. 때린 상황이 되기까지 오해가 있었을 수는 있다. 당신 생각보다 적게 일어나긴 하지만 그런 일이 일어날 수는 있다. 그렇다 해도 당신 앞에 있는 사람의 고통은 진짜다. 그것까지 폄하하지는 말자. 바보 같다고 말하면 안 된다. 필요하다면 당신의 관점을 설명하고 그 설명 덕분에 그 사

람이 상황을 당신처럼 볼 수 있기를 바라면 된다. 그러나 상대가 피부로 직접 경험한 것을 부정하지는 말자. 목표는 당신이 인종차별적이었는지 알아내고 인종주의자가 아님을 증명하는 것이 아니라, 가능한 한 고통스러운 상황을 해결하는 것이다.

이 모든 게 쉬운 과정은 아니고 전혀 재미있지 않다. 가끔은 영원히 끝나지 않을 것처럼 보인다. 가끔은 당신이 무엇을 하든 잘못할 것만 같다. 하지만 자신의 인종차별과 맞닥뜨렸을 때 찾아오는 수치심과 고통에 적응하려고 노력할 필요가 있다. 자기 안의 최악의 자신을 마주보는 두려움도 이겨내야 한다. 한 번도 제대로 성찰하지 않은 자기 안의 인종차별을 두려워해야 한다. 다른 사람을 차별하고 억압하는 데 기여하고서도 혹시 그 사실을 모를까 봐 두려워해야 한다. 그 차별과 억압을 바깥으로 꺼내려는 사람들을 두려워해서는 안 된다. 더 잘할 수 있는 기회를 두려워해서는 안 된다.

17

그런데 앞으로 내가 뭘 해야 할까요?

"그때 바로 이야기했다면 내가 고칠 수 있었잖아요."

유색인들의 모임에서 큰 소리로 '니거'라는 단어를 여러 차례 반복한 무대 연출가는 이렇게 주장했다. 그 모임은 앞으로 개최될 연극 프로젝트에 대해서 상의하고, 어떻게 하면 더 다양한 관객들에게 다가갈 있을지를 의논하는 멋진 저녁 식사 자리였다. (퀴어와 트랜스도 포함된) 유색인들이 안전하게 느낄 수 있는 환경을 만들기 위해 우리가 얼마나 애를 썼는지 모른다. 유색인들은 시애틀에서 안전함을 느끼기 어렵다. 문화예술계에서는 더욱 그렇다. 하지만 우리는 이 극장에 유색인의 목소리를 강조한 새로운 연극을 올려서 유색인 사회에 소개하기를 바라고 있었다. 우리는 그날 모여 저녁을 먹으며 발전 방향을 의논해보기로 한 것이다.

그날의 모임은 순조롭게 흘러갔다. 어느 백인 무대 연출가가 적지 않은 술잔을 비운 후에 '니거'라는 단어가 들어가지 않으면 내용 전달이 안 된다는 듯이 그 단어를 큰 목소리로, 여러 번, 미리 알리지도 않고 나불대기 전까지는 말이다. 그가 그 단어를 꺼낼 때마다 탁자에 앉아 있던 유색인들은 움찔했다. 그저 '니거'라는 단어 때문만은 아니었다. 그 단어를 한두 번 들어본 건 아니다. 다만 그 단어가, 우리의 안전을 위한 그토록 애쓴 자리에서, 마음을 열고 방심하고 있을 때 나왔다는 점이 문제였다.

저녁 식사는 서둘러 마무리되었다.

식사가 끝난 다음에 극단 대표가 무대 연출가에게 말했다. 방금 일어난 일은 받아들일 수 없으며, 극장 직원들에게 인종 문제 인식 교육을 해서 이런 일이 다시는 일어나지 않는다고 약속하지 않는 한, 공연을 편안히 할 수 없겠다고.

무대 연출가는 애원하듯이 나를 바라보았다. 자기에게는 교육이 필요 없다고 했다. 자기에게는 흑인 친구들이 정말 많다고, 흑인들과 함께 자랐다고, 자신은 흑인이라고 해도 될 정도라고 했다. 그는 나와 이야기를 하고 싶다고 했다. 한잔하면서 허심탄회하게 이야기를 한다면, 이유 불문하고 유색인들이 가득한 자리에서 술에 취해 '니거'라는 말을 반복하는 일이 다시는 없을 거라고 말했다.

하지만 나는 이 남자와 이야기하고 싶지 않았다. 더욱이 술을 마시면서 하고 싶지는 않았다. 지금껏 이야기하지 않았던가. 몇 시간 동안 인종적·사회적 정의에 대해 그렇게 많은 이야기를 나누었는데도 그는 여전히 '니거'라는 말을 사용한 것이다. 내가 이 남자에게서 원하는 것은 행동의 변화였다.

●○

인종에 관해 이야기하고 싶다면 기회는 무궁무진하다. 인터넷에 관련 게시물도 수없이 많고, 함께 분노할 수 있는 사건 사고도 많다. '사고 실험'(사물의 실체나 개념을 이해하기 위해 가상의 시나리오를 이용하는 것)에 참여할 수도 있다. 하지만 이런 대화에 한두 번 끼어들고서 당신이 그 이상, 그러니까 말 그 이상을 하고 있다고 착각하기 쉽다.

많은 사람들이 인종 이야기를 하기 꺼리지만, 그들이 정말 두려워하는 것은 행동이다. 행동하기가 두려워 이야기 뒤에 숨는 것이다. 인종에 관해 쓰면 쓸수록 나는 행동인 듯 위장한 말잔치에 둘러싸이곤 했다. 내 페이스북과 트위터 댓글을 이용해 자신의 높은 도덕성을 자랑하려는 백인 남자들도 있고, 다섯 문단이나 되는 장문의 이메일로 인종차별의 현실을 얼마나 깊이 아파하고 있는지 이야기해주던 백인 여자도 있었다. 나는 사람들이 시의적절하게 정치적으로 올바른 말을 하는 자신에게 얼마나 도취되고 중독되어 있는지 보았다. 너무나 중독되어서 그 말들이 인종 정의의 시작이자 끝인 줄 안다.

나는 사람들이 이해하지 못하고 있다고 생각하는 개념에 대해, 사람들이 찾지 못하는 퍼즐에 대해 글을 쓴다. 그리고 많은 사람들이 들어본 적 없다고 생각하는 관점에서 쓴다. 사람들의 일반 상식을 늘리기 위해서 이 일을 하는 것이 아니다. 사람들의 기분을 더 좋게 만들어주기 위해서 이 일을 하는 것이 아니다. 이 일을 하는 이유는 내가 쓰고 말하고, 다른 사람들이 쓰고 말하는 일이 그들에게 지식과 영감을 주어 결국 행동으로 나타나게 하고 싶다는 소망 때문이다.

하지만 아주 많은 경우, 그렇게 되지 못한다.

최근에 인터넷 글과 지역 라디오 방송을 통해 왜 내가 여성 문제 관련 시위에 동참하지 않는지 설명했다. 어떤 여성 행사에서 연설을 해달라는 요청을 받았다. 시애틀처럼 백인이 다수인 사회에서 유색인 여성 연사가 있는 것이 행사에 얼마나 중요한지도 들었다. 강연료가 얼마인지 물었더니 무료로 시간과 서비스를 제공하는, 말하자면 재능 기부라고 했다. 나는 초청을 거절했다.

왜 그 시위에 참가하지 않았는지 쓰면서 유색인 여성의 노동력 착취가 유색인 여성의 인종차별의 원인이 되었다는 점을 무시할 수 없다고 했다. 나 같은 유색인 여성이, 대다수 관객이 백인이고 예산도 넉넉한 행사에 인종차별에 대한 이야기를 하며 감정적·정신적 노동으로 감동을, 그것도 무료로 제공해야 하는 걸 이해할 수 없다고 했다. 왜 그 요청에 문제가 있다고 느꼈는지를 아주 신중하게 설명했고, 왜 운동 안에서 더 이상의 착취와 억압이 있어서는 안 되는지도 설명했다.

얼마 뒤 모르는 백인 여성에게 메시지를 받았다. 그는 내가 무료로 일할 수 없다는 건 이해하지만 왜 여성운동에 연설자로 참여하는 걸 착취당한다고 하는지 이해할 수 없다고 했다. 내가 내 시간을 들여서, 개인적으로 따로 만나서(아마도 무료겠지) 더 설명을 하고 나면 그도 이해할 수 있을까?

그만이 아니다. 수많은 사람들이 인종 정의에 관한 내 글을 읽고 나서도 행동은 하지 않고, 흔들면 그림이 사라지는 장난감처럼, 마치 아무 일 없었던 것처럼 또다시 설명을 해달라고 요구한다.

몇몇 사람과 인종 문제 대화를 끝내기 위해서 얼마나 많은 나의 소중한 시간을 버려야 했는지 모른다. 내 말을 듣고 이해하기보다는 유색인 여성으로서의 내 경험을 어떻게든 부정하고 자신의 말에 동의해달라고 떼를 쓰다가, 그날 오후에 다시 연락해서 그 주제에 대해 커피 마시면서 '더 이야기해보자'고 하는 일이 얼마나 많았던가. 그렇게 '더 이야기해보기'에 몇 번 응하고, 다시 한 번 그들과 '이야기해보고' 있는 나를 발견하고서는 그들이 여기서 원하는 건 오직 '이야기뿐'임을 깨달았다.

적어도 일주일에 한 번 어떤 단체에서 나에게 무료로, 인종을 주제로 강연을 해달라고 요청한다. 또 내 글의 팬이라고 하면서 나와 따로 이야기하고 싶다고 한다. 이렇게 말하는 사람도 있었다. "우리는 안전한 공간에서 당신에게 가르침을 얻고 싶어요." 이들은 내 글을 읽어온 사람들이고 아마도 소셜미디어에서 '좋아요'를 누르고 따뜻한 응원의 댓글도 남겼을 것이다. 흑인들의 정신적·육체적·재정적 착취에 대한 나의 글, 특히 흑인 여성에게 가하는 착취가 차별에 얼마나 영향을 미쳤는지에 대한 나의 기고문들을 읽어 온 사람들일 것이다. 내 생생한 고통의 글들을 읽어본 후 그 글에 공감한 나머지 나에게 또다시 그 이야기를 반복해달라고 말한다. 무료로. 이 이야기는 그들을 슬프게 하고, 분노하게 하고, 울게 하는 감동적인 이야기니까. 하지만 그들은 행동하려 하지 않는다. 기분이 더 좋아지길 바랄 뿐, 스스로 더 나아지려고 하지는 않는다.

말은 중요하다. 말과 글이 내 직업이라서 하는 말이 아니다. 언어는 우리가 세상을 해석하게 하고 인간의 생각과 행동 양식을 바꿀 수 있다. 말은 언제나 우리 모든 문제의 중심에 있고 우리의 해답의 시작이 된다.

인종과 인종차별에 대해 이해하려면 먼저 이야기해야 한다. 미국의 수백만 국민의 삶에 영향을 미치는 인종차별을 그치게 하려면 왜 어떻게 우리를 지배하는 권력이 몇백 년 동안 유지될 수 있었는지를 이해해야 한다.

하지만 이해 자체가 행동과 동급은 아니다. 저 바깥세상에 수많은 복잡한 문제에 대해서도 우리는 수없이 이야기를 하고 상당히 높은 수준으로 이해하고 있다. 예를 들어 지구 온난화를 이야기해보자. 미국인의 대다수는 지구 온난화 현상을 믿고 공해가 원인이 된다고 이해하고 있다. 지구 온난화에 대해 이야기하고 걱정한다고 말하지만, 대개 그 용어를 들어본 적도 없었을 때와 전혀 다르지 않은 하루를 보낸다. 그렇게 지구 온난화는 계속된다.

백인우월주의 사회와 인종차별이 사라지기 전까지는 계속 떠들어야 할 것이다. 당신은 이 책에서 읽은 내용을 바탕으로 다음에는 조금 더 성공적인 토론을 할 수 있을 것이다. 그렇지만 나는 더 바란다. 당신이 인종에 관한 대화를 계속하다 보면 행동할 기회가 생길 것이다. 그때 대화에서 배운 것을 잘 활용해 인종차별을 멈추기 위해 할 수 있는 행동을 하기 바란다.

이야기하라. 제발 계속 이야기하고 또 하고 또 하고 더 하시라. 하지만 행동도 하시기를 빈다. 지금 당장 행동하기 바란다. 왜냐하면 이 순간에도 부당한 체제 때문에 사람들이 고통받고 죽고 있기 때문이다. 인종 편견과 증오 때문에 얼마나 많은 목숨이 희생되었는가? 우리는 얼마나 많은 기회를 이미 놓쳐버렸는가? 행동하고 말하고 배우고 망치고 더 배우고 더 행동하고 더 나아져야 한다. 이 모든 것을 한꺼번에 해야 한다. 배우기와 싸우기를 동시에 해야 한다. 이 사회에서 동등한 존재로 살기 위한 기회를 너무 오래 기다려온 사람들이 있다.

●○

이 나라의 인종주의를 너무 거대한 문제라고 생각해버리기 쉽다. 400년 동안 기능해온 복잡한 사회구조를 과연 해체할 수 있을까? 내 답은 이렇다. 한 조각 한 조각씩 해나가면 된다. 지금 당장 인종차별과의 싸움에서 진정한 변화를 만들고 싶은 이들, 이 거대한 구조 중 내가 해체할 수 있는 조각을 찾고 있는 이들에게 지금부터 밟아나갈 수 있는 작은 단계들을 소개한다.

- **지방선거에 참여한다.** 시민은 다른 선거보다 지방선거에서 많은 힘을 행사할 수 있다. 정치가와 시의회와 주 공직자 들이 당신의 표를 기다리고 있다. 그러나 지방 권력의 지도를 바꿀 수 있는 이 기회는 더 대대적이고 더 흥미 만점인, 대선이나 중간선거에 밀리는 경우가 많다. 지방 선거에 꼬박꼬박 표를 행사하고 당신의 표를 갈구하는 (학교 위원회, 시의회, 주 상원 등) 모든 이에게 인종적 정의를 주요 공약으로 삼게 한다.

- **학교에 가본다.** 지역 내 학교에서 인종 간 성취도에 차이가 있는지 파악한 다음 학교 위원회, 교장, 교사들에게 그 문제를 해결하기 위해 어떤 노력을 하고 있는지 묻는다. 당신 자녀가 공부하는 교과서에 유색인들의 역사와 성취의 흔적이 지워져 있는가? 2월에만 유색인에 대해 배우는가? 자녀가 유색인이 아니라 해도 모든 학생의 요구에 맞는 포괄적인 통합 교육이 당신에게도 무척 중요한 일임을 알린다.

- **목격자가 된다.** 당신이 백인이고 유색인이 경찰에게 검문검색을 당하고 있는 걸 봤다면, 매장에서 의심을 받는 모습을 봤다면 목격자 역할을 하고, 도움을 주어도 안전할 경우에는 도움을 제안하라. 가끔은 그 자리에 주의 깊게 쳐다보고 있는 다른 백인이 있는 것만으로도 사람들은 자신의 차별적 행동을 멈추고 조금 더 신중해질 수 있다.

- **노동조합에서 목소리를 낸다.** 지난 몇 년간 우리 엄마가 노조에서 자신의 영향력을 발휘해 일터를 조금 더 포용적으로 만들

어오는 모습을 보며 무척 자랑스러웠다. 오랫동안 노조 대표로 활동했던 엄마는 이 조직의 목표가 다양성과 포용성을 증진하는 것임을 확실히 한 후에만 회의를 열었다. 마침내 그해에 인종적 정의를 목표로 정했을 때 엄마는 내게 전화해 얼마나 보람 있는 일인지 말했다. 각 회사의 노조가 인종적 차별 철폐를 우선시해야만 큰 힘을 행사할 수 있다.

- **유색인 소유 기업을 지지한다.** 경제적 착취는 인종차별을 떠받치는 기둥 중 하나다. 유색인 소유 기업과 일하고 그 기업 제품을 소비하면 유색인들의 경제적 독립에 도움이 된다.

- **유색인을 차별한 은행을 이용하지 않는다.** 최근 주택 시장 대붕괴로 미국 거대 은행들의 인종차별적 관행이 만천하에 드러나긴 했지만, 사실 은행은 지난 400년간 유색인들을 착취해왔다. 유색인에게 최악의 대출 상품을 파는 은행들은 살아남지 못하게 해야 한다. 유색인에게만 몇 배의 이자율을 부과하는 은행과는 거래하지 말아야 한다. 유색인을 차별하는 은행들도 이용해서는 안 된다. 비열한 관행을 계속 유지하면 손해가 막심하다는 걸 인지해야만 그 일을 멈출 것이다.

- **인종차별과 싸우고 유색인 커뮤니티를 지지하는 조직에 기부한다.** 매일 유색인을 위해 싸우고 있는 비영리 조직들이 적지 않다. 이 조직은 방과 후 프로그램을 운영하고, 법적인 조언을 하고, 직업 훈련을 하고, 의료 서비스를 제공하고, 학교의 차별과 싸운다. 그러나 일을 하려면 돈이 필요하다. 미국시민자유연맹

(ACLU), 남부빈곤법률센터(SPLC), 전미가족계획연맹(Planned Parenthood), 전미흑인지위향상협회(NAACP), 미국이민센터, 라 라자 전국위원회(라티노 인권 비영리 조직), 아메리카 원주민 인권연맹, 아메리카 원주민 장애인법률센터, 아시아계 미국인 정의센터 등이 있다. 지역 내 어떤 단체들이 당신의 재정적인 도움을 원하는지 알아보라.

- **유색인을 착취하는 기업의 제품을 불매한다.** 많은 기업들이 유해한 환경에서 일하는 유색인들의 값싼 노동력에 기대 수익을 올린다. 유색인들의 생활 임금을 깎고 인권을 존중하지 않는 방식으로 비용 절감을 하는 기업의 제품을 불매한다.

- **유색인들이 작업한 음악, 영화, 텔레비전 쇼, 예술, 책을 지지한다.** 우리 문화를 대표하는 것은 대체로 백인의 작품들이다. 유색인의 작품을 사기 위해 지갑을 열면 그들의 작업을 더 자주 볼 수 있다. 제작자, 미술관 경영자, 스튜디오, 라디오 방송국, 출판사에 더 많은 유색인 창작물을 요구해야 한다.

- **최저임금 인상을 지지한다.** 많은 유색인이 백인보다 훨씬 더 가난한 여러 가지 이유가 있다. 그중 최저임금 직종에서 일하는 유색인 비율이 높다는 사실도 중요하다. 최저임금 인상은 유색인들에게 큰 도움이 되고 이 국가의 인종 간 소득 격차를 다루는 데도 도움이 된다.

- **경찰 개혁을 위해 시장과 시의회를 압박하라.** 이렇게 하면 경찰은 그 도시의 유색인들에게 지금보다 더 잘 대할 것이다. 시장

에게 물으라. 경찰의 치안 유지 활동에 인종적 편견이 들어가 있지 않은가? 경찰들이 어떤 교육을 받고 있는가? 경찰들이 바디캠을 갖고 있는가? 편견, 차별, 학대 관련 민원이 접수될 때 어떤 종류의 시민 감시가 이루어지고 있는가? 시 정부에 이 문제를 중시하라고 압박하고, 압박 강도를 계속 높여야 한다. 그렇게 하지 않으면 경찰 노조는 시 정부를 괴롭혀 현재 상태를 지지하게 하여 당신 동네의 흑인과 라티노의 삶이 계속 위협받을지 모른다.

- **대학 내 다양성을 요구한다.** 대학생이거나 입학 예정이거나 자녀를 대학에 보낼 예정이라면 대학의 학생 분포, 교육 과정, 교수의 배경이 다양하고 폭넓은지 확인하고 그것이 매우 중요하다는 것을 알린다. 학생에게 등록금을 기대하는 대학이라면 질 높은 고등교육 기관 자격을 갖추어야 하고 그 기관은 당연히 다양성을 포용하고 증진해야 한다.
- **다양한 인종의 정부 대표를 뽑는다.** 유색인 정치가를 뽑아서 유색인이 지역사회가 원하는 변화를 스스로 지킬 수 있게 한다. 유색인 피선거인에게 투표하고 다양성, 포용성, 인종 정의를 중시하는 플랫폼을 지지한다.

인종 문제는 오를 수 없는 거대한 산처럼 보인다. 거대한 문제가 맞다. 하지만 오를 수 없는 산은 아니다. 전체를 보면 너무 커 보이지만 이 사회가 그렇게 보도록 했다는 사실도 인지하자. 실은 우리 모두가 백인우월주의 구조 유지에 매일매일 동참하고 있다. 투표 방식, 소비 방식, 어떤 일을 지적하거나 지적하지 않는 것이 모두 이 구조의 조각들이다. 말로만 해서는 인종차별적 체제에서 빠져나올 수 없다. 말로는 이해할 수 있고, 그다음에는 그 이해를 이용해 행동해야 한다.

2016년, 우리는 비무장 흑인 남성을 총으로 쏘는 영상에 찍힌 경찰을 사법 처리하지 않은 지방 검사에게 격분했다. 그를 향해 분노를 쏟아냈고, 이번에도 경찰이 살인을 저지르고도 면죄받는 사실에 흥분하며 소셜미디어에서 포스팅하고 공유했다. 그때 나는 그 지방 검사에 대한 정보를 찾아보았고, 그해 말에 그가 높은 확률로 재선될 예정이라는 사실도 알게 되었다. 나는 사람들의 울분에 찬 트윗과 메시지에 이렇게 답하기 시작했다. "이 사람은 재선에 출마할 예정입니다. 우리의 돈을 그의 경쟁 후보에게 보내줍시다. 그에게 우리의 힘을 보여줘야 합니다." 만약 도덕적 논란과 우리의 넘치는 분노가 지방 검사를 설득해 비무장 흑인을 사살한 경찰을 기소했다면, 2015년 경찰에게 사살된 시민이 1100명인데 기소당한 경찰이 단 18명이었을 리는 없었을 것이다. 이번엔 모든 사람이 생명의 위협을 느꼈고 이에 반응했다. 영상이 증거로 남아 있고 그 영상이 사법 판단의 결정적 이유가 되어야 하는데도 검사가 경찰을 기소하지 않는 일은 더 이상 있어서는 안 된다.

2015년 3월 쿡 카운티의 지방 검사 아니타 알바레즈가 출마한 선거를 목격했기에 우리의 행동이 얼마나 중요한지 알았다. 알바레즈는 여러 건의 경찰 공권력 남용 사건에서 자기 책임을 다하지 않았다. 특히 열일곱 살의 라콴 맥도널드가 도망가다가 경찰에게 열여섯 발의 총알을 맞은 사건 이후에도 경찰을 감싸기 위해서 13개월이나 사건을 질질 끌기도 했다. 그러다 그는 이후 선거에서 상대 후보인 킴 폭스에게 완패했다. 시카고에서 일어난 여러 차례의 시위 때문만은 아니었다. 시카고의 운동가들이 알바레즈의 상대 후보를 위해 선거운동을 하고 그에게 투표했기 때문이다. 이는 경찰의 공권력 남용과 부패의 수호자라고 여겨지는 사람을 공직에서 물러나게 한 사건이자, 전국의 검사들에게 보내는 경고 메시지였다. "부패하고 폭력적인 경찰 조직을 비호하고서는 그 자리를 지킬 수 없다."

첫 번째 싸움에서 언제나 승리를 거둘 수 있는 것은 아니지만 작은 행동들이 쌓여 큰 힘이 된다. 포기하지 않을 경우 더욱 그렇다. 2016년 내가 사는 시애틀의 시민운동가들은 이 나라에서 전국 최대 규모의 예산을 들여 새 경찰서를 지으려는 시의 계획에 반대했다. 심각한 주거 문제 때문에 노숙인들이 점점 증가하는 도시에서, 빈약한 학교 예산은 주 헌법 위반이라는 주 대법원 판결을 받기도 한 도시에서, 각종 마약중독 문제가 심각한 도시에서 새 경찰서 건축에 1억 6000만 달러의 예산을 쓰겠다고 한 것이다. 게다가 시애틀 경찰국은 2011년 연방 정부 감사에서 시민들의 인권을 존중하지 못한 경찰국으로 꼽혀 경찰 개혁을 하라는 법원 명령을 받았지만, 그 명령은 2016년까지도 이행되지 않았다. 이러한 이유들 때문에 많은 사람들은 개혁을 질질 끌고 있는 경찰은 우리의 세금으로 지은 새 건물을 받을 자격이 없다고 생각했다.

이 이야기는 먼저 소셜미디어에서 확대됐다. 왜 새로운 경찰 본부(벙커라는 별명이 붙었다) 건축을 막아야 하는지에 대한 주장이 퍼지는 건 중요했다. 하지만 우리는 행동도 병행했다. 시청 앞에서 시민들이 몇 시간 동안 모여서 목소리를 냈다. 이 도시의 엄청난 세금이 이미 부패한 데다 자정 능력도 없는 경찰에게 돌아간다는 사실에 대한 충격을 토로했다.

처음에는 실패의 연속이었다. 아들을 데리고 시청 회의실에 갔다가 '벙커 반대'에 동참하는 시민들이 너무 많아 다른 공간으로 이동한 적이 있다. 그날 두 시간 동안 한 사람당 60초씩 돌아가며 하는 연설을 들었건만 시의회 투표에서는 11 대 1로 건립 찬성이라는 결과가 나왔다. '흑인의 생명은 중요하다'라고 적힌 팻말을 들고 서 있던 아홉 살 아들이 물었다. "왜 저 사람들은 우리말을 들어주지 않는 거예요?"

하지만 우리는 포기하지 않았다. 시장이나 시의회 의원이 회의에 나타날 때마다 이 벙커 문제를 물고 늘어졌다. 시의원들은 시청에 갈 때마다 '벙커 반대'라고 적힌 티셔츠를 입고 '흑인의 생명은 중요하다'라고 쓴 팻말을 들고 있는 시애틀 주민들의 물결을 봐야만 했다. 시장이 인기 있는 거리 축제에 참여하고 싶다는 뜻을 비치자, 주최자는 "올 수는 있지만 사람들이 새 경찰서 건축을 반대한다는 사실을 알기 바란다"라고 했다. 시민들은 지방 신문과 방송국에 벙커 반대 시민운동에 대한 보도를 확대하라고 요구했다.

결국 분위기가 서서히 반전되기 시작했다. 평소 정부 정책에 찬성하는 기조였던 주요 지방 신문사들이 새 경찰서 건축을 반대하기 시작했다. 시의원들도 우려의 목소리를 냈다. 마침내 1년 동안의 반대 시위 끝에 시장은 1억 6000만 달러의 프로젝트를 보류하겠다고 발표했다. 시민운동가들은 시의원인 크샤마 사완트(최저임금을 15달러로 인상한 의원으로 유명하다)와 손잡고 그 예산의 일부를 저소득자용 장기 임대주택 건설에 사용하게 했다. 그날은 내게 1년 중 가장 기쁘고 행복한 날이었다. 나는 우리 아이들에게, 너희들이 우리 도시를 긍정적인 방향으로 바꾸었다고 이야기해주었다. 포기하지만 않으면 무엇이든 이룰 수 있다고 말해주었다.

미 전역에서 사람들은 작은 행동으로 진정한 변화를 이끌고 있다. 함께 사는 유색인들의 삶을 개선하고 차별적 구조를 줄이고 있다. 인종차별은 우리 집에서, 우리 사무실에서, 우리 도시에서, 우리 주에서 시작되고, 이곳에서부터 멈출 수 있다. 그러니 우리, 문제만 이야기하지 말고 해결책도 이야기하자. 우리는 할 수 있다. 함께라면 할 수 있다.

감사의 말

감사한 사람이 너무도 많다. 나는 참으로 운이 좋은 사람이었고 나를 여기까지 오게 해준 사람들의 이름만으로도 책 한 권을 채울 수 있을 것이다. 감사의 말을 서너 쪽 만으로 해야 하다니 안타까울 뿐이지만 노력해보겠다.

나의 엄마 수전은 나와 내 동생들을 혼자서, 가난과 상처 속에서 꿋꿋이 키웠다. 엄마가 감당해야 했던 그 모든 압박감과, 싱글맘으로 겪어야 했던 온갖 곡절 속에서도 단 한 번도 엄마가 날 사랑하지 않는다고 느낀 적이 없다. 엄마는 나를 항상 믿어주었고, 내가 엄마를 실망시킨다고 생각하지 않게 했다. 그것이 얼마나 흔치 않은 선물인지 이제는 안다. 엄마, 고마워. 내가 많이 사랑해. 엄마가 늙으면 내가 엄마 기저귀 갈아줄게. 약속해.

나의 형제자매 아함, 자크, 배질에게 감사한다. 아함, 내 평생 동안내 동반자였어. 어렸을 때 우리는 학교에서 유일한 갈색 피부 아이들이었고 우리 둘은 서로의 유일한 친구였지. 함께 욕실 거울 앞에 서서 우리 외모에서 좋아하는 부분을 손가락으로 짚었던 것 기억하지? 사람들이 너무 넓적하다고 하는 코, 갈색 눈, 까만 피부가 우리는 마음에 든다고 했었지. 너는 다른 나였어. 어린 시절을 떠올릴 때마다 나를 따라다닌, 귀찮지만 사랑스러운 동생이 되어주어 고마워. 자크, 네가 성인 여자로 성장하는 모습을 보면 한없이 자랑스러워. 너는 멋진 이모이고, 최고의 동생이고 친구야. 네 길을 개척하는 걸 바라보면서 언제나 기뻤어. 배질, 은근과 끈기를 가져줘서 고마워. 너의 가족이기도 한 이 가족을 포기하지 않아주어 고맙다. 너는 우리 가족을 더욱 강하고 더 웃음이 넘치게 만들어줬어. 네가 우리 곁에 있어서 참 기쁘구나.

셰인 캘리스, 병문안을 와주고, 16년 동안 어머니의 날에 매년 행복한 어머니의 날이 되라고 빌어주고, 결혼식 선서를 써준 친구, 시무룩한 열일곱 살 때의 나를 만나 그때부터 지금까지 계속 나를 사랑해주어서 고맙다. 우정을 유지하는 데 서툰 나를 버리지 않아주어 고맙다. 조지프 베커, 열다섯 살 때의 너는 최고이자 최악이었지. 가장 짜증 나고 가장 웃기고 언제나 한결같은 내 친구. 나에게 학교로 돌아가라고 용기를 줘서 고맙다는 이야기를 진즉 했어야 했는데. 네가 만약 살아 있었다면 다 네 덕분이라고 자랑했겠지. 보고 싶다. 네 이름이 이 책에 나온다는 걸 알았으면 좋았을 텐데. 나쁜 놈.

6학년 때 담임 선생님은 내가 최선을 다하지 않았다고 생각할 때 방과 후까지 남아 과제를 다시 하라고 했다. 선생님은 포기하지만 않으면 내가 언젠가 좋은 작가가 될 거라고 확신했다. 어른이 되고 오랫동안 내가 얼마나 글쓰기를 사랑하는지 잊었고 내 안에 있는 언어를 억눌렀다. 하지만 6학년 마지막 날 나의 첫 책을 자신에게 바쳐달라던 그 선생님의 말은 잊지 못한다. 피츠패트릭 선생님, 당신이 어디에 있든 이 책은 당신을 위한 책입니다.

흑인 여성성에 대한 내 생각을 바꾸어준 과거와 현재의 강인한 흑인 여성들의 작품이 없었다면 이 책은 존재하지 않았을 것이다. 오드리 로드, 미셸 알렉산더, 벨 훅스, 킴벌리 크렌쇼, 안젤라 데이비스, 토니 모리슨, 앨리스 워커, 마야 안젤루 등 훌륭한 여성들에게 감사한다. 당신들의 넘치는 지성과 영혼의 고귀함에 감사한다. 당신들은 수많은 젊은 흑인 여성들의 사고를 확장하고 용기를 주고 영감을 주었고, 나 역시 흑인 여성들에게 미력하나마 같은 역할을 할 수 있기를 소망한다.

이곳은 흑인 여성이 진입하기도, 생활을 유지하기도 무척 힘든 분야다. 나는 이제 시작이고 내 언어를 세상에 내놓기가 두렵지만, 나에게 조언하고 용기 주고 기회를 준 친절하고 너그러운 작가들이 곁에 있기에 힘을 낸다. 린디 웨스트, 제스 짐머만, 제니퍼 컴비, 찰스 머데드, 이스태블리시먼트사의 직원들인 니키, 켈리, 케이티, 제시카, 루치카에게 감사한다.

이 책은 실 출판사(Seal Press)의 열정, 편집자 로라 메이저의 예리한 눈, 에이전트 로렌 아브라모의 통찰과 지지 덕분에 태어났다. 나의 에이전트는 책을 쓰기도 전에 내가 책을 써야 한다고 믿고 응원해주었다. 로렌에게 나를 믿어주어 감사하다고 말하고 싶다.

평생 앞을 밝혀줄 빛이 있는 사람은 운이 좋은 사람이다. 나에게는 스무 살 때부터 나의 똑똑하고 착하고 창의적인 큰아들 말콤이라는 행운이 존재했고, 스물여섯 살부터는 웃기고 호기심 많고 인정 많은 둘째 아들 마커스가 있었다.

내가 성인이 되어 할 수 있었던 모든 선하고 좋은 일은 인간의 아름다움과 가능성을 믿게 해준 너희들 덕이야. 앞으로 남은 인생 동안 너희들이 내 인생에 준 선물을 갚으면서 살 생각이다. 사랑으로 나를 축복해주어서 고맙다. 지난 16년간 너희는 나의 집이었고, 너희 없이 내가 어떤 사람이 되었을지 상상할 수도 없어. 너희 둘이 너무나 자랑스러워. 너희들은 마법이고, 나의 우주이고, 나라는 사람의 존재 이유란다.

이리 와서 앉아봐, 내가 알려줄게

"Black Lives Matter." 흑인의 생명은 중요하다. 2012년에 시작되어 현재까지 이어지고 있는 미국의 반인종차별 운동 슬로건을 보며 나는 약간 의아했었다. 흑인의 평등이나 흑인의 인권 같은 게 아니라 '생명은 중요하다'라니. 어린이의 생명은 중요하다, 유럽인의 생명은 중요하다라고 말하면 얼마나 어이없는 문구가 되는가. 너무나 당연한 명제를 피켓에, SNS 해시태그로 쓸 수밖에 없는 상황이 오기까지 어떤 역사가 있었고, 그들의 심장에 어떤 트라우마가 새겨진 걸까.

2012년 비무장 흑인 소년 트레이번 마틴 사건, 2014년 퍼거슨 시의 마이클 브라운 사건, 경찰에게 목이 졸려 숨진 에릭 가너, 절도 용의자로 오인받은 소년 라콴 맥도널드 등이 대표적으로 보도되지만, 경찰의 과잉 진압으로 인한 흑인 사살은 일일이 열거할 수조차 없을 정도로 빈번히 일어난다.

나는 그동안 인종차별 문제에 박식하고 인권 감수성이 높다고 생각해왔다. 1990년대 학번으로 스파이크 리 감독의 〈똑바로 살아라〉, 〈말콤 X〉 등의 영화를 보며 토론했고, 영문학과 학생으로 토니 모리슨의 〈빌러비드〉에서 노예제의 비참함을 읽었다.

또한 《나쁜 페미니스트》를 번역하며 영화 〈헬프〉와 〈노예 12년〉이 왜 백인 주류 사회에서 칭송받고 흑인에게 상처가 되는지 깨달았고, 페미니즘 책을 적지 않게 번역하면서 흑인 여성의 이중고와 교차성 이론을 접했다. 미국 국가 연주 중에 무릎을 꿇은 NFL 선수 이름이 콜린 캐퍼닉인 것도 알고 있었다. 얼마든지 아는 척할 수 있었고 정의로운 척할 수 있었다. 흥분하고, 슬퍼하고, 증오하고, 비난했다. 하지만 인종문제에 대한 나의 지식과 감수성은 넷플릭스 드라마나 스탠드업 코미디를 보며 느끼는 감흥이 다 보고 나면 사라지고 마는 것처럼 단편적이고 피상적이었다.

그러다 서서히 유학생과 이민자들이 당하는 모욕과 동양인 비하 광고와 백인들이 눈을 양 옆으로 찢으며 동양인을 희롱하는 사진들을 목격하기 시작하며 이제까지와 다른 방식으로 심경이 불편했다.

그리고 강남역 살인 사건이 있었다. 여성들은 "여성이어서 죽었다"는 피켓을 들고 거리로 나갔다. 여자 친구나 아내를 잔인하게 살해하고 4년 형량을 받는 범죄자들, 13세 소녀를 성폭행하고 합의하에 이루어진 것이라 주장하며 무죄를 받는 가해자를 보며 몸서리를 쳤다. 그리고 떠올렸다. 흑인 소년을 사살하고도 정당방위로 빠져나가는 백인 경찰을 보며 흑인들이 느꼈을 공포와 분노를. 나는 흑인들이 당하는 법적·일상적 차별과 미국 사회의 부당한 체제와 현재 미국에서 이루어지는 논의들을 더 자세히 제대로 알아야 했다.

이제오마 올루오의 《인종 토크(So You Want to Talk About Race)》는 출간 즉시 화제가 되었고 아마존에 260여 개, 굿리즈(goodreads.com)에 1800여 개의 리뷰가 달려 있는데, 대체로 독자들은 저자에게 인종주의의 현실을 일깨워주어 고맙다고 말한다. 한마디로 이 문제를 어떻게 이해하고 말해야 할지 모르는 사람들에게 "이리 와서 앉아봐, 궁금하면 물어봐, 내가 알려줄게"라고 하는 책이랄까. 이 주제에 관심 있는 독자라면 꼭 읽어야 할 인종주의 입문서라고 말하고 싶다.

《나쁜 페미니스트》가 페미니즘 입문서로 불렸지만 딱딱한 설명이 아닌 문화 비평 에세이와 록산 게이의 자전적인 이야기로 독자들에게 다가갔듯이, 이 책 또한 자전적 에세이와 사회 비평서의 결합이라고 할 수 있다. 이제오마 올루오는 어린 시절 '니거'란 말을 들었을 때의 충격, 백인 엄마와의 갈등, 직장생활을 하며 당한 차별 등 본인의 생생한 경험을 진솔하게 풀어놓으며 미국 사회의 인종 문제를 차근차근 논한다.

이 책에는 아마 독자들이 처음 접하는 인종주의 관련 용어들이 자주 등장할 것이다. 구조적 인종주의, 마이크로어그레션, 톤 폴리싱, 문화 도용, 경찰의 과잉 진압, 흑인 대 흑인 범죄, 학교-교도소 파이프라인, 모범 소수민족 신화 등등. 이 용어와 개념들을 이해하고 우리말로 옮기는 것은 번역가로서 큰 즐거움이자 도전이었다. 또한 이 개념들을 통해 미국 사회뿐만 아니라 우리 사회에 대한 이해의 폭을 넓히고 나 자신의 사고와 태도까지 성찰할 수 있었다. 특히 특권에 대해 쓴 4장 〈왜 "내 특권을 돌아보라"는 말을 들어야 하죠?〉는 인종 문제를 넘어 성숙한 인간의 면모란 무엇인지까지 돌아보게 했다.

이 묵직한 주제를 전달하는 이제오마 올루오의 문체는 호소력 있고, 과감하고, 열정적이며, 가끔 유머러스하기도 하여 책장이 쉽게 넘어간다. 우리의 눈을 똑바로 바라보며 때로는 발끈하고, 때로는 온화하게 인종주의에 대해 이야기하던 저자는 마지막 장에서 "우리가 말은 충분히 하지 않았나요?" 하고 묻는다. 개인적으로 이 책의 대미이며 가장 감동적인 장이라고 생각한다.

SNS에서 모든 문제에 그럴듯한 말을 얹는 행위를 넘어, 구체적으로 어떤 행동을 할 수 있을지 생각한다. 당장은 변화가 없어 보였지만 우리가 청원하고 시위했을 때 조금씩 법 집행이 바뀌고 변화가 이루어지는 모습도 수없이 목격했다. 감정 분출과 열띤 토론은 중요하지만 그것만으로는 사회 변혁을 일으킬 수 없을 것이다.

번역을 마치기도 전에 아무나 붙잡고 내용에 대해 이야기하고 싶은 책이 있는데, 이 책이 그러했다. 독자들도 나처럼 눈이 번쩍

뜨이는 경험을 하게 되길, 이 책에 소개된 용어들이 회자되길, 이제 우리 사회에서 점점 더 진지한 이슈가 되고 있는 인종주의에 대해 활발하고 적극적인 논의가 이루어지길 바란다. 꼭 완독하시길.

노지양

1. Kim Soffen, "The Big Question About Why Police Pull Over So Many Black Drivers," *Washington Post*, July 8, 2016, https://www.washingtonpost.com/news/wonk/wp/2016/07/08/the-big-question-about-why-police-pull-over-so-many-black-drivers/.
2. Ibid.
3. David Montgomery, "Data Dive: Racial Disparities in Minnesota Traffic Stops," July 8, 2016, http://www.twincities.com/2016/07/08/data-dive-racial-disparities-in-minnesota-traffic-stops/; Sarah Ryley, "Minorities Face Disproportionate 'Broken Windows' Enforcement Everywhere—Especially in Predominately White Neighborhoods," September 8, 2014, http://www.nydailynews.com/new-york/nyc-crime/broken-windows-disproportionately-enforced-white-neighborhoods-article-1.1931171; Tyler Tynes, "Black People Ticketed for Not Wearing Seat Belts in Florida Twice As Often As Whites," January 27, 2016, http://www.huffingtonpost.com/entry/florida-seat-belt-law-racial-disparity_us_56a8f6efe4b0f71799289fb1; Andrew Garber, "Seattle Blacks Twice As Likely to Get Tickets," June 14, 2000, http://community.seattletimes.nwsource.com/archive/?date=20000614&slug=4026674; Matthew Kauffman, "Blacks, Hispanics More Likely to Be Ticketed After Traffic Stops," May 10, 2015, http://www.courant.com/news/connecticut/hc-racial-profiling-ticket-no-ticket-p-20150510-story.html.
4. The Sentencing Project, "Report of The Sentencing Project Regarding Racial Disparities in the United States Criminal Justice System," *The Sentencing Project*, August 2015, http://sentencingproject.org/wp-content/uploads/2015/12/Race-and-Justice-ShadowReport-ICCPR.

pdf.

5. Tom Jackman, "Oakland Police, Stopping and Handcuffing Disproportionate Numbers of Blacks, Work to Restore Trust," *Washington Post*, June 15, 2016, https://www.washingtonpost.com/news/true-crime/wp/2016/06/15/oakland-police-stopping-and-handcuffing-disproportionate-numbers-of-blacks-work-to-restore-trust/.

6. Phillip Atiba Goff, Tracy Lloyd, Amanda Geller, Stephen Raphael, and Jack Glaser, "The Science of Justice: Race, Arrests, and Police Use of Force," *Policing Equity*, July 2016, http://policingequity.org/wp-content/uploads/2016/07/CPE_SoJ_Race-Arrests-UoF_2016-07-08-1130.pdf.

7. Frank Newport, "Public Opinion Context: Americans, Race and Police," July 8, 2016, http://www.gallup.com/opinion/polling-matters/193586/public-opinion-context-americans-race-police.aspx.

8. Victor E. Kappeler, "A Brief History of Slavery and the Origins of American Policing," January 7, 2014, http://plsonline.eku.edu/insidelook/brief-history-slavery-and-origins-american-policing.

9. Louisiana Department of Culture, Recreation and Tourism, "Louisiana State Museum Online Exhibits the Cabildo: Two Centuries of Louisiana History. Reconstruction I: A State Divided," n.d., http://www.crt.state.la.us/louisiana-state-museum/onlin-exhibits/the-cabildo/reconstruction-a-state-divided/.

10. Tanzina Vega, "Why the Racial Wealth Gap Won't Go Away," January 26, 2016, http://money.cnn.com/2016/01/25/news/economy/racial-wealth-gap/.

11. Meizhu Lui, "Doubly Divided: The Racial Wealth Gap," *Racial Equity Tools*, n.d., http://www.racialequitytools.org/resourcefiles/lui.pdf.

12. The Leadership Conference, "Civil Rights 101: Affirmative Action," n.d., http://www.civilrights.org/resources/civilrights101/affirmaction.html.

13. Eileen Patten, "Racial, Gender Wage Gaps Persist in U.S. Despite

Some Progress," July 1, 2016, http://www.pewresearch.org/fact-
tank/2016/07/01/racial-gender-wage-gaps-persist-in-u-s-despite-
some-progress/.

14. Daniel Losen, Cheri Hodson, Michael A. Keith II, Katrina Morrison,
and Shakti Belway, "Are We Closing the School Discipline Gap?" *The
Civil Rights Project*, 2015, https://www.civilrightsproject.ucla.edu/
resources/projects/center-for-civil-rights-remedies/school-to-prison-
folder/federal-reports/are-we-closing-the-school-discipline-gap/
losen-are-we-closing-discipline-gap-2015-summary.pdf.

15. Walter S. Gilliam, Angela N. Maupin, Chin R. Reyes, Maria Accavitti,
and Frederick Shic, "Do Early Educators' Implicit Biases Regarding
Sex and Race Relate to Behavior Expectations and Recommendations
of Preschool Expulsions and Suspensions?," *Yale Child Study
Center*, September 28, 2016, http://ziglercenter.yale.edu/
publications/Preschool%20Implicit%20Bias%20Policy%20Brief_
final_9_26_276766_5379.pdf.

16. Hua-Yu Cherng, "Is All Classroom Conduct Equal?: Teacher Contact
with Parents of Racial/Ethnic Minority and Immigrant Adolescents,"
Teachers College Record, 2016, http://www.tcrecord.org/Content.
asp?ContentId=21625.

17. Grant H. Blume and Mark C. Long, "Changes in Levels of Affirmative
Action in College Admissions in Response to Statewide Bans and
Judicial Rulings," June 2014, http://journals.sagepub.com/doi/
pdf/10.3102/0162373713508810.

18. Hayley Munguia, "Here's What Happens When You Ban Affirmative
Action in College Admissions," December 9, 2015, https://
fivethirtyeight.com/features/heres-what-happens-when-you-ban-
affirmative-action-in-college-admissions/.

19. Carla Amurao, "Fact Sheet: How Bad Is the School-to-Prison
Pipeline?," 2013, http://www.pbs.org/wnet/tavissmiley/tsr/education-
under-arrest/school-to-prison-pipeline-fact-sheet/; Libby Nelson and
Dara Lind, "The School to Prison Pipeline, Explained," February 24,

2015, http://www.justicepolicy.org/news/8775.

20. A National Summit on Zero Tolerance, "Opportunities Suspended:The Devastating Consequences of Zero Tolerance and School Discipline," *The Civil Rights Project*, June 2000, https://www.civilrightsproject. ucla.edu/research/k-12-education/school-discipline/opportunities-suspended-the-devastating-consequences-of-zero-tolerance-and-school-discipline-policies/crp-opportunities-suspended-zero-tolerance-2000.pdf.

21. Nelson and Lind, "The School to Prison Pipeline, Explained."

22. Ibid.

23. Ibid.

24. Julianne Hing, "Race, Disability and the School-to-Prison Pipeline," May 13, 2014, http://www.colorlines.com/articles/race-disability-and-school-prison-pipeline.

25. Nelson and Lind, "The School to Prison Pipeline, Explained."

26. Kevin L. Nadal, Katie E. Griffin, Yinglee Wong, Sahran Hamit, and Morgan Rasmus, "The Impact of Racial Microaggressions on Mental Health: Counseling Implications for Clients of Color," *Wiley Online Library*, January 7, 2014, http://onlinelibrary.wiley.com/doi/10.1002/ j.1556-6676.2014.00130.x/abstract?systemMessage=WOL+Usage+re port+download+page+will+be+unavailable+on+Friday+27th+J anuary+2017+at+23%3A00+GMT%2F+18%3A00+EST%2F+07%3 A00+SGT+%28Saturday+28th+Jan+for+SGT%29+ +for+up+.

27. Huizhong Wu, "The 'Model Minority' Myth: Why Asian-American Poverty Goes Unseen," December 14, 2015, http://mashable. com/2015/12/14/asian-american-poverty/#.UK4LnHskgqr.

28. "Students Reject the 'Model Minority Myth,'" October 15, 2014, http://college.usatoday.com/2014/10/15/students-reject-the-model-minority-myth/.

29. Guofang Li, "Other People's Success: Impact of the 'Model Minority' Myth on Underachieving Asian Students in North America," 2005, https://msu.edu/~liguo/file/KEDI%20Journal-Guofang%20Li%20

2005%5B1%5D.pdf.

30. Sahra Vang Nguyen, "The Truth About 'The Asian Advantage' and 'Model Minority Myth,'" October 14, 2015, http://www. huffingtonpost.com/sahra-vang-nguyen/the-truth-about-the-asian_b_8282830.html.

31. US Census Bureau, "Educational Attainment of the Population Aged 25 and Older by Age, Sex, Race and Hispanic Origin, and Other Selected Characteristics," March 2016, http://www.census.gov/content/dam/Census/library/publications/2016/demo/p20-578.pdf.

32. Julie Siebens and Camille L. Ryan, "Field of Bachelor's Degree in the United States: 2009," *United States Census Bureau*, February 2012, https://www.census.gov/prod/2012pubs/acs-18.pdf.

33. Liza Mundy, "Cracking the Bamboo Ceiling," November 2014, http://www.theatlantic.com/magazine/archive/2014/11/cracking-the-bamboo-ceiling/380800/.

34. Jeff Yang, "Tech Industry Needs This Secret Weapon," August 27, 2014, http://www.cnn.com/2014/08/27/opinion/yang-tech-diversity/.

35. The Sikh Coalition, "Fact Sheet on Post-9/11 Discrimination and Violence Against Sikh Americans," *The Sikh Coalition*, n.d., http://www.sikhcoalition.org/images/documents/fact%20sheet%20on%20hate%20against%20sikhs%20in%20america%20post%209-11%201.pdf.

36. Amy Van Arsdale, "Asian/Pacific Islander Domestic Violence Resource Project," *DVRP*, June 2014, http://dvrp.org/wp-content/uploads/2014/06/Project-AWARE-Fact-Sheet.pdf.

37. Ken Tucker, "George Bush Really Does Not 'Appreciate' Kanye West's Katrina Criticism: 'The Worst Moment of My Presidency,'" November 2, 2010, http://www.ew.com/article/2010/11/02/george-bush-kanye-west-lauer-today.

인종 토크

내 안의 차별의식을 들여다보는 17가지 질문

1판 1쇄 2019년 7월 22일

지은이 ㅣ 이제오마 올루오
옮긴이 ㅣ 노지양

펴낸이 ㅣ 류종필
편집 ㅣ 이정우, 최형욱
마케팅 ㅣ 김연일, 김유리
표지·본문 디자인 ㅣ 오필민
본문 조판 ㅣ 성인기획
교정교열 ㅣ 김미진

펴낸곳 ㅣ (주) 도서출판 책과함께
　　　　주소 (04022) 서울시 마포구 동교로 70 소와소빌딩 2층
　　　　전화 (02) 335-1982
　　　　팩스 (02) 335-1316
　　　　전자우편 prpub@hanmail.net
　　　　블로그 blog.naver.com/prpub
　　　　등록 2003년 4월 3일 제25100-2003-392호

ISBN 979-11-88990-38-2　03330

이 도서의 국립중앙도서관 출판시도서목록(CIP)은
서지정보유통지원시스템 홈페이지(http://seoji.nl.go.kr)와
국가자료종합목록 구축시스템(http://kolis-net.nl.go.kr)에서 이용하실 수 있습니다.
(CIP제어번호 : CIP2019026346)